上巻 昔ばなしの部

平家の里 椎葉村の昔語り

椎葉村の昔語り記録委員会 監修
西南学院大学 民俗学研究会 編
［山中耕作 井上芳子 天野千振］

鉱脈社

椎葉村の発見
（二世為永春水『西国奇談』より）

肥後ノ国　球磨川のほとりの事だった。或る日のこと、三人の樵夫が川岸を歩いていると、木杯が流れてきた。掬いあげてみると、蒔絵を施した美しい杯だった。どうして、こんな高貴な人が使う立派な杯が？と三人して考えたが分からない。すると一人の男が『そうだ。以前、五家荘・椎葉とて、平家の落人が住む隠れ里がある、と聞いたことがあるが、そんならその隠れ里は、この球磨川の上流にあるに違いない』と気づき、これがやがて椎葉村が発見される契機になったのだという……

（二世為永春水『西国奇談』より）

（本書45話「ゴーキーセミの話」参照）

悠久の祈りを込めて

神社本庁顧問　宮崎　義敬

西南学院大学民俗学研究会による平成八年三月から十一年八月までの、八回にわたる調査と、その後の十数回に及ぶ補足調査は、参加した学生、院生のひたむきな努力と、積極的に協力された椎葉の語り部の皆さんと、村を挙げての格別なご配慮によって見事に集成され、世に出ることとなった。それは戦後間もないころに初めて「ひえつき節」を聴いたときの、あの何ともいえない感動のように、私たちの心情の深奥にあるものを呼び醒してくれるものであった。

畏友山中耕作氏が病と闘いながら、精魂を尽くして纏め上げたこの本を繙《ひもと》くとき、深い感銘を受けるのは、語り伝えられた内容の豊かさであり、懇切な註と行き届いた解説に引き込まれるからで、椎葉の一話からさらに全国の類話へと展開する面白さは尋常ではない。浅学にして体系的な勉学を怠った私には何よりの教示であった。そこにある教訓や信仰、戒《いまし》めといったものが、子どもたちの心にも染み込むように語られているのは、祖先以来のアイデンティティーである。

このごろの老人は昔のことを語らなくなり、若者もまた聴く耳を持たなくなってしまったといわれるが、ふるさとの歴史や文化、生活の知恵なども伝わらなくなってしまう時代の風潮をよしとするわけにはいかない。そこで、私はささやかな試みとして、自宅近くのローカル線の無人駅を一部改装した「地域交流ステーション」で談話会を催し、話題提供者ということで、昭和三十年代から五十年代へかけて古老から聞き取りをした「こぼればなし」などを伝えているが、身近なことをあまりにも知らなかったと述懐する人もある。

「炉辺に談あり」という暮らしは変わり、日本の全世帯の多くが核家族化して、親子孫三世代の同居する継承家族が一割にも満たなくなってしまったということが、社会生活においても深刻な問題を生みつつあるわけで、生活協同体としての地域社会を支えてきた相互扶助の精神や相互規制のはたらきは希薄になっている。この場合の規制とは秩序のことで、公共の善を守る心がけと言ってもよい。

自然と共に生き、祖先と共に生き、人々と共に生きる心は、日本人の精神性の根幹をなすもので、自然の恵みに感謝しながらも畏敬の念を抱き、祖先以来の伝統を重んじる心に生活の支えがあり、人々とのつながりを大切にすることによってより良く生きていくことができると信じてきたからである。

山中氏は椎葉村における家族教育の質の高さと人柄の良さを指摘する。それは実に大事なことで、家族教育の崩壊と日本人の劣化が気遣われる今日、培われてきた精神的土壌の豊かさを想い描くと、心に安らぎを覚える。そんな椎葉村を訪ねないと一文を寄せる資格は無いと思い続けたが、加齢のゆえか次々に病に罹《かか》り、無理をするなと制止されて従うほかはなかった。しかし、椎葉の昔語りに触れて、「天に神話あり、地に昔語りあり」の感を深くしている。

思えば、私が幼少のころには、集落の中にも子どもに話をしてくれる老人の一人や二人はいた。歯の抜けたえびす顔で、その語り口が面白く、話をねだると大儀がらずに何度も話してくれた。奇想天外な話もあれば、恐ろしい話もあり、吹き出すようなこともあった。それを聴いていると、心のオヤツを貰ったように満たされるものだった。日当たりのよい縁側だったが、今はどこの家にも外から腰を下ろすような場所は無い。閉ざされた家のように心も閉ざして、みんな孤立している。だから情緒は安定していなくて、すぐにキレる。

椎葉といえば、伊勢の神宮とのご縁を思わないではいられない。これまで木曽の国有林から伐り出されていた式年遷宮の御造営用材を、将来、神宮の宮域で調達するための準備はすでに行われていて、さらにその補完的役割を担うものとして、昭和四十四年から伊勢湾台風の被害木処分による資金をもって熊本、宮崎両県に設定された明治百年記念林五カ所のうち、宮崎県では西米良村に二九九ヘクタール、椎葉村に一〇一ヘクタールの記念林があることはあまり世間に知られていないが、二十年に一度の御遷宮は「常若《とこわか》」という常に若々しく民族の生命を更新するための悠久の祈りであって、すでに一三〇〇年にわたり六十二回も造替されてきたということは、これからも永遠に続けられるということであり、それは原初の姿を伝えることによって祖先の営みを偲び、その精神を継承するという重要な意義がある。椎葉はそれに相応《ふさわ》しい土地柄ということである。九州の中央部に位置する秘境にこそ神意に適《かな》う御用材は立派に生育されるであろうと思うと、天孫降臨の神話がしぜんに重なってくる。

神話を学校で教えず、家庭でも語らなくなったら、日本の神話は消えていくのではあるまいかと心配して、日本神話への誘《いざな》いを始め、読み語りを続けている女優さんがあるが、椎葉の昔語りはこのように立派に刊行されて広く読まれることとなり、洵《まこと》に欣快に堪えない。それにしても並々ならぬ努力の結実であることを思えば、関係各位の熱い思いに対して深堪なる敬意を捧げるとともに、平家の里椎葉村に親愛の情を寄せないではいられない。悠久の祈りを込めた一書である。

継承される伝統文化の教示

椎葉村村長　椎葉　晃充

本村の伝承文化の中から「民話」を取り上げ、平成八年から今日まで根気強く調査された山中耕作先生（西南学院大学名誉教授）と西南学院大学民俗学研究会の研究成果がこのたび、『平家の里　椎葉村の昔語り　上巻　昔ばなしの部』として鉱脈社から刊行された。

本村で語り継がれてきた昔ばなしが、先生の壮絶とも言える熱意と執念によって発掘・採録され、あわせて各話ごとに解説が付されての、その研究成果の刊行は、本村にとって大きな意義がある。まことに有り難いことである。先生には、心からお慶びと感謝を申し上げ、敬意を表したい。

平家落人伝説で知られるわが村は、総面積五三七・三五平方キロメートルを有し、その九六パーセントが山林原野に占められている。国見岳・市房山など九州屈指の標高一〇〇〇メートルを超える山々が連なり、また、山々を分水界として耳川・小丸川・一ツ瀬川が本村に源流を発し、その豊富な水資源は水力発電に利用されている。このように森林に囲まれた環境の中に今なお、民俗文化が伝承され、那須家住宅や椎葉神楽に代表される有形無形の文化財や天然記念物にも恵まれている。

近年、本村では、日本で最も美しい村連合への加盟や国連食糧農業機関（ＦＡＯ）の世界農業遺産（ＧＩＡＨＳ）認定など大きな動きがあった。中でも世界農業遺産では、本村を含む近隣の五町村とともに焼畑・林業・森林空間・棚田・山腹水路などの複合的な循環型の農林業や、神楽や民謡など伝統的な民俗文化が生活の中に生きていることが高く評価され、高千穂郷・椎葉山地域としての認定となった。

この村には、このように広大な森林空間を背景に地域の人々の暮らしとともにつづいてきた民俗文化があり、山や川などの自然やそれに起因する恵みへの感謝と災厄への畏敬が山々の神々への祈りとなり祭礼として生きてきた。

地域の伝統文化や伝承文化は、地域の民衆によって伝えられる。ご先祖からお年寄りへ、そして子どもへと口伝えで語り継がれる。昔ばなしのような伝承には多くの諭しや教えが、神話や仏話を通して、また、民衆の知恵として語り継がれ、子どもたちが意識しようとしまいとわざわざこうだと教えなくても、このような時にはこうすれば良いという行動規範が自然と身につくのである。

言葉の持つ魔力ともいうべきか。言葉と言えば方言も同じである。方言は、教わらなくても教えなくても話す相手によって自然と敬語や謙譲語が語られる。

村に継承される伝統文化や伝承文化は、わたしたちに多くのことを教示している。本書はその精髄といえよう。あらためて本村に生きることを誇りに思うとともに、守り育てていく喜びを感ずる次第である。

目次

凡例

一、本書は宮崎県東臼杵郡椎葉村のお年寄りが口伝えしていた昔話を録音、翻字したものである。

一、本書の題名『平家の里 椎葉村の昔語り 上巻 昔ばなしの部』は、立命館大学名誉教授福田 晃氏の命名によるものである。

一、本調査は、平成八年（一九九六）三月から同十一年（一九九九）八月まで、椎葉村挙げての熱心なご協力により、西南学院大学民俗学（古典文学）研究会によって行われた。毎年春夏一回ずつ都合八回の調査と聞き取りを実施し、その後十数回にわたる補足調査の成果である。民俗学研究会会員は、同大学国際文化学部・博物館学学芸員課程の学生・院生からなっている。同研究会は、椎葉村内外の識者のご指導のもとに、辛抱強く努力してこのたびようやく成稿に漕ぎ着けたものである。

この間、一応整ったものから『広報しいば』誌に平成十一年（一九九九）八月号から毎月一話ずつ平成二十一年（二〇〇九）十二月号まで十年余にわたって掲載して一応成稿となったものを、本書をまとめるにあたってさらに椎葉村の昔語り記録委員会のご指導ご監修のもとに再整理し、ようやく本書に保存するに至った。なお、本書は収集した「昔語り」のうち昔話のみ九十九話を収録している。伝説については後日まとめて『平家の里 椎葉村の昔語り 下巻 伝説の部』として出版の予定である。

一、本書は民話集ではあるが、『日本昔噺名彙』その他による分類には従わなかった。話型名も敢えてこれに従わなかった。話の大きな分類を示すために区切りとして「椎葉あれこれ」を入れた。椎葉村役場、同村観光協会のご努力によるものである。

一、それぞれの昔話の題名は、原則として話し手の伝えるままの題名である。

一、本書の監修は椎葉村の昔語り委員会にお願いした。厳重にご監修いただいたが、なお不備があれば、それは編集者代表の山中の過失である。

一、本書の書き表し方は、出版社と協議の上、椎葉村の昔語り記録委員会に一任した。椎葉村は九州中央山地のただ中である。残念ながら伝えられるような京言葉ではなかったが、非常に古い中央筋の言語が、永い年月を経て、この山地に吹き寄せられた塵塚のように残ったもの。それも松尾・下福良・大河内・不土野の四文字でのそれぞれが違い、その上、明治・大正・昭和の三世代では、発音まで微妙に違い、浅学の身では対応しえなかった。公的な報告書としては、当然文化庁の『国語の書き表し方』に従わなくてはならないのであるが、方言、発音の古雅な趣はまことに捨て難く、山中の責任で、椎葉村の昔語り記録委員会に一切一任することにして、この場を凌ぐこととし、後の研究者の工夫を待つことにした。

一、本書収録の昔話それぞれに、地名や方言について注記を入れるとともに、解説『雲の通い路』を入れた。いずれも編集代表の山中の執筆によるものである。

一、椎葉村の昔話・伝説の収集・整理・保存の作業・事業に参加・協力に参加・協力したのは、次の方々である。椎葉村の昔語り記録委員会の方々の努力はもちろんのことだが、学生・院生たちの努力には、教え子ながら頭が下がるものがあった。今、しみじみ思うことは、この度の事業は、椎葉村役場・同村教育委員会・椎葉村の昔語り記録委員会、郷土愛に燃えたお年寄りたち、そして西南学院大学の学生・院生とその支援の先生方とのまさに絶妙な官・民・学一体がなした成果であった。この協力は、一致した椎葉大好きの故であった。

一、本書刊行については、山中の老病故の個人的事情により、諸事送れに送れて仕舞い、関係者には多大のご迷惑を掛けてしまった。特に出版を引き受けていた鉱脈社にはビジネス上からも非常識なまでにご迷惑を掛けた。お詫びする次第である。さらにはご協力いただいたお年寄りにはほんとうにご心配をお掛けした。心からお詫びする次第である。

編　集　西南学院大学民俗学研究会　山中耕作・井上芳子・天野千振

監　修　椎葉村の昔語り記録委員会　甲斐眞后・山中重光・黒木正典・黒木光太郎・松岡正社・那須　建・那須力男・那須彰徳

現地調査準備　黒木正典・那須朝光・松岡　鐘・甲斐眞后・永松　敦・黒木光太郎

調査指導　椎葉村教育委員会・椎葉民俗芸能博物館・鶴富屋敷・山中耕作・山中重光・甲斐眞后・中島忠雄・長谷川清之・永松　敦・黒木光太郎・椎葉幸一・椎葉壮市・右田邦子・黒木久美子・椎葉誠治・椎葉クニ子・椎葉頼参・黒木武美・椎葉ユキノ・椎葉マル子・清田勇人

調　査　員　（椎葉村）甲斐眞后・那須　建・永松　敦・黒木光太郎・松岡正社・甲斐　直・那須力男・右田邦子・椎葉智成・椎葉浪子・椎葉マル子

（日本民俗学会）中島忠雄

（王塚古墳館）長谷川清之

（西南学院大学）引率／山中耕作・院生／弓削淳一・吉田扶希子・大部志保・柿本滋・福井聡美・80期／三宅好久・83期／林　幸次・97期／稲永真人・江島真由美・秀徳美帆・林　文香・吉武智子・98期／市浦亜希・今泉朋子・清田裕子・境　常徳・田籠聖子・中島理恵・山崎里英子・吉村志津子・米満　泉・99期／原田由香里・平野入江里子・吉里香織・萩尾良子・01期／古賀順子・斎藤愛子・04期／藤井由希・村岡良美・小久保聖美・05期／小山奈津美・林由希子・池田紀美子・06期／宮本真子・森山苑子・10期／秋山文香・片山　怜

一、本報告書は、椎葉村の昔語り記録委員会のご助力により一応形は整ったものの、この椎葉村の資産ともいえる昔語りの全容解明には程遠い。村内・村外の研究者の本格的な研究を切望するものである。

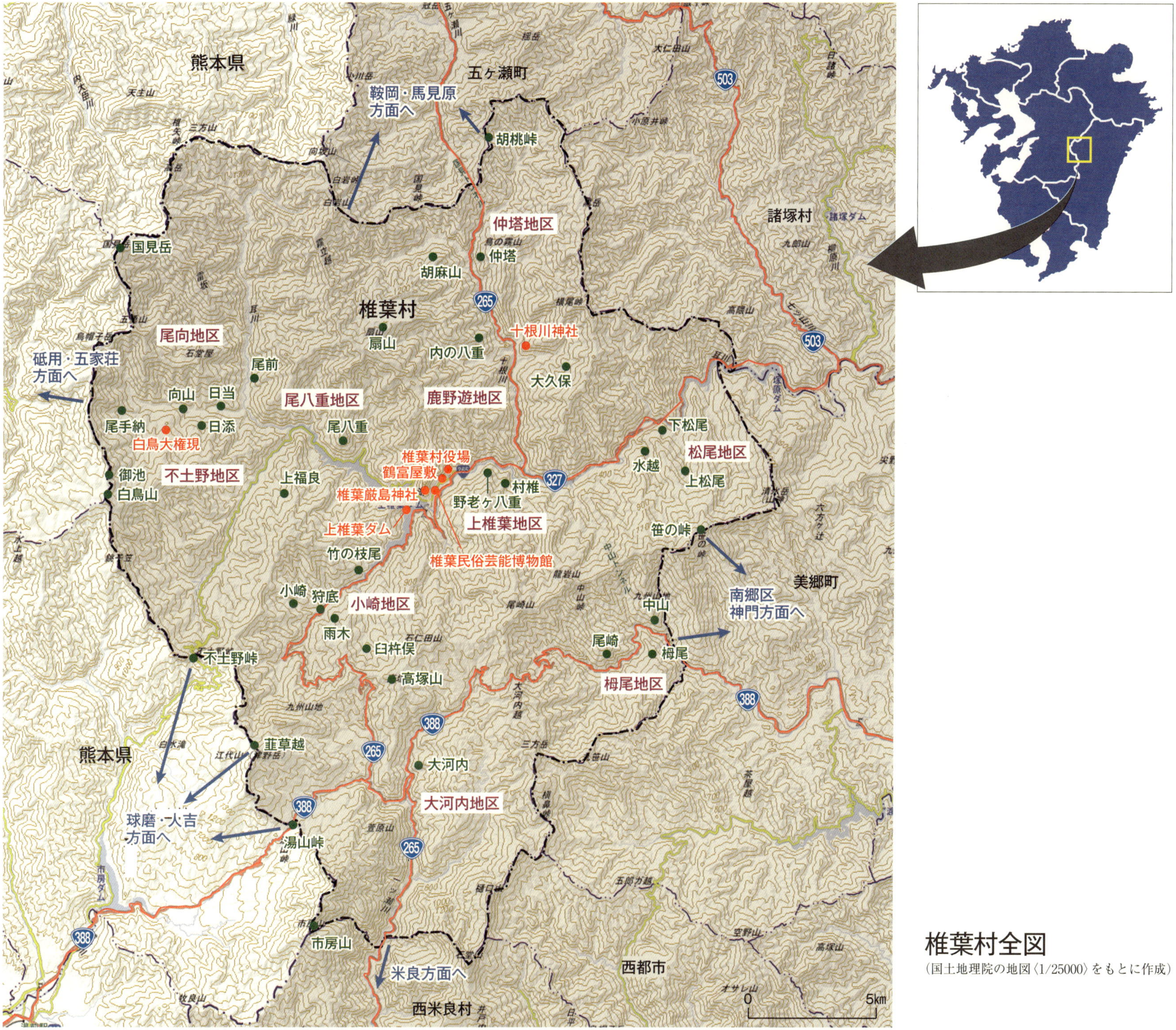

椎葉村全図

（国土地理院の地図〈1/25000〉をもとに作成）

平家の里　椎葉村の昔語り

上巻　昔ばなしの部

たくましく生き抜くための
やさしく楽しいお伽話

チロチロと燃える地炉の火を囲んで、夕食後、親がホッとしたのを待って、子供たちは「昔話してくれぇ」とせがむ。親たちは喜んで応じたものだったという。

それにしてもお年寄りたちと学生たちの熱心な共同作業により中世九州方言の難渋な昔語りを、辛うじて九十九話整理し得たことは、まことに幸せなことだった。

いずれも感情の美しいお話だったが、河童・キツネに至るまで人情豊かで微苦笑を誘われる中に、本書八〇話『慈悲善根の種』が白眉もっとも美しいもので、それは弥陀の本願と欣求浄土と、その結果を示す草木国土悉皆成仏の世界を顕現した話だった。この教育あればこその我が椎葉村と思う。今、椎葉村は『かていり（共生・共助）』だという。昔話りは今も生きているのである。

1　四国屋島の禿《は》げ狸《たぬき》

［語り手］　那　須　英　一
（松尾・水越　昭和5年4月1日生）

昔、四国の屋島に、爺《じい》さんと婆《ばあ》さんが住んでおったそうじゃ。爺さんと婆さんは、毎日、毎日、箒《ほうき》を作っておったとじゃが、半年に一度、船一艘分《いっそうぶん》箒が出来《でけ》たなら、大阪に持って行《い》て、その箒を売って、渡世をして《（暮らしをたてて）》おった。今度も、また船一艘分、箒が出来て、大阪に行く準備をしておった。そこに狸がやって来て、「爺さん、婆さん。俺《おれ》も一緒《いっしょ》に、大阪に連れて行てくれめせ《（ください）》。そうすれば、途中で、『源氏と平家の御戦い』の芝居をして見するが――」。そういうことで、爺さんと婆さんは、狸も一緒《いっしょ》に連れて行くことにした。

沖に出て、しばらく行ってから、爺さんが、「これ狸どん。そろそろ『源氏と平家の御戦い』の芝居をして見せんか」。すると狸の言うことにゃ、「爺さんの腰に付けておる、火打ち石を貸してくれにゃあ、芝居は出来んばい」。それで爺さんは、腰に付けてある火打ち石を狸に貸してやった。

すると狸は、その火打ち石を、カチカチ叩《たた》きながら、火をおこした。そうして積んでおった箒に、火を点《つ》けた。みるみる暇《ひま》に、爺さんと婆さんが半年かかって作った箒が、皆焼けてしもうた。驚く爺さんと婆さんに向かって、狸の言うことにゃ、「『源氏と平家の御戦い』は、ちょうど、こういうふうじゃった。平家の船は、ひん燃《も》ええて、沈《しず》うでしもうた」。じゃが爺さんと婆さんとは、「半年もかかって作った筈じゃがぁ。狸どん、どうしてくるるっかい！」。

狸の言うことにゃ、「爺さん、婆さん。心配することはねぇ。大阪に着いたなら、俺が金《きん》の鑵《かん》子《す》[1]に化《ば》くっから、爺さんと婆さんで、それを担《かろ》うで、大阪のお寺の周《まわ》りを『金の鑵子は要らんかぁ』ちて言うて、売り声を上げて、お寺の周りをば廻ってみよ。和尚さんが、物好きじゃから、すぐに買《こ》うてくるるばい。『値段は何ぼうか？』。そういう時には、『百両』、ちゅうて言え。必ず百両で売るるから。百両で売ったなら、大阪の店屋で珍しい物をば、たくさん買うて、船に積んで、待っちょけ。俺は何とかして後から逃げ出して来《く》っから」。

狸はそういう約束をして、金の鑵子に化けた。爺さんは、狸に教えられたとおりに、その鑵子を担うで、「金の鑵子は要《い》らんかぁ」ちて売り声を上げて、大阪のお寺の周りを廻っておると、狸の言うとおりに、和尚さんが買うてくれた。「値段は何ぼうか？」と聞くから、「百両」ちて答えたら、狸の言うとおりに、百両で売れた。爺さんと婆さんは、大阪の店屋で珍しい物を、たくさん買うて来て、船に積んで、狸が逃げ出して来るのを待っちょった。

そのころお寺の方では、和尚さんが「鑵子の尻の方が汚れちょる。小僧、小僧。前の小川に持って行て、ここの所を洗《あろ》うて来い」。小僧は、金の鑵子を持って、前の小川に行て、洗うてみた。じゃが、なかなか汚れは取れんかった。今度は側《そば》にあった石を拾うて、金の鑵子の尻を、擦《こす》り始めた。したところが、金の鑵子が「小僧、小僧。まっと柔《やお》うに擦らんか。痛ぇぞ」。小僧は魂消《たまが》ってしもうて、「和尚さん、和尚さん。この金の鑵子はものを言うが」。和尚さんの言うことにゃ、「金の鑵子が、何がものを言うものか」。小僧の言うことにゃ、「そんなら和尚さん。小川に行て、俺の洗うところをば、ようと見てくれめせ」。

和尚さんも小川に行て、小僧の洗うとこをば、見ちょった。小僧は、金の鑵子を擦ってみるけんども、ちぃっとももものを言わん。和尚さんは、「みてみろ。何が金の鑵子がものを言うものか。早う洗うて、持って来い」ちて、お寺の方へ帰って行た。

ところがその後《あと》、小僧がまた金の鑵子を洗い始むると、「小僧、小僧、まっと柔うに擦らんかぁ。血の出るごと擦ってぇ。痛ぇが！」。それで小僧は怒ってしもうて、「和尚さんのおる時にゃあ、ものも言わずにおって。和尚さんが寺に戻《もど》ったりゃあ、ものを言うがぁ！」ちて、金の鑵子を頭の上に振り上げて、大きな団子石《だごいし》〔2〕に向かって投げ付けた。金の鑵子は、クワーンちて音がしたが、割れも何もせんかった。小僧は急いで戻って、「和尚さん。和尚さんがお寺に帰った後で、またものを言うもんじゃから、団子石目がけて投げ付けたりゃあ、クワーンちて音はしたが、割れも何にもしねぇ」。

命拾いをした狸は、その間に、やっとのことで、命からがら爺さんと婆さんの待っちょる船まで逃げて来た。「爺さん、婆さん、えらい目に遭《お》うたばい。尻は擦り剝《む》かれ、頭には大けな瘤《こぶ》が出来た。やっとのことで逃げて来たが、早う屋島に向けて戻らにゃあ、大事《でぇじ》ばい」。そう言うて、四国の屋島に戻って来た。
爺さんと婆さんは、狸のお蔭《かげ》で、一代食うほど金儲《かねもう》けして、裕福な渡世をした、というお話。
小僧に擦られて尻の皮を剝がれ、屋島の狸は今でも尻が禿げちょるそうじゃ、と申すかっちり。

（聞き手　林　幸次）

［1］鑵子＝金属製の湯沸かし
［2］団子石＝丸い石

雲の通い路

五家荘に隣接する熊本県八代市泉町柿迫には、屋島の合戦終盤において、小舟の舳先に日の丸の軍扇を掲げて、「これをよく射落とすことが出来るか」と源氏を挑発した平家の美女『玉虫』の伝説が伝えられている。椎葉村の鶴富姫とよく重なる人物だが、その話は先に譲ることとして、この地方でも『屋島の合戦』は、『平家物語』中の白眉、最も美しい武士道佳話として形を変えて伝承されていたのである。

右の昔話において「源氏と平家の御戦い」という言い方は『平家物語』にも、例えば巻第十一「八嶋軍」で、激戦のさ中、主人義経の側を固めて能登守教経の矢面に立ち塞がり、教経の強弓に矢を射させた佐藤嗣信が、抱《かか》き抱えて悲しむ義経に対して、苦しい息の下から、義経の「源平の御戦ひ」に参戦し、主人に代わって死ぬことは本懐だというくだりがあって涙をそそるが、この名場面、右の昔話の場合も那須姓の英一さんの伝承とあれば、やはり源氏寄りの用語ももっとものことながら、こんな用語を英一さんが語るのは、英一さんの伝承の筋の良さであろう。また英一さんが、この「四国屋島の禿げ狸」の結末句を、「と申すかっちり」と締めくくっているが、「と申すかっちり」は、英一さんによると、椎葉村の昔話の本当の締めくくり方という。忘れてはならないことである。

さて『屋島の禿げ狸』である。香川県高松市東部屋島町の四国八十四番札所の屋島寺には「太三郎狸」と呼ばれる狸が、『蓑山大明神』として祭られ、「屋島の禿げ狸」ともいう。太三郎狸とその配下の一座は、源平合戦の芝居が得意だといわれる。いったい屋島は全島花崗岩と安山岩の層からなり、時に白い凝灰岩が露出している所がある。屋島寺境内の「雪の庭」もその一つで、高さは人の背丈くらい。広さはかなり広く、見たところ百坪くらいもあろうか。やや波打った感じの舞台状の大盤石である。太三郎狸一座は、その「雪の庭」を瀬戸内海に見立てて、屋島の戦いを演ずるのだという。ことに住職交替の時には、必ず新住職の夢枕で演じて、新住職の教育をするのだという。三木春露氏の『讃岐民話集』には安永龍栄住職の時、「雪の庭」が俄然滄海に変じ、まざまざと寿永の矢叫びを聞き、海山一度に振動する修羅場を見たという。

同書によると、同じ高松市番町の浄願寺に『白禿大明神』が祭られているが、やはり禿げ狸で、ある老夫婦が、年の暮れに金銭に窮しているのを見かねて、屋島寺の太三郎狸に相談して、近くの坂出堺の大槌島・小槌島の海底には、「昔、宝船が落とした黄金があるはず」、と教えてもらい、爺さんに告げた。爺さんは冬の海に必死に潜ってはみるものの、数文の銭しか拾えない。爺さんが「これだけでは」と嘆いていると、浄願寺の禿げ狸は一計を案じて、「明日、お寺の土蔵まで来てくれ」と言い、次の日、薬缶に化けて土蔵の傍らに転がっていた。爺さんは、その薬缶を拾って行くうちに、とあるご隠居とすれ違った。爺さんはそのご隠居の所望で、狸の薬缶を高く売り、やっと正月迎えのお金が出来た。一方、ご隠居は毎日せっせと薬缶を磨いて楽しんでいたが、あまり熱心に磨くので、狸は痛くてたまらず、浄願寺に逃げ帰って泣いていたという。この浄願寺の禿げ狸は、日露戦争の時、小豆を沢山持って出征し、小豆一粒一粒を日本兵に化けさせて、ロシア兵を悩ませて敗走させる大手柄を立てたといい、第一次世界大戦にも従軍して青島で軍用機に化けてドイツ軍と戦ったという。

お伽噺の『文福茶釜』は動物報恩譚だが、浄願寺の禿げ狸も、椎葉村の『四国屋島の禿げ狸』も、『屋島寺の太三郎狸』も、どうやら合戦譚が得手だったらしい。ということは、瀬戸内海の屋島付近には、屋島の戦いを見てきたと言って、かつは語り、かつは演ずる屋島寺所属の僧侶、ないし芸能人があったやも知れぬ、ということである。

今、この屋島寺の『屋島寺縁起（東大史料編纂所臧）』『屋島檀浦合戦縁起（屋島寺臧）』を読む時、両者に共通することは、屋島寺の僧呂が、屋島の合戦を、山上から一部始終を見ていたので、この縁起は、その実見談だと述べていることである。謡曲『八嶋』のアイのシカタバナシも言わば実見談である。いったい『平家物語』の数々の合戦譚は、それぞれに心打つものがある。いずれも潔い合戦譚を、そして武士のかくあるべき悲しいまでに美しい進退を語り遺しているが、屋島の合戦くらい後世の芸能に大きな影響を与えたものはない。増補の諸本は言うに及ばず、謡曲『八嶋』、幸若舞の『八島』『扇の的』。文楽・歌舞伎に数々の名場面を遺している。

九州宮崎市で申せば、生目八幡宮である。悪七兵衛景清には、屋島の合戦で、三保谷十太郎と決闘の末、三保谷の兜のしころを、千切れるほどに引く武勇伝があるが、その景清、謡曲『景清』では、平家一門が壊滅したあとも生き残って、執拗に頼朝に恨みを報じようと企てはするものの、失敗してしまい、斬首されるべきところを、勇士の故を持って、頼朝に生命を許されてしまう。義理を感じた景清は、我と我が目を針で突いて盲目の身となり、今の宮崎市に逼塞するのだが、その景清の廟は、今に宮崎市の生目八幡宮として祭られている。祈れば眼病に効験があるというが、ここと て、目の不自由な芸人の溜まり場だったかもしれない。

熊本県御船町の玉虫寺には、扇の的の美女『玉虫』を祭る玉虫寺の社殿向かって左脇に、小さい景清廟が小綺麗に祭られていたのも、たいへん心打たれることであったが、屋島の戦いは多彩。多くの芸達者が、さまざま相寄りあって演じていたのかもしれない。

近年、那須与一研究は非常に盛んになったが、そのうち一際注目すべき論文がある。二〇一二年ミネルヴァ書房から山本隆志氏の『那須与一伝承の誕生』が出版された。同書によると鎌倉中期から瀬戸内海地方で那須氏の活動が見られるとして、那須与一伝承は、瀬戸内那須氏の手によって纏められたのではあるまいか、としておられる。だいたい椎葉村は瀬戸内沿岸の材木商と関わりが深い。『屋島寺縁起』その他において、屋島寺の僧呂が、屋島の合戦を実際に見ていた、と前置きして、屋島の合戦を物語ることを顧みれば、とても面白いお説のように考える。本書でもおいおいに考えていきたい。

私ども民俗学研究会の野外調査では、毎夜その日の収穫を互いに発表、検討しあって、深夜はおろか鶏鳴に至ることしばしばだった。いまだに調査員の楽しい思い出である。以下の『雲の通い路』はその記録である。

2　筑前琵琶の起こり

［語り手］椎葉　均
（不土野・向山日添　大正6年11月20日生）

遠えぇ遠えぇ昔《むかあし》、昔。ある村《むら》ん者《もん》が、山《やみ》ぁあ仕事《しごて》ぇへ、行ったちゅうわい［1］。そんこらぁあ、まぁだ開《ひら》けとらん、遠えぇ遠えぇ昔の時代《じじゃ》ぁのことじゃるけえない《（あるからねぇ）》。そん人が、えりゃあ太《ふて》えぇ滝ぃい通りかかったなら《（通りかかると）》、笛やら、太鼓やら、琵琶の音《おと》［2］が、えらい音だけして、聞こえてきたちゅうわい。こんことをば、村の者《も》にぇへ言うと、村ん者《もな》ぁあ信じられじぃ、「そぎゃあなことが、あるかい」ちゅうたちゅうわい。

そんで、村ん者《もん》をば連れて、山《やみ》ぁあ行った。ところが、ほんしゅう《（ほんとうに）》えらいな音だけして、笛やら、太鼓やら、琵琶の音が、鳴り響いとったちゅうわい。村ん者《もん》も、えらい魂消《たまが》ったちゅうわい。なれども、そん音をば、立てとったぁあ、山ん神［3］じゃったちゅうわい。これが世《よ》ん中《なきゃ》ぁあ、初めぇでけた、筑前琵琶の起こりちゅうわい。

そんで、こん滝《たき》ゃあるこたぁああっとじゃが、実際ほんしゅうに。ここの裏山《やみ》ぁあ、おぜぇ《（恐ろしい）》太《ふて》ええ寄《よ》っつきにくぃい、筑前滝［4］ちゅうとが、あるとじゃが。今でも、めんめぇ《（我々）》えども、山師《やま》［5］ゃあ山《やみ》ぁあ入《い》っなら、昼飯食うときゃあ、食《く》ぃ始めぇ始《た》めの一箸をば、木の葉《ひ》ゃあに取って、山ん神ぃ供えて置《う》ぇえて、「今日《きゅう》も一日《いちんち》、何事《なんごと》もにゃあごと、無事ぃ去《い》なしてくれめせ」ちゆうて、頼《ため》うて置《う》ええて、昼飯食うとわい。

（聞き手　甲斐眞后、林由季子・池田紀美子）

［1］わい＝年寄りが若者に言って聞かせるときは「わい」。逆に目下の者が目上の者に言うときには「わお」と言う。

［2］笛やら、太鼓やら、琵琶の音＝筑前・薩摩琵琶の式楽の『妙音十二楽』。子孫に祈られ、子孫のために祈る山ん神が、自身で神賑わいをしているのである。

［3］山ん神＝ここでは単なる山岳神ではなくて、荒神。先祖神。子孫の産業・生活を守ってくれる神。山の水神でもある。

［4］筑前滝＝椎葉村大字不土野字向山日当の倉ノ迫のケワシタ国有林の下にある滝。向山川の上流に当たり、その向山川は、水無で尾前川と合流し、その尾前川は、やがて耳川に合流する。倉ノ迫のバス停からは、徒歩約二十分から三十分の密林中で、横幅約二十メートル。高低差約三十メートルの急流。岩石が畳み重なり、登れないことはないが威圧感がある、という。なお、倉ノ迫の「迫」とは、谷筋のこと。

［5］山師＝都市的な相場師の譬えではない。山で働く狩人・鉱山業者・営林業者。実はこの村は昔から、右の昔話にも窺えるように、農業と兼業の山師の村である。

まず、椎葉村の狩人は日光派で、この派の狩人は、全国的にどの山でも狩りをすることができる。その本拠地は下野国、現在の栃木県日光市の二荒山神社（神宮寺は輪王寺）。その神体山は、日光三山の男体山（大己貴神・千手観音。二四八六メートル）・女峯山（宗像・厳島・椎葉厳島の田心姫命。阿弥陀如来。二四六四メートル）・太郎山（阿遅鉏《あじすき》高彦根神・馬頭観音。二三六八メートル）である。恐らく荒神から発し、崇神朝、より進んだ大和三輪山の大神神社の影響を受けて、大神神社関連の神々がその教学に従って、この山で再構築されて、式内二荒山神社が創祀された。当初その大きな特徴は、男体・女峯山の豊饒・水神信仰と、日光山の名前の通りの太陽信仰だった。その後、下野若田氏の勝道上人が開いた山岳仏教化によって、山内の神々は権現と崇められ、日光二荒山神社は、宇都宮二荒山神社、神宮寺の輪王寺とともに、神仏習合の霊山として栄えた。不思議なことだが、山内では山麓の農民に比較して、日光山で働く狩人に関心が注がれた。『日光山縁起』（室町後期）によると、神孫の猿丸大夫は、父祖の神々のために赤城明神と戦って日光山と中禅寺湖を守り、小野猿丸大夫と呼ばれて、神主家の先祖となった。『日光山縁起』の類話「磐次磐三郎」

は、赤城明神の手から日光山と中禅寺湖を救い、日光山の信仰と山麓の農産業（荘園）を守った功により、時の帝から日本全国どこで狩りをするのも自由、という勅許をいただいたという。結果、全国の狩人の日光山信仰は実に厚く、九州では、椎葉村に隣接する熊本県山都町（旧蘇陽町）柳の猿丸集落には、その痕跡が『日光山縁起』のごく片鱗ではあるが、貧しい母が木の実を拾っているのを、これも貧しい息子の狩人が誤射する悲劇、『日光山縁起』の発端、つまり縁起の核心要素を伝説として伝えている（『蘇陽町の文化財』第二集・昭和59年）。当然、椎葉村も日光派の影響下にあった。

いったい日光山麓は那須与一の故郷で、『那須記』によると那須与一は日光山で弓術の修行をしたという。その先祖は、正倉院中倉に『那須』の刻銘のある儀式矢を遺す（『正倉院御物図録』第一〇輯）ほど、弓矢の道に秀でていた。また椎葉村の営林業は、瀬戸内系那須氏の影響が濃い、という。実は椎葉村の営林業は、岡山県瀬戸内市の牛窓港の材木商を通じて、天領豊後日田の同志とともに、牛窓杣から植林を学んでいる（『日田市史』）。ちなみに山本隆志氏の『那須与一伝承の誕生』（ミネルヴァ書房）によると、那須与一伝承はこの瀬戸内地方から起こったという。この那須氏の影響か、平家残党なる人々の影響か、大賀郁夫氏は、安永二年（一七七三）の人吉藩の調査によるとして、当時椎葉村の全人口は四四八三人、そのうち、郷士は三三〇二人。全体の七三・七％を占めている（『由来記』の成立——椎葉山『由来記』成立の背景10」『宮崎公立大学人文学部紀要』四巻一号）と報告しておられる。こうしてみると、以下、本報告の昔語りにみるがごとく、椎葉村の好風もよく理解できることである。

雲の通い路

文化叙事伝説。筑前琵琶の起源伝説。『神楽』を演じたり、拝観したりしていても分かるように、元来、音楽というものは、神仏のための芸能である。神仏に代わって演じることもあれば、神仏を慰めるために演じることもある。また、布教のために演じることもある。さらには、人々が自らの慰めに演じることもある。

琵琶は元来、ペルシャのウードに始まる弦楽器だが、西に伝われば、ギターになり、東に伝われば、漢代、シルクロードを越えて伝わって、漢琵琶といわれた。日本に伝わって来たのは奈良時代で、唐の琵琶である。宮廷では、雅楽のための管弦に用いられ、大寺院での嘆仏、声明のための雅楽の伴奏楽器にも用いられた。また、貴族・隠士・盲僧たちが、雅楽の詞章や朗詠などに合わせて独演奏されることもあった。仏教音楽としての琵琶は、様々な形で中央・地方の寺院でも用いられ、時には布教とその後の余興のための仏教説話を語ることもあった。『平家物語』の成立にも大きくかかわるようになる。

民間の琵琶は、特に九州・中国地方で『琵琶仏教』として独特の発達を遂げ、後年、薩摩では、鹿児島の常楽院を中心に発展したが、やがて武士の教養として、あるいは士気を鼓舞するために大いに用いられて『薩摩琵琶』となった。一方、太宰府から起こった玄清法師流は、博多の成就院を中心に北部九州・中国地方で発展し、比叡山中の悪龍を琵琶で退治したと称して、天台と強く結びつくようになった。やがて芸所博多の三味線音楽の影響を受けて広く受け入れられ『筑前琵琶』となったが、優艶なところに特徴がある。『薩摩』『筑前』ともに全国的に広がったが、不思議なことに九州では『筑前琵琶』が特に喜ばれ、宮崎看護大の山口保明先生によると、宮崎県の県北では『筑前琵琶』色が殊の外強く、この『筑前琵琶の起こり』の伝説は、筑前系統の盲僧たちが、早くから九州山地の奥深くまで布教していた名残であろうか、と感嘆しておられる。この『筑前滝』は、椎葉に『平家物語』を伝えた盲僧たちのメッカだったのではあるまいか。

いったい椎葉村は九州山地中央の交通の要衝である。西南戦争終局時、熊本を放棄して故郷鹿児島に走った西郷隆盛が通過したのは実は椎葉村の国見峠であった。山裾をぐるぐる廻って行く平野の街道よりも、高低差を厭わなければ、山道のほうが短距離でよい。この山道を行く人、この山々で働く人々は、その都度、あるいは行く先々で祭りを怠らなかった。

なお宮崎県西都市東米良地区の銀鏡神社の毎年十二月十二〜十六日の例大祭に夜を徹して舞われる神楽で、神垣祭壇に猪の首を供える風習があるが、『続古事談』（一二一九）に「宇都宮は権現の別宮なり。狩人鹿の頭を供へ、祭物にすとぞ」と見える（日光市の二荒山神社でも行われている）が、銀鏡神社の夜神楽の猪の首の供物は、ことによると宇都宮市二荒山神社から日光市への移習かもしれない。

椎葉
あれこれ

ひえつき節

ヒエ搗き風景の実演（鶴富屋敷前）

ヒエ

〽庭の山椒の木　鳴る鈴かけて
鈴の鳴るときゃ　出てござれよ
鈴の鳴るときゃ　何というて出ましょよ
駒に水やろと　いうで出ましょよ
わさま平家の公達流れよ　おどま追討の那須の末よ
那須の大八　鶴富おいて　椎葉たつときゃ　目に涙

昭和二十年八月、日本は戦いに敗れた。茫然となったが、六千万の国民は一致して廃墟の中、辛くも起き上がった。逞しい復興の鎚音を聞きながら、歌謡曲末だしの頃、まず流行ったのは日本民謡だった。

優れた日本民謡数ある中で、一際賑わったのが九州の『炭坑節』と『ひえつき節』であった。『炭坑節』は石炭こそ復興の主軸だとのことで勇ましく唄われた。しかし『ひえつき節』の場合、いささか事情が違っていた。

なにせ敗戦、塗炭の苦しみ、屈辱。四等国とまで蔑まれて、言葉を失った時期だったが、そんな時、人々は『ひえつき節』に出会ったのである。聞けば、敗者平家の姫が恋をする。その可憐さは何とも嬉しかったが、それは恩讐を越えた恋。やがて二人は引き裂かれることになるのだが、鶴富姫は健気にも残された娘に婿を迎えて新たに椎葉那須家を立てる。残照の中、毅然として日本婦道を貫いた鶴富姫の鮮烈な思いは、何とも潔く、励まされた。現代日本歌謡の基本テーマは総じて四つ、すなわち誇り・夢・希望・感謝だといわれる。その原点は『ひえつき節』だったかと思う。

3　大十郎兵衛と小十郎兵衛

［語り手］甲　斐　弥三郎
（下福良・野老ヶ八重　大正元年9月25日生）

大十郎兵衛と小十郎兵衛との話を聞かするぞ。こら、お前《めえ》たち。一つひとつ返事《へいじ》をせにゃあいかんぞ。

あんなぁ、昔、大十郎兵衛と小十郎兵衛という兄貴と弟《おとと》がおったとじゃあ。わかったか？　そうしてなぁ、峠《とうげ》［1］のお堂にチロリ　トンボリ　チロリ　トンボリ　火が見えて明《あ》かいじゃないか。兄貴の大十郎兵衛は、不思議ぞ、と思うて、「だれか、あっこに行てみよ」と言うた。弟の小十郎兵衛は「わしが、行《い》て来るわ」と。そこで兄貴は、その弟を遣《や》ったとじゃわ。峠のお堂まで、そらぁ遠かったらしい。それから、兄貴の大十郎兵衛は「もう行きごろじゃなぁ」と思うけんども、弟は帰って来ん。それじゃから、というわけで、兄貴の大十郎兵衛は、弟が帰って来んから、弟の後《あと》から、行てみたわけ。

そうして行て見ると、何やら女がおった。この女は、まことは女盗賊じゃった。兄貴が行く前《め》ぇに、初めに弟が行たわけじゃが、兄貴の大十郎兵衛は知らぬことじゃったが、弟の小十郎兵衛が峠のお堂に行たとき、やはり女盗賊はイケ《(穴)》を掘っておって、「助けてくれ。わしゃあ足が痛いぞ。手も痛いが、足を揉《も》うでくれんか。わしゃあ旅でもう命が切るる片手《(際に)》に、ここで火を焚《た》いておるが、まぁここを、足を摑《つか》まえて、揉うでくれ。小便もしたい。担《かろ》うて行て、どこぞでばらせて《(排尿させて)》くれんか」ちゅうことで、弟は女の言うままに盗賊女を担うて行くところを、その女の奴は、金盗り者じゃから、後ろから弟の首を斬《や》った。それから、弟をそんイケに投げ込《こ》うで、ほた《(木の切れ端)》で埋めとった。

そけぇまた、兄貴の大十郎兵衛が尋《たず》ねて来たから、女盗賊は、「そん人はもう帰った。わしが足を揉うでくれて、むぞうな《(かわいそうな)》人じゃったが、もう帰ってしもうたが、貴方《あんた》も一息揉うでくれんでしょうか。わしゃぁ小便にも行きたい。担うて、どこぞ連れて行てくれんでしょうか」ちゅうことで、兄貴の大十郎兵衛も騙《だま》されて、女盗賊を担うた。担わるっと、また女盗賊は兄貴の首を後ろから斬《や》っちょって、イケに放《ほ》たれ込うじょった、ちゅうわけ。

明きの夜が明けてから、ムラの人が見たときは、「なるほど、こりゃあ女盗賊じゃったもんだ」ってこと。こういうふうにして人を殺すから、例えば「曾我兄弟」・「五郎・十郎」の名前もつけておる。

（聞き手　原田由香里・福井聡美）

［1］峠＝推測の域を出ないが、お堂も塚もないものの、椎葉村から五ヶ瀬町に抜ける木浦峠ではないか、という。

弥三郎さんの父方の伯母那須フサさんが、新茶を釜で煎《い》り揉む製茶作業中、傍《かたわら》に立って、「昔話をしてくれん？」、「昔話をしてくれぇ」と頼む幼い弥三郎さんたちに、喜んで昔話を話してくれた。ただお互いの約束事があって、「こらお前たち。一つひとつ返事をせにゃいかんぞ」と要求するので、聞き手は、話の要所要所で、「オー、オー」とか「エー、エー」とか、相槌《あいづち》を打ったものだった。また、語り手は、「わかったか？」と念を押し、聞き手は、「ウン」とか「オウ」とか、はっきり肯定しなくてはならなかった。それが聞き手の礼儀だった、と、弥三郎さんは、懐かしそうに思い出話をされた。

昔話には、よく奇想天外な話が多い。だから、「ゲナゲナ話は嘘だゲナ」と、楽しみつつも信じられない子供が多い。しかし、昔話は郷土史教育・社会教育・人生教育の大切な場だった。信じてもらわなくては、意味がない。現に日本神話は歴史的には荒唐無稽と言われながら、その精神は、国民生活の中に色濃く残っている。だから昔話・伝説は先人の遺した文化として、誇りをもって伝えていかなくてはならない。

永松敦氏は、この伝説は、峠では、必ず「シバ神様」を祭るもの、と子供たちに教えた伝説ではなかったか、と推測する。そう推測されるのには、理由がある。この伝説は一見、他愛もない伝承のようだが、主人公は「大十郎兵衛・小十郎兵衛」とあり、非業の最後を遂げている。しかも話の結末部分で『曽我兄弟』の「十郎・五郎」の名前が付け加えられている。「十郎・五郎」は、めでたく仇討ちの本懐を遂げるが、結果として非業の最後を遂げたのに変わりはない。実は「〇郎」という人物の登場する話は、しばしば非業の最後を遂げた「御霊《ごりょう》」の伝説になる。しかもこうした「御霊」は、村境の峠に祭られていることが多い。これは、強い恨みの霊力を、尊崇して厚く祭ることで、村内に災いを持ち込む悪霊を追い払ってもらう祭場であった。もちろん塚ばかりではなく磐・樹木の場合もある。大島建彦氏の『道祖神と地蔵』（三弥井書店　平成四年）中の「南島の柴折り石積みの伝承」にも熊本県等九州の事例が紹介されているが、山仕事をする人が今でも祭ることで、椎葉村教育委員会の黒木光太郎氏によると、「山道に決まった場所があって、そこを通りかかったら、必ずスズダケ・木の枝や季節の花を挿して拝んで通るものだ」という。

　すると、永松敦氏の推測されるように、右の弥三郎さんの伯母フサさんの伝説も、山や峠、ときにはしかるべき谷中の要所を行くとき必ず果たさねばならない「シバ神様」を祭る躾《しつけ》を、子供たちにきっちり教えた伝説だったのだろう。だからこそ、峠のお堂の明かりが「チロリ　トンボリ　チロリ　トンボリ」灯《とも》っていた、などと聞き手の興味をしっかり誘いながらも、「一つひとつ返事をせにゃあいかんぞ」、「わかったか？」と厳格に念を入れていたのであろう。この「シバ神様」は、一部に見られるいわゆる「ひだる神」とは、やや違うようである。

　なお、終末で突然『曽我兄弟』の話が例として出されるが、この村にも『曽我兄弟』の伝承を語る者がおったに違いない。時宗も来たのかもしれない。

4　五郎谷の由来

［語り手］椎葉　ユキノ
（大河内・臼杵俣　昭和6年7月29日生）

下《しも》の方に、五郎谷［1］ちていう谷が流れるとわいなぁ。昔、平家と源氏が戦いをして、平家が負けて、その侍共《さむらいども》が椎葉山に入り込うで、山の奥《おっく》の方さねぇ逃げ隠れたとちゅうぞ。そのころ、椎葉山にゃあ、もう人はおったとちゅうがなぁ、そうして、稗《ひえ》やら、蕎麦《そば》やら作っとったげなわい。それをば、侍共が取り上げてしもうて、ムラの者が食うとも、なかったげなぞ。後《のち》さねぇにやぁ、侍共も藪《やぼ》を作って、焼き畑して、稗やら蕎麦やら小豆やら作って、仲良う暮らしとったちゅうわい。

その最中《さなか》に、勝った方の源氏の侍が追うて来てなぁ。平家の偉《えれ》ぇ者《もん》じゃったとじゃろうわい。その平家の侍共を七従兄弟《なないとこ》まで探ぇて歩《あり》ぃて集めて、そん七人を斬り殺したったちゅうぞ。七人ダッチョ［2］、と名前のちぃとる塚が、川下の方にあるぞ。通るときにゃ、ゆう見てみよ。岩の上に、南天の植わっとる塚があるわい。御幣《ごへい》が上げてあったぞ。土地主《とちぬし》のおっちい（小父さん）が、正月には焼酎・御幣・ツルリハ（ゆずりは）、お盆にゃ焼酎・ハナノキ（しきみ）を上げてお参りするぞ。

そんとき、七人を斬り殺ぇたときの源氏の五郎右衛門と十郎左衛門と名乗りを上げた侍が、刀に血の引っ付《ち》ぃたとを洗った下の方の谷を、五郎谷と後から名前が付ぃたとちゅうわい。昔の者はなぁ、見る者が見れば、白血《しらち》［3］が流れる谷、ちゅうわい。

（聞き手　林　文香）

［1］五郎谷＝大河内の雨木の新橋から約五〇〇メートルの所。臼杵俣《うすきまた》川に流れ込む小さい谷。五郎谷の五郎は、御霊の意。五郎右衛門と十郎左衛門の名があがっているが、五郎・十郎は曽我兄弟の場合と同様に、昔から芸能によく出る名前である。左衛門も同様に昔から芸能によく出る名前である。

［2］七人ダッチョ＝五郎谷のやや上《かみ》の方の川端にある。昭和二十九年の台風で流され倒壊。現在は分からなくなった。ダッチョの意味は不明。境界の聖地にあることが多い。強力な霊を祭る塚・参り墓の意味かもしれない。この伝説は学問上は『七人塚』という。秦の徐福の主従七人の墓（和歌山県新宮市）、平将門の七騎武者の墓（千葉市）、小宰相主従七人の墓（兵庫県西淡町）、その他各所に類似のものがある。七人の落人という例も多いが、千葉市の場合は祇園牛頭天王だともいう。本来は境界に威力のある神を祭り、ムラの外からの魔物の侵入を防いでもらったり、ムラの除災招福を祈ったもの。

［3］白血＝白色の血

雲の通い路

「太刀洗」と「七人塚」の二つの伝説の混合したもの。「太刀洗」の典型話は、筑後川の戦いの後、菊池武光が血刀を太刀洗川で洗ったという伝承。「七人塚」は注［2］の「七人ダッチョ」参照。

右の昔話のとき、ユキノさんも、「もう六十年近く前のことですが、父（椎葉源次郎氏）、祖父（虎次郎氏）、祖母（イト氏）が自在鉤に金チョカ（鉄瓶）をかけ、地炉《じろ》の火の燃えるのを囲みながら、兄・私・妹に『お前どもはなぁ、ゆう聞いちょけよ』と話してくれました。興味深い話が多かったけれど、決して興味本位ではなく、人生上の心得、ぜひ祭らなければならない神仏、ムラの歴史、大切にしなければいけないお宅の話にいたるまで、それはまぁさまざまでした」と懐かしそうだった。

御霊は、本書テーマの一つである『平家物語』の発想の問題と重なるので、さっそくのことではあるが、『御霊』について、もう一度詳しく触れてみたい。

一般的に御霊とは、非業の最期を遂げた人の霊魂のことである。横死ということもある。つまり寿命でもないのに戦場あるいは事件・事故に巻き込まれて死んだ人の霊魂のことである。天国・極楽、いや地獄でも、そんな死者に来られても、まだ受け付ける約束の順番ではないので、追い返してしまうことになる。しかし亡霊にしてみれば、追い返されたからといっても、現世にはもはや帰るべき身体がない。従って魂を落ち着ける場所がない。右往左往。あげくの果て見境もなく人に祟る。それは時代を超え、地域を越えて、全く無関係の他人にも祟るものだ、と考えられていた。

中でも恐れられたのは、血を流して大地を汚して死んだ人の霊魂の場合である。その恨みを晴らすためには、殺した人にも血を流してもらって、殺された側の恨みを祓うほかはない。つまり仇討ちである。この仇討ちは、日本人が大好きな話題であることは、今もって『忠臣蔵』等どんな不景気にも興業が成り立つ、というではないか。さなきだに戦死ということになると悲惨である。もっとも業が深いとされた。鬼になってしまうとまで信じられた。もう一つ恐ろしいのは、祭ってもらえないでいる霊魂である。

仇討ちはともかく、御霊の祟りを避けるためにはどうすればよいか。しかるべき僧侶もいないとき、俗人・他人にできることといえば、現今の葬式のときに見られるのだが、唯一、その人の柄が比類なく立派なこと。また死んだときの様を稀にみる大往生であるとかあいさつしあって、その死に様が、いかに悲しみに満ちたものであったか、戦死ならば、勇ましい武功の果て、いかに壮烈な死であったか等々、互いに追慕・哀悼することで、その死を悼むことであった。

※　※

3話「大十郎兵衛」も「小十郎兵衛」も、4話の「五郎」も、語呂合わせのようだが、とどのつまり『御霊』である。大・小十郎兵衛兄弟の場合は、優しいばかりに女賊に騙されたのである。5話の場合は、七人の平家落人を追悼する話で、この伝説の筋は、「五郎左衛門」に斬り殺された七人が『御霊』になった話である。『七人ダッチョ』の「ダッチョ」は、強力なという方言。つまり塚の主人公は強力な祟り霊魂になって、「御霊」と敬語で呼ばなくては納まらない霊魂になったのである。それは斬った血力から滴り落ちる白血かもしれない。その白血が、御霊となったのだといってもよい。その血力を洗った恨みの場所が、即ち『五郎谷』なのである。

また3話では、「曽我兄弟」が御霊の一例として、聞き手に示されていて興味深い。『曽我物語』は、有名な軍記物。五郎・十郎兄弟の仇討ち物語。兄弟は無事仇討ちの本懐を遂げはするものの、やはり非業の死で終わっている。この『曾我物語』は、『平家物語』『義経記』と並ぶ日本文学中の人気作品で、現在、全国的にも静岡県富士市厚原の曾我八幡を中心に手厚く祭られ、兄弟の墳墓、恋人の「大磯の虎」の伝説地がびっくりするほど遺っている。この曾我兄弟の伝説は、稲作儀礼まで絡まって伝承されていて、なかなか面白いテーマで、西日本の平家谷伝説、東日本の義経伝説と三つ並びに並んで興味深い伝説になっている。『曾我物語』はまるで『平家物語』の番外編のように神奈川県藤沢市西冨町の遊行寺を本拠地にして時宗の、それこそ遊行僧が、『義経記』はまるで『平家物語』の延長のように出羽三山の修験道の験者が時宗の宗徒とともに全国的に広めた。

『平家物語』ももちろん琵琶法師その他によって平家一門の御霊を鎮撫するために物語られた。あの平家一門は、寿永四年（一一八五）三月二十四日の壇ノ浦の合戦もしくはそれまでの合戦・事件・事故のために、頼朝が池の禅尼の命乞いのお蔭で清盛に助けられた返礼名目で助けた池ノ大納言頼盛と、これはまったくの怯堕故に助かった宗盛父子以外は、ことごとく滅んでいる。名を惜しむ者は、ほんとうに悉く死んだのである。そのことは、例えば『醍醐寺文書』等を見れば歴然としている。彼ら平家一門は、安徳天皇をお連れして二位尼時子以下全員、悉く万斛の涙を飲んで、後白河院と源氏を恨んで死んだのである。当時、国を挙げての、日本全国に跨った大合戦は、この源平合戦のみであった。『徒然草』によると『平家物語』の素案は慈円僧正によって編まれたものという。国家鎮護、つまり国内外の安全保障を一身に引き受けてきた天台座主慈円としては当然の務めでったことであろう。

話をもとに戻す。『三代実録』貞観五年（八六三）五月、『御霊会』が京都の神泉苑で行われた。祭るところの御霊は崇道天皇（早良親王）その他。ここでは一々詳述しないが、これら御霊は、いずれも宮廷筋に含むところありと噂されている怨霊であった。さて右の場合は公的な臨時の慰霊祭であったが、恒久的な祭祓設備もあって、例えば京都市上京区上御霊竪町の『御霊神社』は、社伝によると宗道天皇その他の怨霊慰霊を図ったもので、延暦十三年（七九四）平安遷都にあたって、新都を守護せしめんがために祭った神社であった。

恨まれている者が、恨んでいる御霊に対して、たとえ公の立場からとはいえ、新都の守護をさせる等ということは、まったく厚顔の限りであるが、そこはそれ人間の図々しさで、「お祭りしてあげる以上は立派な霊魂になって、お祭りしてもらうお返しとして、我々を護ってください」というのである。「御霊神社」は、『日本の神仏の辞典』（大修館）によると福井・奈良・大阪の各地にもある。

こうした御霊信仰が民間に入ると、道祖神と一つにして祭られる。例えば『本朝世紀』天慶元年（九三八）の条には、京都の辻々に「御霊」とか「岐神」と称する性器を刻んだ男女神が祭られたといっている。「岐神」とは、もちろん道祖神のことである。同じように地方でも辻辻、あるいは山の口、峠などでもって、怨霊・御霊、道祖神などが祭られる。今問題にしている3話「大十郎兵衛 小十郎兵衛」、4話「五郎谷の由来」もそうであるが、典型的な例として、京都山城と大津近江の国境の逢坂関の例が挙げられる。これについては、次の機会にゆずろう。

5　施明様《せみょうさま》［1］の法解《と》かずの岩

［語り手］黒木武美
（大河内・中山下　大正9年9月10日生）

昔、椎葉村栂尾《つがお》の栂尾神社の施明さんと東郷村（現日向市東郷町）の野々崎さん［2］とは、どぐぇんしたものか、何時《いっ》の会合でも、何《なん》かにかうまが合わざった。今日も、富高［3］で寄り合いがあって、話がようと分からざったけんど、やっぱぁ、うまが合わざった。

一応、寄り合いが終わって、めんめい《（自分の家）》方に去《い》ぬることになったけんど、はて、野々崎さんが、「ようし、今日はあの施明の奴を、ひっ魂消《たまが》らせてやろう」ちて、こげぇ思うたげな。施明さんが、そろそろ東郷村の鎌柄《かまえ》ン峠［4］に掛かる頃《ころ》と思うたときぃ、野々崎さんが『火の法』を掛けたそうな。行く先々、火が熾《おぎ》っから、施明さんは「どうかこらぁ、今日はおかしいわい」ちて思うとった。だが、「やぁはぁ、こらぁやっぱ、野々崎の奴の仕業《しわざ》じゃなぁ」ちて考えつうて、「俺《おれ》が何も知らんか、と思うて！」と。

そして、今度は施明さんが、『大時化《おおしけ》の法』を掛けたげな。すると鎌柄ン峠、坪谷《つぼや》［5］の辺りが大時化！　水が出るわ、木が倒るるわ、山がソロソロと崩《く》え始めて、えれぇことになろうごたる。これを聞いた集落《むら》の者が、ひっ魂消って、野々崎さんの所《とけ》ぇ、「施明さんに断りをば言うてくれぇ」ちて頼うで来た。そこで野々崎さんは、施明さんに断りを言うて、まぁその場はそっで、収《おさ》まったげな。

　じゃけんど、腹の虫が治まらんのが野々崎さん。いろいろと、ま、めんめいで《（自分で）》考え出ぇたげな。「ようし。施明の奴の大時化のかてぇり戻《もど》し〔6〕ば、今度、川でせにゃ、手にゃ合わん〔7〕」ちゅうことで。「じゃけんど黙ってやっちゃあ、こらぁ、俺ぁ『横道者《おうどうもの》』ちゅうて言わるるから、そげなことじゃいかんから、いっちょ教えにゃあいかん」ちて、使いをば施明さんにやって「何時《いっ》かお前が所《とけ》ぇの小丸川の水をば俺が逆《さか》しいに流《なご》うて、三ケ村《さんがむら》〔8〕をば、水でいっぺぇにしてみするから、ひっ魂消んな」ちて言うたげな。「何《なあん》しぃ、我がぁ川の水をば、逆しい流す？　ようし、やるならやってみよ」ちて言うて、栂尾の施明さんは、もでぇた《（帰した）》げな。

　次の朝、夜が明くっと、小丸川の水が、ドンドン　ドンドン　上の方さねぇ流れて来始めたっちゅうわい。二日目の日に施明さんが、「ようし、そうんなら、いっちょう工面《くめん》せにゃいかん」と思うて。じゃけんど、それまでは見とったげな。弓弦葉《ゆづるは》〔9〕の下《しも》の、上《うえ》ん方に、太ぇ石があっ所をば、知っとったげな。そこで、「もう、ちょうどよかろう」ちゅうことで、施明さんが法を掛けた。その太ぇ石。ゴロゴロやって下《しも》の川ン向けて落《おて》ぇたげな。そして太ぇ石を、大《お》っけな音をば立て、川の真ン中《なけ》ぇドシンと落とし込《こ》うだ。そして川の水をば塞《せ》っ切った。

　さぁそうしよったら、困った事《こて》ぇに鬼神野《きじの》〔10〕やら神門《みかど》〔11〕辺《へん》に、水が溜まり始むる、ちゅうこてぇなってぇ。「こりゃあいかん」「こりゃあどげんしたものか」と鬼神野やら神門の集落の者が、野々崎さんに「早う栂尾の施明さんに、断りをば言うて、石を直《なう》ぇて〔12〕もらわにゃ、ぼく

〔13〕じゃが」ちゅうことで、南郷村の者が困るもんじゃから、野々崎さんは施明さんの所ぇ行って、施明さんに断りをば言うた。

それで太ぇ石は、そんなりして置くわけにゃいかん。施明さんが、法を結ぶと、太ぇ石が、ジワリジワリと山《やめ》ぇ上《あ》がり始めた。二百メートルぐれぇん所ぇ平ら《でれ（平坦地）》がある。そかぁビンジロ〔14〕ちて言う。施明さんはそのビンジロの平らまで上げた。それから太ぇ石はジワリ　ジワリと土ん中ぇ沈うだ。が、またどげなことがあるやら分からんから、施明さんは法は解かずに、そんなりにしておいた。そっじゃから、それぇ当たったり、上がったりしたなら、大事。腹が痛《いて》ぇなったり、頭が痛ぇなったり、ホロシ〔15〕が出たりするげな。今でも恐《おぞ》うして、近寄らんごとしとる。

そして、腹けぇた施明さんは、氏子の三ケ村の者に「もう他所の者とは、汝《わ》が共《どま》ぁ一緒になるこたぁ出来《でけ》んぞ」ち言うたげな。そって三ケ村の者だけの「黒木」ちゅう姓が、ここにある、ちゅうことじゃげな。

（聞き手　黒木光太郎、米満　泉・江島真由美・吉武知子）

〔1〕施明様＝栂尾神社（祭神）に仕える巫覡《ふげき》（男のミコ）・験者《げんじゃ》か。境内にその墓と称する石塔が遺っている。

〔2〕野々崎さん＝野々崎丹後。日向市東郷町野々崎の仲瀬神社・日向市日知屋の安之神社の祭神の一つ。両社の社伝によると、永禄中とも天正中ともいうが、日知屋地方は塩田が盛んであったが、ある時、塩竈が結晶しないことがあった。困った村人は、山伏たちに祈禱を頼んだが、一向に効果がない。そこで、東郷村野々崎集落の野々崎丹後を招いて祈禱して貰ったところ、もとの通り塩が結晶した。が、負けた

山伏たちは、野々崎丹後を妬み、丹後を野々崎集落の茶屋で殺してしまった。丹後を慕う野々崎集落の人々は、仲瀬神社に元宮大明神と崇めて合祀したが、日知屋の人々も安之神社に合祀して慰霊したのだという。

［3］富高＝日向市（旧富高村）
［4］鎌柄ン峠＝日向市東郷町下三ケ《しもさんが》
［5］坪谷＝日向市東郷町坪谷
［6］かてぇり戻し＝手間返しのことだが、この場合は仕返し。
［7］手にゃ合わん＝仕方がない。この場合は腹の虫が治まらない。
［8］三ケ村＝椎葉村栂尾の栂尾・中山・尾崎の三集落。栂尾神社の氏子域。今でもこの三集落は結束が堅い。
［9］弓弦葉＝美郷町南郷区
［10］鬼神野＝美郷町南郷区
［11］神門＝美郷町南郷区の中心。椎葉との重要な交易関係にあった。
［12］直ぇて＝元あった所にきちんと整えて。しまって。
［13］ぼく＝大変な馬鹿をみることになる。
［14］ビンジロ＝不明
［15］ホロシ＝ホロセ。皮膚病の一種

雲の通い路

石にちなむ伝説で、ここでは験者の法力くらべ譚。施明様・野々崎さんは、本来は修験者。験者。神々ではない。永年の修行によって強い法力を身につけ、廻国の果てに、現在地に居ついて、奉じて来た神を祭りすえ、その草分け、宮柱となる例が一般。

「法解かずの岩」は、伝承者帰幽のため、不明のままだが、恐らく日向市東郷町と栂尾の境にある防遏《ぼうあつ》（魔物の侵入を防ぐ）のための霊石であろう。右の伝説は、椎葉村・旧東郷町・旧南郷村の三つの地区を舞台にした伝説。もともと栂尾は、中山トンネル開通以前は、この中山、九州大学演習林に阻まれて椎葉村に属しながら孤立していた地区。現在も中学生は、南郷中学校に通っている。

6 夫婦《みょうと》栂《つが》

［語り手］ 那 須 英 一（松尾・水越 昭和5年4月1日生）

昔、椎葉の上《うえ》松尾というムラに「松尾コウノ神〔1〕」という男の神様が住んでおった。そして同じ椎葉で下福良の夜狩内というムラには「森カクラ姫〔2〕」という女の神様が住んでおったそうな。松尾には尾根伝いに道がついておって、上松尾の天辺《とっぺん》の笹の峠（一三四〇・四メートル）から、南郷村〔3〕の神門《みかど》に通じる道があって、松尾の者はみんな、険阻《けんそ》なその峠道を凌《しの》いで、神門に出掛けて、用を足すやら、駄賃付けをしておった。

ある日のこと、たまたまコウノ神と森カクラ姫とが、神門から帰りに一緒になって、二人連れで笹の峠を越えて、松尾の側に四丁ほど下った所にあった大けな栂《つが》の木の所まで来て、その根元に腰を下ろして休んじょった。

森カクラ姫は、たいへん器量のよい美しい女の神様じゃった。それに比べてコウノ神の方は、流行病《はやりやまい》の疱瘡《ほうそう》を患って、顔いっぱい痘痕《あばた》があって、あまり良い男ではなかったそうな。じゃが、コウノ神は、森カクラ姫に惚《ほ》れ込うでしもうとった。それで二人連れで栂の木の根元で休んじょったとき「俺の嫁御《よめご》になってくれんか」ちて頼み込《こ》うだ。したけれども、男前が悪いので、森カクラ姫は、なかなかよい返事をせんかった。

それでコウノ神は「俺が法文を結《むす》うで、この山の中の狼《おおかみ》を集めて、姫を餌食《えじき》にしてやる」ちて言うて、法文を結んだ。すると山の中から狼の群れがいっぱいやって来て、二人に襲いかかった。コウノ神と森カクラ姫とは、枝振りのよい大けな栂の木の上に逃げ登っていった。狼の群れは、先頭の狼の背中に乗り、背中に乗りして、次々上がって来て、今にも二人は、狼に食われそうなところまで上がって来た。森カクラ姫は「もう嫁御になるから、許して賜《たも》うれ」ちて言うた。それでコウノ神は、法文を解いて、狼を追い払った。

その栂の木を「夫婦栂」ちていう。今はその栂の木は無いが、地名だけ「夫婦栂」として残っている。コウノ神は上松尾のムラの氏神として、今も松尾大明神として祭られておる。森カクラ姫は夜狩内のムラの氏神として祭られておる。二つの神社は一里ばかり離れているが、向かいあって建っている。

(聞き手　右田邦子、山中耕作)

[1]　松尾コウノ神＝大字松尾の氏神。松尾大明神。恐らく塞の神(境界の神)かと思われる。道祖神。
[2]　森カクラ姫＝狩り場の支配者神。狩人は、その狩り場で狩りをするときには、必ず、その狩り場の神を祭って許しを得なくてはならない。その土地の狩人が崇敬の念を厚くすれば、当然その狩人たちの氏神とも目されることになろう。ちなみに小学館の『日本国語大辞典』によると、カクラとは狩猟をする地域の単位をいうとある。例えば、「今日はふたカクラ追うて、猪を一頭とった」などという、ともある。
[3]　南郷村＝現宮崎県東臼杵郡美郷町南郷区

雲の通い路

大字松尾は椎葉村の東部。二十四集落・二七〇戸、人口七四〇人の穏やかな地区である。雪少なく比較的温暖で、目に染む緑の山々が畳みあげ、遠く遥かに山脈が広がった大森林の中に小さな田んぼが見え隠れする。伊能忠敬の測量隊も、柳田国男も、椎葉入りしたとき、旧南郷村の神門からこの笹の峠を越えて上松尾を経、下松尾の松尾掛かり庄屋の松岡家に入った。庄屋屋敷には常時、駄馬が十数頭用意してあったという。庄屋屋敷の庭には宮崎県指定天然記念物の大銀杏がある。高さ三〇メートル、幹の回り六・二メートル、樹齢は七〇〇年という。松尾の人々はこの大銀杏の葉の色を見ながら農作業を進めてきた。秋には黄色い落ち葉が絨毯のように散り敷いて色鮮やかだという。

笹の峠は、今、昔の絶頂の険しい細道を僅かに残して、記念の小公園に整備されている。昔の人たちが、さまざまの思いを運んだのかと思うと、何か胸が痛くなる。峠の絶頂からは、晴れた日には延岡の旭化成の工場が見える。そればかりか、太平洋の荒波も望見できるという。峠から約五〇〇メートル、上松尾を下って五百地へ行く道と分かれる三差路に『夫婦栂』があった跡がある。杉ばかりで、今は栂はなく、二人の神の逢い初めは空想してみるだけであるが、鶴富姫と那須大八郎の『逢引きの岩屋』と同型の伝承であることに注意を要する。

7 大利右衛門《おおりえもん》

［語り手］那須英一
（松尾・水越 昭和5年4月1日生）

松尾コウノ神の弟に、大利右衛門ちていう、力人《ちからじん》がおったそうじゃ。もう働き者じゃった、ちていうわけ。大利右衛門は八頭の馬を飼うておった。毎日、八頭の馬をひっぱって、笹の峠の下のドウカンノに登って朝草を切りよった。

じゃが大利右衛門は慌て者。ある朝のこと、曲がった柄を間違えて、草を切る鎌と思うて、臼の引き木を腰に差して、八頭の馬を引いて、もう朝の三時ごろからドウカンノに登って、一生懸命、朝草を切りよった。鎌ではないので、草は切れず、みんな根から、根こぎにしてしもうちょった。それで大利右衛門は、今日の鎌は切れんが、ちて思うとった。

夜が明けて見たら、鎌じゃのうして、臼の引き木じゃちていうことがわかったところが、もう一つも草は抜けんじゃったそうな。それでも夜の明けて、鎌でないと気がつくまでには、草を七《しち》駄半《だか》［1］も抜いておったそうな。

この大利右衛門の家は、兄の松尾コウノ神が、耳川沿いの筈割礼《はずわれ》［2］から、法文を結んで、その河原石を大利右衛門が所まで、ブンブンいうて飛ばし上げて、家の柱石にしてやった、ちていう話もある。

上松尾の松岡スミノさんのお宅がそれ。ここの柱石は山石ではない。立派な大けなツルッツルの河原石を柱石にして建っておる。なかなかの旧家で、大利右衛門の実家じゃ。

（聞き手　右田邦子、今泉朋子）

［1］七駄半＝一駄は馬一頭分。馬の背の左右に草を三束ずつ都合六束運ばせる。半は三束。この朝、大利右衛門は夜明けから四十五束も草を引き抜いていたことになる。

［2］筈割礼＝海抜四〇〇メートルくらいか。すると、椎葉ダムと同じ高さ。松岡スミノさんのお宅が海抜七〇〇メートルくらいだから、コウノ神は、柱石にするため、大きな河原石をたくさん、三〇〇メートルもの高さを法力で投げ上げたことになる。松尾の草分けの有り難い神様だったようだ。神様とはいっても、験者・巫覡《ふげき》・神人が尊ばれて神様、松尾大明神と慕われるようになったものである。

雲の通い路

関所といえば、逢坂関である。山城・近江国境の逢坂山（三二五メートル）の峠近く、少し近江寄りにあったというが、関そのものの機能は、人の往来があまりに頻繁に過ぎたためか、早くに機能を失って、平安時代には、懐かしい歌枕・名勝になってしまった。だが、関の名残が、不思議な形で色濃く残っているのである。

そこでまず関蝉丸《せきせみまる》神社である。滋賀県大津市逢坂一丁目にあって上社・下社からなる。延喜式内社ではない。旧郷社。大津市三井寺末の近松寺（近松門左衛門の修行寺という。芸能史上、伝説にしても要注意）の支配神社。旧郷社とはいえ、歌舞音曲の超至聖地である。この神社は江戸時代まで日本全国の琵琶法師をはじめとする説経師（各種雑芸人）を総括していたといい、こと関蝉丸神社の縁起と免許状さえ携行している限りは、全国どこで興業してもお構いなし。仮にも妨害する藩庁でもあれば、いかなる雄藩といえども、公儀のお咎めがあったという。上社の御祭神は猿田彦神（道祖神）、下社の御祭神は豊玉姫命（琵琶湖の神か。ただしこの神社の古名は「坂神」だから、本来は逢坂関の神か）。後代それぞれに「蟬丸命」が合祀されたという。

下社は国道一号にかかって、入り口近くに有名な「関清水」がある。恐らく本来の至聖の磐座（神霊の依代。古代祭式上の御神体）であろうか。脇の小祠に「逢坂山のさねかずら」が這い掛かって、目に眩しい。弘仁十三年（八二二）創建と伝える。古くは坂神・関明神と呼ばれていた。貞観十七年（八七五）坂神に従五位下が贈位された。歌舞音曲の神たるの綸旨は、少し遅れて天禄二年（九七一）に下されたという。上社は同じ逢坂一丁目ながらこの国道一号沿いに七〇〇《メートル》ばかり京都寄りに上った高みにある。古典によく見る「関寺」は、下社近く旧片原町。その名の通り下社の五〇《メートル》ほどカタワラにあったというが、早くに廃絶。「蟬丸神社」と呼ぶお社は、もう一社、大津市中央にある。上下関蟬丸神社との関係は定かでないが、長い歴史がある。祭地が逢坂山中を転々としたためかとも思われる。

以上が逢坂山の東、近江側の聖地伝説の概要である。最近の研究成果に室木弥太郎・阪口弘之両氏の『関蟬丸神社文書』（和泉書院）がある。

問題はやはり「蟬丸命」である。その蟬丸は、僧正遍照の歌道の師ともいい、『百人一首』で「これやこの行くも帰るも——」の和歌で親しまれているが、一方、雅楽の琵琶に対する民間琵琶の元祖ともされていて、宇多・醍醐天皇の第四皇子、あるいは、その前の光孝・仁明天皇の第四皇子だともいう。別説もあって、宇多天皇第八皇子敦実親王の雑色ともされていて、雑色ながら近侍しているうちに、門前の小僧よろしく自ずからに習い覚え、秘伝を学び盗って、いつのまにか名人になってしまったものともいう。蟬丸を皇族だと主張するのは、木地師の座が、文徳天皇皇子の惟喬親王を始祖と仰いで、宮廷の権威に縋って座の組織を守ったのと同じことであろう。

だが、民間琵琶の場合、もう一つ、別の理由があった。それは雅楽の琴・琵琶等の糸物は、皇族または准皇族にしか許されなかったからである。琴が、理解し易いので、琴で説明すると、例えば仲哀天皇崩御の時である。あの時の役廻りは、仲哀天皇が神主になって琴を弾いて神降ろしをし、それによって巫女の神功皇后は神憑・神託を告げ、重臣武内宿禰は、審者《さにわ》として神功皇后の吐く神憑・神託を（言葉は悪いが場合によっては酔っ払いがクダを巻くような口吻もあるので、それを）正しく読み取る役廻りだった。ところがその武内宿禰が正しく判断した神託を、神主の仲哀天皇は信じなかったから、祭具の琴を抱いたまま死ぬことになるのである。琴はマツリゴトをする上での神聖な祭具だったのである。容易な身分の者が玩んでよいわけではなかった。

琵琶も同じく神聖極まる楽器で、正倉院の保存琵琶にしても、あれはまさしく聖武天皇の御物だった。元来、楽器としての琵琶の可能性は非常に高いものがある。にも拘わらず、雅楽の琵琶、平家琵琶まで、不思議なことに、主旋律を弾かない。長い歌唱か笛かの合間合間か、その区切りかの箇所でハラリと四弦が弾かれるだけである。聞けば、雅楽の琵琶・琴は、高貴な方ばかりに許されて、雅楽寮の楽人にも伝わらず、いつのまにか忘れ去られてしまったのだという。現代琵琶の場合、管弦楽と十分協奏でき、その超絶技法は、耳を欹《そばだ》てて、目を剥くばかりなのにである。

そのただのハラリは、実は平家琵琶に至るまでで、皮肉な見方だが、「語り本系　平家物語」と、わざわざ「語り・語り物」と呼ぶのは、「歌謡」ではないのである。譜本を見ると、その語りの詞章脇に「口説」「初重」「中音」その他さまざまな謡いの調子が示されていて、勇壮・優美・悲愴などと、演者の非凡を称賛するのはやぶさかではないが、やはりハラリとしか聞けない向きが多いのも、また現実である。「語り物」の華麗な和漢混淆の美文は、祭具としての琵琶の神秘的とは聞くものの、現代琵琶に比較しても、何とも物足らない点を補う必要に迫られての語りのための作文だったかもしれない。いや、それ以上に語る詞章の内容に至心回向の真心を振り絞ったが故の作文かもしれない。そのことについては、原『平家物語』編纂のそもそもに関係することになる。が、それについては、後述することにして、……いずれにしても、「琵琶」は神器であって、これを抱く時、演奏者はまごうことなき「神主・神・菩薩」であった。『当道要抄（鈴木孝庸編　国文学研究資料館文献史料部『調査研究報告』7）によると、平家琵琶の座　当道座トップの検校は、その公的資格は、「一位の中将」。もし参内して御前で『平家物語』を演奏するときは、「二位の大納言」の座に着いた、とある。「二位の中将」は何ともマユツバだが、そのつもりだったのだろう。民間琵琶奏者の場合、法師、法体が原則であった。法体は虚仮《こけ》脅しではない。髪を剃り落としているのは、身分制度の埒外にいる印である。（高名の琵琶法師の神技・法力は、しばしば噂され伝説化された）。

閑話休題、蟬丸の伝で名高いのは謡曲『蟬丸』（『逆髪』とも）である。延喜ノ帝（宇多）の四ノ宮蟬丸親王は、盲目の故をもって御所を隠れ出、逢坂山に入って、父帝から直授した得意の琵琶を慰めとして、寂しく暮らしておられたが、この方には姉宮がおられて、何と髪が逆しまに生えているばかりか、気がお狂いになるとうい方で、「逆髪姫」と呼ばれていた。この逆髪姫も弟宮と同じように御所をさ迷い出なさったが、たまたま逢坂山にさしかかって、弟宮蟬丸の琵琶の音を聞かれ、探し求めて、ようやく再会なさることができたという筋の物語である。この姉宮「逆髪」のお名前は何ともいぶかしいが、要するに関蟬丸神社の古名「坂神」としてならば理解できることである。つまり逆髪姫は逢坂関の神。蟬丸はその神主。逢坂山の坂神を祭る琵琶法師。琵琶演奏をしながら、逢坂関を守る神を、かつは祭り、かつはその神徳を説く巫覡《ふげき》（男の巫女）であった。蟬丸と逆髪姫ははじめからセットの神であった。逢坂関を守るということは、関の外から、天災であれ人災であれ、災いを一歩たりとも内に入れないことである。これを難しい言葉で防遏《ぼうあつ》ともいう。

例えば道祖神などは防遏の神である。道祖神は単独神のときもあるが、しばしば男女一対の神として祭られることがある。肩を抱き合うのはまだよい方で、目を背けたくなるほど行儀の悪いお姿のときもある。（この行儀の悪さを、悪魔までもが閉口して逃げ出す、そこを狙ってのことだ、という研究者もいる）。謡曲『蟬丸』にみる、逢坂山での逆髪姫と蟬丸との姉弟愛のお話は美しい話題かも知れないが、本来は関所神の伝説の筈。本書6話「夫婦栂」の伝説も、神になった験者の法力譚に他ならないが、とどのつまりは、男女神の恋愛譚だった。この話題が豊作儀礼と関係すると、「小松神社」の場合のように、風神祭りに絡む求愛祈願の微笑ましい風景にもなる。伝説11話「鶴富姫と大八郎の悲恋」とて、この伝説の延長線上の男女神の行逢（出逢い。相異なる由縁神社の御輿が、それぞれの祭地を出発して曰くのある合同祭場に行き逢う祭り場）信仰の名残かもしれない。少なくとも伝説12話「逢い引きの岩屋」は男女の神の出会いの伝説である。この逢坂山の姉弟信仰は、次に述べる逢坂山西麓の「四宮河原」では、母子信仰になる。それはまたその時に。……さてまた3話の大小十郎兵衛の峠話の事件現場も、五郎谷の「七人ダッチョ」の塚も、まさしくそうした祭り場・拝所の名残の伝説化であった。ちなみにこの伝説の平家落人追討使は、遠慮会釈もなしに平家落人を惨殺している。「鶴富姫と大八郎の悲恋」伝説とは別系統の伝説――椎葉村の昔話は、まったく多種・多様であったとしか言いようがない。

一口に「雑芸（雅楽に対する散楽）」といってもさまざまの芸種。その所属先もさまざまで、それらさまざまの雑芸人の集まる結果、椎葉村は伝承文学の宝庫となった。2話の「筑前滝」は、神遊びの至聖地・拝所。筑前琵琶盲僧の溜まり場だったのである。あの筑前滝の近くには「石堂屋（一三三五メートル）」がある。いや実は椎葉村には、西米良村境にい今一つ「石堂山（一五四七メートル）」があって、その辺の事情、歴史をまざまざと物語っているが、それは五来重『高野聖』（角川）・筑土鈴寛『中世芸文の研究』（有精堂）が詳しいので、その権威に任せることとして、詳細はこの二書に譲りたい。が、石堂の地名のある所、紀州高野山の萱堂・信濃善光寺の親子地蔵尊、筑前博多の石堂地蔵尊の流れである。これは容易なことではない。椎葉村は、九州山地のただ中ながら全国規模の至聖地なのである。

繰り返すが、琵琶法師たちは、必死の語りと琵琶が締めるそのバチ捌きの力で、この世に怨念を抱く霊魂・霊威があればそれを慰霊し、その霊魂・霊威が起こすことであろう災害を祓うのである。琵琶楽に合わせてお経を唱え、かつは慰霊の祭文を唱え、語り、至心もて回向する。手厚い祭礼・法要の後、集まっている里人のために、事の次第を懇々と教え、諭して、自分たちが去った後もよくよく丁寧な祭りを絶やしてはならない、と言い聞かせた後、アトラクションとして講釈・節談説経等々の雑芸でもってご機嫌を伺う。散会後は、戸毎に家祓えをして廻る。さて後に残った村人たちは、教えられた通りにお祭りをし、子孫たちには、先祖以来の祭りとして由緒を物語る。これが伝説のもとになるが、琵琶法師の表芸は何といっても『平家物語』であった。この仲間に神人・御師・修験者（験者・行者）時には歌舞音曲・芝居・軽業の得意もいた。一括して説経師とか雑芸人とか門付け芸人という。ヨーロッパでは巡遊伶人ともいう。

関所は、こうした巡遊宗教芸能家の溜まり場であった。旅人たちは、こうした関所・峠を越えるときには、このような人々の勧めに従って関の神・峠の神・道祖神・あるいはそこに祭られている怨霊・御霊を祭って通らなければならない。門付け芸人たちは門付け芸人たちで、蛆集すれば、芸・芸タネの交換もあろうし、法力の自慢話もあろう。もちろん自慢の挙げ句の法力争いもあろう。5話「施明様の法解かずの岩」・6話「夫婦栂」・7話「大利右衛門」はその辺の消息を物語っている。

さて、逢坂山が雅楽に対する日本の散楽（雑芸）、ことに「平家琵琶」の聖地として今日に至ったことを述べたが、我が椎葉村も、これとよく似た地理条件を持っている。

椎葉村は、宮崎県の北西に位置して、その村の北西もまた熊本県に接しているが、椎葉村の西側は脊梁山地（大雑把にいって、北から国見岳〈一七三九メートル〉・五勇山〈一六六二メートル〉・烏帽子岳〈一六九二メートル〉・白鳥山〈一六三九メートル〉・銚子岳〈一四八九メートル〉・江代山〈一六〇七メートル〉）が連なる山々で、その尾根を、宮崎・熊本の県境が走っている。この脊梁山地は、別に九州中央山地ともいう。一七〇〇メートル前後の高山が文字通り九州の背骨をなしている。とにかく山が高くて深い。尾根の東側が椎葉村、西側が八代市泉町五家荘、ともに白鳥山を信仰して、平家谷伝説を持ち伝え名高い。

治承・寿永の昔、数馬なる山賊は、落ちて来た左中将平清経に対して、屈強の隠れ処として、この脊梁山地を教えたという。曰く「この白鳥山は、屏風を立て並べたような深い山々に囲まれ、肥後・日向はもちろん、北は豊後、南は大隅・薩摩、都合五カ国に通じていて、身を隠すによく、万が一源氏の追討使が来ても、何時・何処にでも逃げることができる」と教えた、という。しかし、私は、初めてこの伝説を聞いたとき、不見識にも、この脊梁山地が貫いているのは肥後・日向だけのはずなのに、山賊数馬は、何故、豊後、大隅・薩摩にも通じているというのか、と不思議でならなかったが、知る人ぞ知る山人、山に詳しい修験者、旅なれた門付け芸人たちは、平地の人の知らない、この隠れ九州縦貫道……豊後から薩摩・大隅に至る間道を知っていたのである。伝説もゲナゲナ話かもしれないが、根も葉もあり馬鹿にはできない。

大変突然だが、以下は鹿児島市の西郷南洲顕彰館の玉泉友里恵氏その他のお話である。明治十年（一八七七）の西南戦争の時、西郷隆盛は一万三千もの壮丁を率き連れて、「政府に問い質すことがある」と称して、二月十七日、鹿児島表を出発した。そして二月二十二日には、早くも熊本城総攻撃。しかし天下の名城。なかなか落城せず、並行して植木・田原坂攻撃に出た。ところが大変な消耗戦を強いられたばかりか、田原坂方面作戦は三月一日から取り掛かっていながら、いっこうに抜けない。そればかりか、皮肉なことに西郷さん自身が育てた政府軍は極めて優秀。西郷軍は虎の子の一万を失って、決定的な敗北。遂に三月十二日、田原坂方面の作戦は放棄。四月十四日には熊本城の包囲作戦もまた放棄して、辛うじて手許に残った残余の三千の壮丁とともに、一旦は有明海側の表街道を鹿児島に走ろうとしたが、この道筋は既に政府軍が扼していて、通れず、止む無く熊本から緑川沿いに東して（現在の国道二一八号を進む形で）、熊本県山都町（旧蘇陽町）の馬見原に出た。ここは真っ直ぐ東すれば宮崎県延岡市。北に進めば、阿蘇山の東を掠めて、山賊数馬の言う通りに豊後、さらには豊前までも通じているはず。だが西郷軍はここ馬見原から南下して宮崎県五ヶ瀬町の鞍岡から山に分け入り、胡魔山峠を越えて我が椎葉村に入り、小崎を抜けて、脊梁山地の南の一角で、村境（県境）の江代山の峠を越えて、熊本県球磨郡水上村から人吉に入った。しかし、ここでも政府軍に行く手を阻まれて、鹿児島に帰ることができず、止む無く手薄な大分方面をめざして、今度は日向灘沿いに、宮崎から表街道を同じ宮崎県の延岡に向かい、現在の延岡市北川町長井の可愛岳（七二七メートル）に籠った。しかし直卒の壮丁は僅かに二百だったという。万事休して、西郷さんは解散を決意した。陸軍大将の軍服も焼いて、一切の思いを断ち、「それでも」と慕う者たち五十とともに、四月十八日、囲みを蹴破って脱出。現在の宮崎県高千穂町の三田井から、再び宮崎県五ヶ瀬町の鞍岡を経て、椎葉村に入り、今度は米良口から村境を越えて、同じ宮崎県の児湯郡西米良村に出、一路懐かしい鹿児島に向かったという。城山に着いたのは九月一日というが、何と西郷さんは、西南戦争敗戦の時、熊本から鹿児島に引き揚げるにあたって、追われ追われてのことだが、二度までも椎葉村を通過している。この時、利用したのは、山賊数馬の教えた「隠れ九州縦貫道椎葉線」であった。椎葉村は、この裏の隠れ九州縦貫道の要衝にあたっていたのである。

椎葉村の出入り口は、『椎葉村史』によると、古来四つ。①神門口から笹の峠、中山峠のいずれかを通って宮崎県美郷町（旧南郷村）神門に。②はこれまで縷々述べてきた馬見原口である。椎葉村から胡魔山峠を越えて宮崎県五ヶ瀬町の鞍岡から熊本県の馬見原に出る。③は西郷さん第一回目の通過道で球磨口。これは椎葉村から江代山峠、または不土野峠・湯山峠などのいずれかを越えて熊本県球磨郡水上村に。④は西郷さん第二回目通過の米良口。これは一ツ瀬山沿いの山道を通って宮崎県児湯郡西米良村に出る道である。ほかにもたくさんの山道があって、例えば脊梁山地西側の八代郡泉村（現八代市）五家荘へのルートとしては、烏帽子岳と白鳥山との間の峰越峠を越える、何故か「坊さん道」ともいう椎葉五家荘線があり、椎葉村側の大字不土野尾向から五家荘の樅木に通じている。別に椎葉村北側の熊本県山都町に出るために、この大字不土野から複数のルートがあって、国見岳をよぎって五家荘の樅木の北端を経て熊本県山都町の旧矢部町に抜ける道もあった。

現在ではこれらの道も整備されて、大型車両も通過できる道になってしまったが、この他にも軽自動車・小型トラクターが通過できる村道・林道、さらには牛や人がやっと通過できる杣道・山道は非常に多く、あたかも蜘蛛の巣のように全九州に向けて張り巡らされていて、椎葉村は、脊梁山地に沿う隠れ九州縦貫道の要衝。椎葉・五家荘は名だたる平家谷伝説地であり、ほんとうに九州における逢坂山と言い得るものと思う。

最後に、この隠れ九州縦貫道椎葉線を利用した人々を、もう一度だけ整理してみたい。山人としては、山師といわれた狩人・鉱山業者・木地師・流れ植林業者、大工、石工。門付け芸人として琵琶盲僧・今様・催馬楽・朗詠・神楽歌・念仏踊りから曲芸など雅楽に対する散楽をやる雑芸人、講釈師・説経師。さらには宗教家としては陰陽師、各宗各派修験道・各宗各派の聖方などの僧侶。神人・御師の神職。スッパ・ラッパ、探索を得意とする武士たちであろうか。流浪の果てに居着く者もいたかもしれない。熊本県球磨郡「五木村」などは、そうした人たちが作った集落であろう。

以下本書で紹介していく椎葉村の昔話・伝説の数々は、いずれも高品質の伝承文学だが、高品質の高品質たる理由は、椎葉村が九州における隠された陰の要衝であり、山人・修験者・盲僧その他山旅に慣れた人々が頻繁に行き来したためにほかならない。彼らこそ椎葉文化の隠れた功労者である。

椎葉
あれこれ

椎葉神楽

不土野神楽

竹之枝尾神楽

椎葉神楽は、現在では村内二十七カ所の集落で保存伝承されて、それぞれの集落名を冠する二十七の神楽の総称である。平成三年に国の重要無形民俗文化財に指定された。

毎年十一月中旬から十二月下旬にかけて行われている。各集落ごとに総出で参加する。地元では「冬祭り」「歳《とし》祭り」とも呼ばれ、村人にとっては一年を締めくくる行事ともなっている。それぞれの地区の民家や公民館、神社拝殿などが神楽宿となり、宿のなかのデイと呼ばれる座敷に、舞所となる御神屋《みこうや》を設け、正面に高天原を立て、周囲には注連《しめ》やえりものなどの飾り付けをして、夜を徹して舞が行われる。舞手は祝子《ほうり》と呼ばれる。

演目は、地区によって二十数番から四十番近くまでと様々で、二十七カ所の神楽一つひとつに舞や衣装、太鼓のリズムなど地域ごとに特色が見られる。かつては願成就《がんじょうじゅ》の祝として「大宝《だいほう》の注連《しめ》」が立てられることがあった。村人が病気を治す願をかけ、その願が成就したときに、宿の庭先に大宝の注連といわれる大掛かりな飾り物を立て、鬼神や荒神などの面舞が戸外に出て注連の周囲で舞ったものである。

内容も猪や鹿の奉納があったり、アワやダイズ、アズキなどの穀物を用いたりと、山岳地帯の狩猟や焼畑文化の要素を色濃く伝えており、山での生活を表現している。また、唱教《しょうぎょう》と呼ばれる唱え言も重要で、神楽や採物の由来を説明する。唱教のなかには平安後期の歌謡なども含まれている。また修験道の影響もあるといわれる。

8 狸《たぬき》の罠《わな》掛けの話

[語り手] 椎葉ツル
(不土野・向山日当 明治41年2月25日生)

昔、爺と婆がおったそうなぁ。爺は毎日山《やめ》ぇ、畑打ちに行く。婆は家におって米を搗《つ》いたり、家のことしおったそうなぁ。

爺が山ぁで畑しおったら、山から狸が出て来て、畑の側にたって「爺が畑打つとは、左がっち《（左きき）》ょ。右がっちょ」ちて悪口を言うそうな。それで爺は明くる日、いつも狸が出る所に、狸罠《たぬきわな》掛けて待っておって、その狸を捕って帰って、婆に「狸を捕って来たから、晩には狸汁して食わせぇ」ちて言うて、山ぇ戻ったそうなぁ。

その留守のことじゃったそうなぁ。婆は狸をくびって《（しばって）》おいて、また米を搗《つ》きおったと。そしたら狸が「婆さん。その年して、米を搗くとはきつかろう。加勢するから、この縄《なわ》解《と》いてくれぇ」ちて言うた。狸が何度も言うけども、婆は一時《いっとき》、言うことはせんでおったじゃろうけども、あんまり狸が言うもんじゃから、縄をば解いて、婆は米を独りで搗きおったけれどもが、狸が「今度は俺が搗くから、婆さんは、臼[1]を混ぜぇ」って婆に混ぜさせながら、「婆さん、そっではできん。まっとくんづけ[2]、くんづけ」ちて言うて、婆が、狸に言われるままに臼に身体《からだ》を付けて米を混ぜると、狸はその婆の頭を臼で搗いて、殺したそうなぁ。

それでその狸は、婆に化け、婆を汁に煮て「婆汁《ばば》」を作って、爺が帰って来たら、狸は爺にそれを食わせて、逃げて行きながら「爺は婆ば食た。爺は婆ば食た」ちて、からかいながら逃げて行《い》たそうなぁ。

（聞き手　椎葉まる子、萩尾良子・吉田扶希子・村岡良美）

［1］臼＝唐臼
［2］まっとくんづけ＝もっと臼に頭をつけよ

雲の通い路

完型カチカチ山の前半部。完型カチカチ山は、日本五大お伽噺の一つ。右のごときその前半部のみは、古風。この後半部の、兎が、悲しむ爺に同情して、狸を徹底的に懲らしめ、あげくに殺してしまう型は、江戸時代の赤本の『兎の大手柄』ごろからである。右のごとき前半部の残酷な話だけでは後味が悪くてどうもおかしいのだが、この前半部のみの伝承は、各地に伝わっていて意外に多い。なぜ古くはこの残酷な前半部だけだったのか。理由は古代の農耕儀礼・転生儀礼に根ざしていて、古代祭祀の投影に発するという説もあるが、長くなるので、今は省略したい。

『兎の大手柄』は、悲しむ爺に代わって兎が仇討ちする話。兎はまず狸を柴刈りに誘って、その帰り道で狸の後ろに回り、狸が背負った柴に、火打ち石をカチカチ鳴らして、火をつけて大火傷を負わせ、次にはその大火傷に効く薬を塗ってやると言って、唐辛子を塗って苦しめてやり、最後に狸を水辺に誘いだして泥の舟に乗せて、溺れさせてしまうという勧善懲悪の御伽話。日本昔話の特徴の一つは、この勧善懲悪にある。「詫びる狸をお爺さんは、快く許してやりました」というような話ではなくて、「人を苛めるような恥ずかしいことをすれば、世間は決して許さない。徹底的に排除されるぞ」とどこまでも現実的なところにある。古代祭祀に始まる物語が、人の悲しみや、正義感が理解できるあたりのところから、人間のための文学は始まるのかもしれない。

9　猿《さる》蟹《かに》合戦

［語り手］甲斐　馨
（不土野・向山日当　大正4年5月10日生）

その昔《むかあし》、猿と蟹とが、川端で出会うた。そのとき、猿が、「蟹、お前は里の者《もん》じゃから、もち米を拾うて来ぇ」と言い、猿は「俺は山の者じゃから小豆《あずき》を〔1〕拾うて来るけぇ。で、二人で餅をいっぱい搗《ち》ぃて食おうじゃねぇか」、ち言うて、話し合うた。

お猿は山《やみ》ぁ登って、小豆を拾うてきた。そうすりゃ、蟹は里の者じゃるけ、その付近の田ん中を廻って、もち米を拾うて来た。で、それを一緒《いっしょ》にして、餅を搗《つ》こうとしたが、杵《きね》の柄《え》がよごう《（曲がって》どった《いた）》から、猿は「蟹さんはどけぇか行って、杵ば見つけて来んの。こぎゃあな、よぎゃあた《（曲がっている）》杵じゃあ餅ゃ搗けんけぇ」。それで、蟹は、のそのそ杵を見つけぇ行たちゅう。

その後で、猿は、そのよぎゃあた杵で餅を搗《ち》ぃたそうな。そして、それをみな袋に入れて、川端にあった木の上に登って、知らんふりしとったそうな。で、そこに蟹がもどって来て見りゃ、臼《うす》ん中にゃあ餅搗ぃた跡《あと》はある。が、餅は無《に》ゃあし、猿もおらん。杵にも餅搗ぃた跡が残っておる。で、蟹はしょうなしぃ、臼に引っ着《ち》ぃとる餅をこしゃあで、なめたそうじゃ。

蟹は喉が乾《かわ》ゃあて、水飲みに川に降りて行《い》た。水を飲もうとしたりゃ、木の上に袋を抱えた猿が映《うつ》っとった。そこで蟹が上を見たりゃ、猿が餅ば皆袋に入れて、木の上に持って登っておった。

猿はそれを木の上から見て、「エヘッ」と笑《わろ》うた。それを見た蟹は、「猿。その、餅の入っとる袋を木の枝に掛けて、揺さびってみろ。おもしれぇぞ」と下からおらんだ《（叫んだ）》。

すると猿はそれをほんしょうにして《（本気に）》、蟹から騙《だま》されたとは思わんかったけぇ、餅の袋を木の枝に引っ掛けて、揺すったそうじゃ。ところが、木の枝がはじけて、袋は下に落ちたそうな。蟹はその餅を川端の穴ん中《なき》ゃあ引きずり込うで、「もう猿にはやらんぞ」と言うた。すると今度は、猿が木から降りてきて、「俺にも分けてやらんと、穴に糞《くそ》ひり込むぞ」と言うた。そこで蟹が「しきるもんなら、してみろ！」と言うたりゃあ、怒った猿が尻を穴に向けて、糞をひり込もうとしたとき、蟹が鋏《はさみ》で猿のしっぽをちょん切《ぎ》ったそうな。それで日本猿のしっぽは、今でも短きゃあそうな。また、かたっぽの鋏で猿の尻を挟んだので、猿の尻は赤くなったそうな。それば
っかり。

（聞き手　永田香織）

［1］山の者じゃから小豆を＝小豆は山地の焼畑で作る

雲の通い路

現代の「猿蟹合戦」の典型話は周知のように、猿が柿の種を、蟹が握り飯を拾うのだが、猿はすぐ食える蟹の握り飯を欲しがり、蟹は、その猿に強要されて、猿の柿の種と握り飯とを交換する。が、正直者の蟹ゆえ、水をやる度に柿の木はグングン生長して、たくさんの実がなるが、残念ながら蟹は木に登って取ることができない。そこにまた、猿が来て、親切ごかしに柿の木に登り、熟れた実を一人で食べる。蟹が、「私にも寄こせ」というと、青い実を投げ付けて、蟹を殺

してしまう。子蟹が泣いていると、栗・蜂・牛糞・臼がやってきて、猿を懲《こ》らしめた上、臼が圧殺してしまう。話型は、喧嘩《けんか》の原因を「柿」とするので、「猿と蟹と柿」型という。

甲斐馨さん伝承は、「猿と蟹と餅」型である。この型の昔話は、佐賀・熊本・宮崎・鹿児島、一方、東北地方にも多い。主役も蟹ではなく、蟇《ひきがえる》や雉《きじ》になることもあり、喧嘩の原因も、馨さん伝承の「寄り合い餅（共同餅搗き）」ではなくて、「寄り合い田（共同耕作）」のこともある。山形県酒田市では、猿と雉とが寄り合って田を作る。猿は怠け、雉はよく働くが、できた米を、猿は欲張るばかりか、すぐ食べてしまい、「もっとよこせ」と雉を脅す。雉が困っていると、蜂・栗・牛糞・臼が同情して、殴り込んできた猿を、お定まりのようにして懲らしめる。

実は、「猿蟹合戦」は前半部だけで終わることが多い。例えば、鹿児島県甑島《こしき》では、猿が蟹を騙《だま》した揚げ句に、青柿を蟹に投げ付けて殺す。それからというもの蟹の甲羅に割れ目の跡が見られるようになった、という。同じ甑島の別途伝承では、右を前半として、後半部は椎葉と同様に、穴に糞をしようとする猿の尻を（そこが、椎葉とチョットだけ違うのだが）、蟹が得意の鋏でもってその尻を挟《はさ》み、以後、猿の尻は赤くなってしまった、という。やはり、柳田國男翁の指摘のように、後半部の猿を懲らしめる勧善懲悪思想は、後からの繋《つ》ぎ合わせのようである。

10　鼠《ねずみ》の浄土《じょうど》

［語り手］　那　須　英　一
（松尾・水越　昭和5年4月1日生）

昔、ある所に、爺さんと婆さんがおったそうじゃ。爺さんは、毎日、焚《た》き物取りに行きよった。婆さんは握り飯をつくねて《(こねてまるめて)》、焚き物取りに行っちょる爺さんに、持って行きよったげな。そうしたところが、その日は夕立《ようだち》が降り出《で》ぁた。仕方がねぇちゃが、そこにあった神様のお堂の中で、雨宿りをしちょった。そうしたりゃあ、どげぇしたことか、爺さんに持って行きよった握り飯が、あやまって鼠の穴にこけこう《(ころがりこんで)》で行ったげなばい。

婆さんはその握り飯を追うて、鼠の穴に入《ふ》ぇって行た。そこは、鼠の浄土だったげなばい。あたりを見ると、鼠がいっぱいおって、唐臼《からうす》を搗《つ》きおった。「鼠の浄土は、猫さえ来なけりゃいつも正月、ヤッシッシ」という掛け声を掛けながら、米を搗いちょった。

婆さんは隠れてじっと見ちょった。そのうち、鼠は、米の袋を持って来て、一握りほど握って太《ふて》ぇ金杓子《かなじゃくし》で混ぜたそうな。そしたら、その釜鍋に、いっぱい米の飯が炊けたげなばい。それを見た婆さんは、猫の真似《まね》をして、「ニャン　グルグル、ニャーン　グルグル」と言うたそうじゃ。鼠は、「あら恐ろしや。ネコマタ《(化け猫)》が来たわい」ち言うて、隠れてしもうた。

それから婆さんは、鼠の米の袋と、太ぇ金杓子を持って戻ったげなが。爺さんと婆さんは、それから毎日、米の飯ばかり食うようになった。

そんな爺さんと婆さんの隣ぃ、意地悪の爺さんと婆さんがおって、その意地悪の爺さんが、「近頃、あの爺さんと婆さんは、毎日、米の飯ばっかり食ちょるごたぁるが、どうしてそげぇなふうになっちゃったろうか、隣ぃ行て、聞いて来い」。意地悪の婆さんは隣ぃ行て、「どうしてそんなに、毎日米の飯ばっかり食うごとなったか」、そう言うて聞いたそうじゃ。婆さんは正直に、今まであったことを、みな隣の意地悪婆さんに言うて聞かせたそうじゃ。それで隣の婆さんは、爺さんに、「山に焚き物取りに行《い》ちょうれ。俺ぁ握り飯をつくねて、昼飯に持って来るわい」ち言うて、爺さんを山に焚き物取りにやったそうじゃ。

そしてその後から、意地悪婆さんは握り飯をつくねて、神様のお堂のところに来て、雨宿りしておった。じゃが、なかなか握り飯が鼠の穴の方にこけて行かざった。そこでわざと握り飯を鼠の穴に入れて、杖の棒で突くじりこかしながら、鼠の穴に入って行たそうじゃ。

鼠の浄土では、たくさんの鼠が、「鼠の浄土は、猫さえ来なけりゃいつも正月、ヤッシッシ」と掛け声を掛けながら米を搗いておったそうじゃ。そこで意地悪婆さんは、猫の真似をして、「ニャン　グルグル　ニャーン　グルグル」と言うたそうじゃ。

そうしたりゃあ、「この間来たネコババが、また来たぞ。早《は》よ皆集まって、打ち殺せ」。鼠は寄ってたかって、意地悪婆さんを打ち殺した、というお話。

（聞き手　吉田扶希子）

雲の通い路

一般的に鼠は豊作の害獣。台所の嫌われ者だが、どうもそうばかりではない。十二支の筆頭で、福の神大黒さまの使いである。大黒さまは、出雲の大国主神のことである。大国主神は、大己貴神《おおなむちのかみ》のことである。

大己貴神は、記紀の出雲神話によると、因幡の八上比売《やがみひめ》・白兎の一件で、兄神たちから妬まれて、しばしば殺されようとする。そのとき、母神の計らいで、先祖の須佐之男神のいます根の国に行く。そこで一人前の男になるために大己貴神は須佐之男神からさまざまの試練を受ける。大己貴神は須佐之男神の娘の須勢理毘売の助けでもって辛うじて克服するのだが、しかし最後の試練は苛酷だった。須佐之男神は野原に矢を放って、取って来い、と命じ、その矢を探しに大己貴神が野原に入ると、須佐之男神は、その野原に火を放つ。この危難を救ったのが、根の国に棲むネズミだった。いったい根の国とは、汚辱に満ちた死の国ではない。財宝・恋・寿命がとこしなえに豊かな、常世の国、妣《はは》の国。沖縄語のネルヤ・ニーヤ・ニライカナイ。先祖のいます理想の楽土である。

さて、数々の試練を克服した大己貴神は、いまや恋女房となった須勢理毘売を連れて出雲に帰ろうとする。このとき、須佐之男神は、根の国と出雲の国との境まで追って来て、初めて好意を見せ、「大きな国土の主となれ」と祝福する。出雲に帰った大己貴神は大国主神として、出雲国を支配する。その直接支配の出雲の国の版図は、出雲一国と狭かったが、舅の須佐之男神の祝福の通り、東は越後の糸魚川、信濃の諏訪、先にも述べた下野《しもつけ》の日光山から、西は九州の筑前宗像。豊前宇佐・豊後姥嶽《うばたけ》。さらには私どもの日向椎葉村までも拡がる巨大な宗教圏を指導することになる。鼠はこの大黒さま（大国主神、大己貴神）の使いなのである。英一さんの昔話では、その鼠が浄土を形成していて、お婆さんは思いがけなくもその鼠の浄土に行き、まんまと宝の金杓子を失敬して来るのである。

ところで、筑前宗像の話が出てきたので、まったく唐突でもあり、かつは話が長くなるのだが、本書の重要な柱である鶴富姫と大八郎の悲恋譚解明にあたらねばならない。そのためは、本書所収の昔話・伝説本文とその雲の通い路を読みついでいただかねばならない。そのためにもちょうど良い機会と思うので、いま、その糸口を付けさせていただきたいと思う。

いったい大国主神（大己貴神）と宗像の田心姫《たごりひめ》とは夫婦である。以前、この田心姫を祭る宗像の沖ノ島にお参りしたとき、案内の神職の方が「ま、大国主神さまは、スケベ神さまでして」と解説され、思わず吹き出したことがあった。たしかに大国主神（大己貴神）は恋多き神である。嫡妻は根の国から連れてきた須佐之男神の娘の須勢理毘売。ところがその前には因幡八上比売がいた。あるいはまた越《こし》の沼河姫《ぬなかわひめ》がいる。宗像の田心姫との結婚は、記紀にも見えるが、『出雲風土記』仁多郡の項に詳しい。二人の間には味耜高日子根神《あじすきたかひこねのかみ》がいる。

しかし恋多き神とはいっても、これは独り大国主神（大己貴神）に限らない。昔、貴族たちの若君の場合、通例の行為だった。しかるべき貴族の娘と結婚して、その実家の政治力・経済力を引き継いで我が身・我が家の開運を図るのである。早い話が、源頼朝である。流人の文無しの癖に、北条政子に恋を仕掛ける。当時は平家の全盛時代である。政子の父北条時政はカンカンになって怒ったものの、二人の結婚を認めた段階で、一転。流人の頼朝の支援を始める。ついには頼朝の父義朝の家来たちの間を飛び廻って組織立て、石橋山の合戦には破れはしたが、頼朝が、房総半島に逃げた後、武蔵を迂回して鎌倉に入城するころには、五万の関東武士団を作り上げて、遂には平家を倒し、かつての無一文の流人頼朝をして征夷大将軍にして鎌倉幕府を開かせている。『源氏物語』の光源氏とて同じことである。

大国主神（大己貴神）というべきか、出雲国造家と言うべきか、その直接支配地が大和朝廷によって出雲一国に押し込められ、神宝を奪われながら、したたかにもその宗教的影響力は大和三輪山の大神《おおみわ》神社を通じて、次第次第に日本全土に及んだ。

だいたい、須佐之男神とその御子五十猛神《いそたけるのかみ》とは、いったんは朝鮮半島に天降ったものの、その後日本に渡って来たという伝承もある。また「須佐之男神」の神名は、韓国語の「巫女」と同意だという。出雲国は、その原初、朝鮮半島と直接往来していたようだが、大己貴神が、宗像の田心姫と結婚するとすれば、より安全に沖ノ島航路をとって半島と往来できる。半島と直接交流があったがゆえに、古来、出雲国は文明国だった。例えば、出雲大社の御本殿の壮大なことは、群を抜いていた。『出雲風土記』の記述は、方位・距離など極めて正確。郷土紹介は多彩。グルメのためにはレシピまで記載されていて、現代の地誌とまったく同じ発想で、他の風土記の追随を許さない。大己貴神は、少彦名神と共に、諸国を巡って、人々と家畜のために、その病を癒す方を定め、鳥・獣・虫の災いを祓えるための禁厭《きんえん》の方を定め、指導したという。これは『延喜式』よりも時代が古い。「大己貴神」という神名一つとってみても、その生命観は、既に世界宗教の域に達しようとするものであった。恐らく日本の諸国の原始神道よりも、出雲の神道の方が、一味も二味も違っていたものかと想像される。

事情は定かでないが、大己貴神は、諸国を巡った後、日本の中心である大和の三輪山への進出を果たす。即ち大己貴神は自身の幸魂を、幸魂の希望するがままに、大和三輪山に奉祭したというのである。これは日本で最初の神社だという。想像するのに、もともと三輪山には、荒神ともいうべき山麓豪族の先祖神が祭られていたはずであった。それを敢えて大己貴神の幸魂と合祀して、大神神社御祭神たる大己貴神として祭ることになった。つまり併呑したのである。日本初めての神社だというのは、日本神道史上、画期的なことだったのである。かくして三輪山は一変した。大和国には大和一ノ宮の大和神社があった。しかし、日本最古の神社として創祀された出雲系の大神神社が、苦もなく圧倒凌駕してしまった。想像を逞しくすれば、この新しい大神神社の神威を依り頼んで、三輪山麓に第二王朝の崇神・垂仁・景行天皇の、いわゆる三輪王朝がはじまるのではあるまいか。

その大神神社を足掛かりにして、崇神天皇の皇子豊城命《とよきのみこと》は東国に下向して上野君・下野君の祖となった。この後の大和大神神社とその社家大神氏の、古代日本における全国展開の様子は、鈴木正信氏の好著『大神氏の研究』(雄山閣・平成26年)に詳しい。先述した下野日光山では、式内二荒山《ふたらさん》神社の神体山である日光三山のまず男体山に祭られているのは大己貴神。次に女峯山《にょほうさん》に祭られているのは宗像・厳島の田心姫。三つめの太郎岳に祭られているのは二人の間に生まれた味耜高日子根神であった。我が椎葉村大字下福良十根川集落の十根川神社の御祭神は、大八郎がお供して来た大己貴神である。大字下福良上椎葉集落の椎葉厳島神社の御祭神は、大八郎が鶴富姫のために祭ったとされている田心姫である。椎葉村では、源氏の那須大八郎と平家の姫君鶴富姫の恋物語になっているが、面白いことに、十根川神社の御祭神大己貴神と、椎葉厳島神社の御祭神田心姫は、何あろう神代の昔に既に結婚しておられたのである。

椎葉村の狩人は日光派であった。それにまた、那須大八郎の那須氏自体、下野日光山麓の那須郡の出身である。古代下野君は、三輪王朝の崇神天皇の皇子豊城命である。もちろん大和大神神社系。那須郡の惣社は式内三和神社である。那須与一が屋島の合戦で、扇の的を前にして、懸命に祈ったのは、八幡大菩薩、日光権現、宇都宮。そして那須湯泉大明神であった。日光権現は、先述の男体・女峯・太郎岳の式内日光二荒山神社。宇都宮といっているのは、その別宮宇都宮二荒山神社である。ともに大和三輪山の大神神社祭神の大己貴神とその妻田心姫とその御子神味耜高日子根神を祭っている。那須湯泉大明神は、これも大己貴神を祭る神社である。那須与一は、実にその氏子で、大神氏配下であった。八幡大菩薩は源氏の氏神。当然武士たちの祭る神であるが、欽明天皇の昔、折から半島問題がこじれた時、大神比義が祈り出した武神である。

以上饒舌に過ぎたが、本報告解明のための糸口をつけた。神代、大己貴神は、諸国を巡って人々を教導布教したという。私どもの椎葉文化研究のキーワードは、その子孫である出雲系の大和三輪山にいます大神神社に奉仕した神人・御師・験者であるように思われる。

11　三年寝太郎

［語り手］　那須英一
（松尾・水越　昭和5年4月1日生）

昔ある所の村はずれに、太郎という若者が住んでおった。そん太郎は仕事嫌いで、毎日毎日、寝てばかりおった。隣《となり》近所の人たちは、「ありゃあ、いつも寝てばっかりおるが」ちて、三年寝太郎という渾名《あだな》を付けた。

寝太郎は、何とか仕事はせんで、渡世はでけんものか、とそればっかり考えておった。そん寝太郎が、隣村の長者の所に娘がおるが、あそこの婿養子になったなら、寝ておっても渡世できるかもしれん、ちて考えた。そして町に行て、鳩《はと》を一羽買うた。それから、提灯《ちょうちん》も一つ買うた。それから、隣村の長者屋敷の上の方の荒神様［1］を祭ってある大けな大木の上に登った。

日が暮れて夜になった。そうすると寝太郎は大けな声で、「長者に伝える。よう聞け。俺は、この山の荒神じゃ。ずっと昔から長者屋敷を見守ってきた。隣の村の村はずれに住んでおる、三年寝太郎という若者を、娘の養子に取らんと、長者屋敷はたちまち潰《つぶ》るるぞ！　荒神のお告げじゃ」。そう言って、提灯に火を点《つ》けた。そうして、鳩の足首に提灯を下げて、放した。鳩は、長者屋敷の上に一遍《いっぺん》廻って、峠の方に消えて行ったりゃあ、寝太郎は、うまいことといったわいちて思うて、荒神様の大木の天辺《とっぺん》から降りて、家へ戻って、いつものように、寝ておった。

隣村の長者殿は、明くる日、さっそく娘を連れて、寝太郎の所にやって来た。そうして寝太郎に、「寝太郎殿《どん》。家《うち》の娘の養子になってくれんか」ちて言うて、頭を畳みに擦《こす》り付けて頼《たの》うだ。寝太郎は「俺は養子にならんことは、ねぇけれども、仕事が好きでねぇ。仕事をせずに、寝ておってえぇなら、娘の婿《むこ》になってもえぇが」ちて、長者に言うた。

長者は「寝太郎殿。仕事は何《なん》もせんでもえぇ。仕事は下男や女中がするから、寝転《ねころ》うで、その監督をして、おりゃあえぇ」ちて言うた。寝太郎は長者殿の婿になって、一生寝て暮らした、というお話。

（聞き手　吉田扶希子・大部志保・森山苑子・宮本真子）

［1］荒神様＝一般的に荒神は三宝荒神つまりカマド神をいうことが多い。しかし牛馬の守り神。あるいは氏神とすることもある。椎葉村の場合は、この氏神信仰である。屋敷内あるいはその並びの杜の中の大木であることが多い。大事なときには験者を頼むこともある。戸毎に祭られているが、時には同族、五人組など仲間うちで祭られていることもある。鶴富屋敷では、母屋の背後の高みにカマド型に作られた石組で、その背後は鬱蒼とした大木の杜であった。椎葉神楽の『綱荒神』の次第では、集落の代表である神主と荒神との問答があり、荒神は神主に対して来年の豊作を約束する。終わって蛇に見立てた綱が、刀を取った数人の舞手によって切り祓われる。この場合荒神は、常世から遥々とやって来て、子孫を祝福する氏神・鎮守神である。山の神だという向きもあったが、とても恐ろしい神だとも聞いた。この荒神信仰は、椎葉文化の重要な柱であると思われる。

雲の通い路

「三年寝太郎」は、怠け者が偶然の出来事から、思いがけない幸運をつかむという筋の話が典型話だが、右の英一さんの話は、少し違う。怠け者が、怠け者らしいとは思うが、怠けて一生のんべんだらりと暮らしたいものと思い、一生懸命考えて、果敢に努力？　するのである。結果、願いの通り寝ていても暮らせる身分になるのだが、「仕事をせずに、寝ていてもよいことはよいのだが、目はしっかりと見開いて、経営が成り立つように監督する」という大変気働きのいる仕事が待っていた。一生寝て暮らしたというが、さてのんびりしていてよかったものか、どうか。同じ天道さまの下で暮らす限り、世の中一人でのんべんだらりと暮らすことはできない、それなら初めから勤勉にやりましょう、という趣旨の話で、椎葉村らしいアレンジ、椎葉村らしい表出だと思う。

12　口のない嫁御《よめご》の話

［語り手］那須英一
（松尾・水越　昭和5年4月1日生）

昔、ある所に、けちン坊の男がおったそうじゃ。毎日、東の方に向いて、手を合わせて、「口のない嫁御が欲しい」ちて拝みおったそうじゃ。

そのうち、ほんとうに口のない嫁御が、「お前の嫁御になろう」ちてやって来た。けちン坊は喜うで、嫁御にしよった。ところが、毎日、蔵に行てみると、米の減ることの、えらい《（ひどい）》。前の畑に作ってある、高菜も、どんどん減りよった。鶏も、毎日一夫婦《ひとみょうと》ずつ減りよった。

「こりゃあ、おかしいわい。山に行くふりをして、今日は、嫁御を見張らにゃあいかんわ」と、けちン坊は、背戸《せど》あい［1］から、天井に這《ほ》うて上がって、隙間《すきま》から見ちょった。そこへ口のない嫁御が、蔵から米を、一斗ばかり持って来て、洗って、大きな釜鍋《かまなべ》で、飯を炊き始めた。汁も、前の畑に行って、高菜を、七ショウケ［2］ばかし取って来て、炊き始めた。だしには、鶏を一夫婦打ち殺えて、またたくまにこだくって《（切りきざんで）》、汁の中に入れた。そうして今度は、釜鍋の飯を、握り飯にして、もろ蓋《ぶた》にいっぱいに詰めた。

それから釜鍋に煮た味噌汁を、茶碗についで、据《す》え並べた。そして、髪の毛を掻《か》き上げて、前に投《な》んこやした《（投げだした）》。見ると、ぼんのくぼ（うなじの中央のくぼんだところ）のところに、大きな口があった。

その口を、いっぱい張り開けて、一つ握り飯を投《な》ん込んじゃ、汁を一杯突っ込み、またたくまに、一斗炊いた飯と、高菜七ショウケで炊いた汁を、食ってしもうた。

「こりゃあ、こういう嫁御を貰《もろ》うちょったら、蔵になんぼあっても、足らんわい」。それから天井からそろっと降りて、何食わぬ顔で、「今戻ったわい」ちゅうて戻ったところ、口のない嫁御が腹が、痛《いと》うなった。「そりゃあ、隣に行って、呪《まじな》い師〔3〕を雇うて来て、呪《まじな》わにゃ」。そう言うて、けちン坊は、隣に呪い師を頼みに行った。「うちの嫁御が、腹が痛いそうじゃが、行て呪《まじの》うてくれ。ただ、呪うときには、こう言って、呪うてくれ。『精《しら》げの米一斗。高菜七ショウケ。鶏一夫婦。それだけ食たなら、フンドウ、カンドウ、イタカンドウ』、そう言うて呪うてくれ」。

呪い師はやって来て、頼まれたとおりに、「精げの米一斗。高菜七ショウケ。鶏が一夫婦。それだけ食たなら、フンドウ、カンドウ、イタカンドウ」。そう言うて、呪うたそうじゃ。

口のない嫁御は、「ウン、もようなった。今度は風呂を焚《た》くから、入って戻ってくれ」ちて、風呂を焚き始めた。そして、けちン坊の旦那の方から、風呂に入ったそうじゃ。口のない嫁御が来て、「ドッコイショ」、そう言うて、風呂釜ごしに担《かた》げて、山の方に行き始めた。けちン坊は「こりゃあ大事《でいじ》なこっちゃ（大事なことだ）」。そう思うて、担がれて行きおった。ええあんばいの所に、木の枝が差し出て来ちょった。けちン坊はその枝に下がって、やっとのことで、風呂釜からす抜け出て、こん木の上に上がって見ちょった。

ちょうどそこが、鬼の岩屋の上じゃったそうじゃ。口のない嫁御が、「子供、子供。早《はよ》う包丁持って来い。サカナを捕って来たぞ」ちて言うた。鬼の子供は、喜うで、包丁を持って来た。だが、風呂釜を下ろして見たら、何もおらん。「こりゃあ、しもうたわい。どこでか、す抜け出たもんじゃ。明日の晩は、また俺が行て、自在鉤《じざいかぎ》からコブ（蜘蛛）に化けて、捕って来て噛《か》ます」ちて、口のない嫁御は、悔しがった。

けちン坊はムラに戻って、若い者を集めた。「今晩、鬼が来て、この自在鉤からコブになって下がるから、皆で寄って集《たか》って、打ち殺ぇてくれ」。そう言うて、若者を頼んじょった。その晩、自在鉤から、大きなコブが降りて来た。皆で寄って集って、打ち殺ぇてみたら、その家いっぱいある鬼だったそうじゃ。それから、けちン坊も、口のない嫁御が欲しい、とは言わなくなった、と申す、かっちり。

（聞き手　吉田扶希子）

［1］背戸あい＝家の後ろ側
［2］ショウケ＝竹の籠
［3］呪い師＝験者

雲の通い路

「食わず女房」という話型。英一さんの話は「蜘蛛女房」型である。髪の毛を取ったら大きな口が開いていたというから、蛇かと思うが、鬼蜘蛛だと言っている。蜘蛛は謡曲『頼政』にもみられるように妖怪。災難克服の過程で、蓬・菖蒲の茂みに隠れて助かる型もあって、端午の節供の起源譚になる場合もあるが、ここでは、若者たちの力を借りて、ようやく退治できることになっている。

13　夢買い長者

［語り手］中瀬　守
（大河内・竹の枝尾日当　昭和4年5月1日生）

昔のう、三弥《さんや》ちゅう商《あきな》い人《にん》がおったちゅうたい。そりゃあもう昔はのう、何しようと思うても、足でさりぃて《(歩いて)》稼がにゃあならんかった時代じゃったもんじゃからよぅ、三弥はたい、何ぼうも《(何度でも)》山や峠をば越えちゃあ、あっちの村や、こっちの村へ方々さりぃて、物をば売ったり買《こ》うたりしちよったちゅうたい。

そうしたりゃあ、ある時のう、その日も一緒に連《ち》ぇのうどった《(連れ立っていた)》男衆《おとこし》と二人でたい、今の高千穂の方さねぇ向けて、三つの山をば越えたとたい。そうしたりゃあ、すったり《(すっかり)》だれくろうて《(疲れきって)》しもうてのう、「よおぉい、こけぇ一時《いっとき》、憩《よこ》うて《(休んで)》行こうじゃねぇや。そうせにゃあ、こりゃあ高千穂まで行き着かんばい」ちゅうて、その峠でたい、二人ともなんこけて《(寝転んで)》憩うたとたい。そうしたりゃあ一緒に連ぇのうどった男衆がのう、だれくろうて、そけぇひん眠《ねむ》ったちゅうたい。三弥は、なんこけてはおったどもが、ひん眠っちゃあおらんかったちゅうたい。その時ぃのう、グーグーといくすりぇ《(鼾(いびき))》とる男衆の鼻の穴から、一匹の蜂奴《はちやつ》が出て来るとこをば、三弥が見たちゅうたい。妙なこともあるのう、と思うたとたい。そうしたりゃあ、その蜂奴が、また帰って来て、ねきぃ寝《(そばに寝て)》とる《いる》男の面《つら》のぐるりを、ぐるぐる飛び回りおったかと思うたりゃあ、鼻の中《なけ》ぇまた飛び入《へ》ぇったちゅうたい。

一時して、その男衆が目が覚めぇたりゃあ、「こりゃあ、俺《おり》ゃあ、妙な夢をば見たがのう」ちゅうて、ぐわやったとたい《(話し掛けたのだよ)》。そしてのう、三弥は「ええ、そりゃあ、どげな夢じゃったかぁ？　何さま、始まりから詳《くわ》しゅぅ俺ぇ話《はね》えてみらんの」ちゅうて言うたとよのう。そうしたりゃあ、男衆は「俺がこうしてさるく所の高千穂の、どこのねきか《(辺り)》は分からんどもが、金山をば見つけた夢をば見たとたい」ちゅうて話ぇたげなたい。そうしたりゃあ、三弥がたい、「ええ、そりゃあ高千穂のどこ辺《へん》じゃろうのう。ゆうと《(よく)》思い出《で》ぇて、俺ぇ話ぇてみらんや？」ちゅうて言うたりゃあ、その男衆は「それがのう、どこじゃったかは、定かじゃねえとたい」ちゅうて言うたとよのう。三弥は「そりゃあ、ええ夢じゃのう。その夢をば、俺ぇ売ってくれんどうか？」ちゅうて、男衆ぇに言うたとたい。そうしたりゃあ、男衆はのう、「何や？　しかともねぇ夢をば、買うたちゆう者《もな》ぁ、今までぇ、見たこたぁねぇばい。わさま《(あなた)》何するとやぁ？」ちゅうて、言うたちゅうたい。三弥は「わさまには、いっぺぇの礼をばするたい。じゃけぇ、そん夢をば、俺ぇ売ってくれんどうかい？」ちゅうて、やったりとったりしたちゅうたい。

　そうして、宿《やで》ぇ着《ち》いたら、三弥はまた男衆ぇ精いっぺぇの、あばけんごて《(たくさん)》ぇ食わせて賄《まかの》うてたい、金山の夢をば、どうしても、銭《ぜに》で買い取るようにし向けたちゅうたい。そうしてまた、三弥は男衆ぇ「さりゃあ、どこやらわからんどうかいのう？」ちゅうて、ねちぐう《(しっこく)》聞くどもが、男衆は「さりゃあ、どこやら分からんちゅうどおがぁ《(と言っているではないか)》」。ちゅうて、困って言うたとたい。三弥は、やんだがやりぃ《(次々に)》ねちぐう聞いたけんどもが、どこ辺じゃったかは、分からんかったちゅうたい。それからちゅうもにゃあ、三弥は高千穂の高《たけ》ぇ山をば、めくら滅法、鍬《くわ》持っちゃあ探《さげ》ぇてさりぃたとたい。じゃけんどもが、草木の生い茂っとるようなとこをば、掘っちゃあみたどもが、金のヤケちゅうもなぁ、見ちけんかったとたい。それでのう、三弥は「あの奴は、嘘《うそ》ばっかりちいて、俺をば化《ば》けぇたに違ぇねぇ」ちゅうて、思うたどもが、ここかぁ《(ここのところは)こら》堪えて辛抱《しんぼう》したとたい。そうして、やっと金《きん》のヤケをば見つけることが出来たとたい。その金山がダイロク［1］ちゅう名の金山じゃった、ちゅうとたい。

そうしてたい。三弥は、ちぃっとずつ、金をば掘っちゃあ売りに行きよったもんじゃから、いつの間《あいで》にか、銭持ちになったちゅうたい。そうしたところがたい。そういうこたぁ皆《み》んなが皆んな、まかり間違うて、金山に行き当たるこたぁねぇもんで、果報《ふ》が悪《わり》ぃこてぇに、長生きは出来んかったとたい。そうして、三弥が打ち死んだ時たい。ダイロクに大きな地震が来てよのう、噴《ふ》き上げて《(噴火して)》、湖になったちゅうたい。そうしてたい。とうとうその山からにゃあ、金は掘れんごとなったちゅうたい。昔から、あんまり欲をば出すな、ちゅうことじゃろうかのう。

（聞き手　椎葉浪子、林　幸次・吉田扶希子）

［1］ダイロク＝中瀬守氏はどこか不明という。

右の話中、三弥の連れの男衆の鼻の穴から出入りしていた蜂の正体は、実は男衆の霊魂である。下世話によく言う「ムシが好かん」とか「腹のムシがおさまらない」等というムシと同じことである。その男衆のムシが眠っている男衆の身体を抜けだし、どうやら、金鉱を見付けて来たようである。いったい九州は石炭ばかりが有名だが、対馬からは銀が出たし、大分県の鯛生鉱山の金、鹿児島県の菱刈鉱山、串木野鉱山からは金が出た。椎葉では財木鉱山から黄鉄鉱や黄銅鉱が出たことは、忘れてはならない。右話中の高千穂からはマンガンが出ていた。

従って九州の山で鉱脈探しをする山師も多かった。

椎葉のさる山師から聞いたところによると、火山性の高い山を歩いてみて、火山岩がゴロゴロしている間から、草木がチョロチョロ生えている所には、鉱脈が顔を出していることが多い。右昔話ではヤケと言っているが、土地が焼けたように変色している、というのである。鉱脈が雨に打たれて酸化して変色している。もちろん金が酸化することはないが、金を混じた銀・銅その他の鉱脈は雨がかかれば変色する。それが焼けたように見えるのだ、という。ヤケと呼ぶのはそのためである。

さて、その採掘権は、鉱脈の発見者に属する。三弥はその採掘権を保持して、人にも場所を明かさなかったようだが、普通、発見者は、その採掘権を土地の有力者や都会の豪商たちに売りつけることになる。

14　一口千両

［語り手］那須英一
（松尾・水越　昭和5年4月1日生）

昔ある所に、信心深い、仲の良い夫婦が住んでおったそうじゃ。旦那の方は、「上方に行《い》て、一励《ひとはげ》みして来るわい」ちて言うて、出稼《でかせ》ぎに行たそうじゃ。上方に行て、ま、一生懸命働いて、三年で、三千両という大金を励み出して、「これだけ溜《た》まったから、家に戻《もど》らにゃいかん」と思うた。

そして、その三千両を持って、自分の家に戻って来よったところが、その途中の辻に、『一口千両』ちゅうて、立て札が立っておった。旦那は「三千両あるところじゃから、千両くらいはよかろう」。そう思うて、『一口千両』の話を、聞いたそうじゃ。『一口千両』の話は、「大雷《おおかみなり》の鳴るときにゃ、大木《おおき》の下に宿借るな」。そう言うて、それだけで、千両取られてしもうた。

それから旦那は、峠越しをして戻りよったところが、大夕立《おおようだち》が来て、雷が鳴り始めた。「こりゃあどっかで、雨宿りせにゃいかん」。見回したところ、峠じゃもんじゃから、大けな木があったそうな。それでその大けな木の下で、雨宿りをした。が、「こりゃあ――待てよ。先程、『一口千両』の話を聞いたが、『大雷の鳴るときにゃ。大木の下に宿借るな』と聞いて、千両取られてしもうたが――。こりゃ大木の下じゃ。大変じゃ」。そう思うて、大木の下から逃げ出て来よったところが、その大木に雷が落ちた。「こりゃあ千両がと《(相当分)》、あったわい」。

そして山を越えて、また戻りょったところが、その途中の辻に、また『一口千両』ちていう立て札が、立っておった。「こりゃあ、さっき『一口千両』ちていう話を聞いて、御蔭《おかげ》で命が助かったが、まぁ一口聞いてみろう」。

それから「『一口千両』の話をば聞かせてくれぇ」ちて頼んだとこが、「女子《おなご》ばっかりおる家《ところ》には、宿借るな」。そう言うて、ただそれだけで、また千両取られてしもうた。それから、日が暮れたもんじゃから、宿を取ってみたら、その宿は、女子ばかりじゃった。そうして、床《とこ》をとってもろうたもんじゃから、寝て、ふと天井《てんじょう》を見たところが、天井には、剣《つるぎ》がいっぱい植えてあった。

「こりゃあ今先聞いた話に、『女子ばっかりおる家には、宿借るな』という話じゃったが、ここは、女子ばっかりおる家じゃから、こういう所に泊まるもんじゃない」。そして「こりゃあ、これで、千両がとあったわい。泊まっておったなら、いよいよ命を取られるところじゃった」。

ちてまた、戻りょったところが、自分の家が近くなった所で、また辻に、『一口千両』、という立て札が立っておった。「こりゃあ、いっそのことなら、まぁ一口聞いてみろう」。そしてまた、『一口千両』の話を聞いた。ところがそれは、『やれ待て。しばし』――。そう言うて、ただそれだけで、残る千両も、取られた。「一生懸命溜めたお金を、三千両全部取られたけんど、まぁ、自分の村に戻ってみらにゃあ」。そう思うて、自分の村の近くまで来た。ところが、「お前ゃ、どうして戻ったか」と、隣近所の者が、口々にそう言うた。そして、「お前《ま》が励みに行た後で、お前の嫁じょうは、男を連れ込《こ》うで、茶屋をして、えらい儲《もう》けおるが、お前ゃあ、戻ったなりゃあ、殺されるぞ」。

ところが旦那は、「隣近所の人は、ああは言うけれど、まぁ、一応は戻って見にゃ分からん。先程も、『やれ待て。しばし』ちいうて、千両取られたばっかりじゃから、自分の目で、確かめて見らにゃ分からん」――。

それから、「今、戻ったぞぉ」ちて。すると、嫁じょうはたいそう喜うで、機嫌よう「お帰りなさい。長いこと骨折って疲れたろう」ちて言うて、やさしゅう迎えてくれた。旦那が、奥の方を見ると、屏風《びょうぶ》の中で誰かが、寝ちょった。嫁じょうが掛け布団をめくると、それは、藁人形《わら》じゃった。嫁じょうは、藁人形を抱き起こして、「今日まで、私を見守ってくれて、ありがとう」ちて言うて、涙を拭《ぬぐ》うた。間男《まおとこ》、というのは、藁人形じゃった。

それから話が弾《はず》んで、嫁じょうは、「女子一人暮らし。それも茶屋をしてのことじゃから、不用心で。それで、ここに、この藁人形をおいて、旦那のおるように見せ掛けておったとじゃ」ちて言うた。それから旦那は、「俺も上方に行て、三千両という大金を励んだけんど、家に戻る途中で『一口千両』ちいう話を三口も聞いて、その三千両を、取られてしもうた」と詫《わ》びた。ところが、嫁じょうの言うことにゃ、「今し方、大阪から使いが見えて、『旦那ももうすぐ戻って来るから』、そう言うて、三千両持って来たばかりじゃ」ちて言うた――。

この夫婦は、もともと神信心の手厚い夫婦じゃったから、旦那が上方から戻る途中も、神仏は、守り本尊になって見守り、例えば、『一口千両』の教えにもなってくれた、というお話。

（聞き手　山中耕作・米満　泉・中島理恵）

雲の通い路

信心深い夫婦が将来のため稼ぐことにした。夫は上方に出て働き、妻は茶屋をして働き、藁人形を側に置いて、留守を守った。双方とも真面目によく働き、夫は三千両を稼ぎ、村に戻って来る。その道中を神様は日頃の信心に応えて、三度もサインを出して守ってくださり、三千両のお金も、「もうすぐ帰って来るよ」という連絡までつけて、手際よく送ってくださった。神仏への崇敬深く、真面目に励むことを尊ぶ椎葉らしい昔話だと思う。

15　弟《おとと》くにます

〔語り手〕甲斐　馨
（不土野・向山日当　大正4年5月10日生）

その昔、ある所《とけ》ぇ、欲な地主《じぬし》がおったちゅう。この地主ゃあ、えりゃあ腹の細《こみ》ぁと〔1〕じゃったちゅうわい。この地主ゃあ、雇われぇ〔2〕を使《つこ》うて、めんめぃ《（自分の）》の家《え》の仕事をさせよったちいう。

したなりゃあ、そんムラのある貧乏な家に、兄弟《きょうじゃあ》がおったちゅうが、初みゃあ地主は、そこの兄《あん》ちゃんの方をば雇《やと》うて、使いよったちゅうわい。したなりゃあ、時期がきて、一年の年期奉公がすんだなりゃあ、兄ちゃんが「さぁ、一年間の給料をば支払《はろ》うてくれぇ」ち言うと、地主は欲な者《もん》じゃけぇ、難題を吹っ掛けたちゅうわい。どぎゃあな難題かちゅうと、「わが《（お前）》俺《おれ》の言うことを聞いて、その通り出来《でく》れば、一年の給料を渡すわい。でなけらにゃあ、給料は渡さんぞ」ち言うた。そうして、その難題じゃが、そりゃあ何かちゅうと、「ナンドリをば見ちけて来《け》ぇ」。

「ナンドリをば見ちけて来ぇ?」。兄ちゃんは、弁当を作ってもろうて、「ナンドリはおらんかい? ナンドリはおらんかい?」ち言うて、ムラ中を探《さげ》ぇて、さりぃては《（歩いては）》みるけんども、ナンドリちゅうたぁおらん。したなりゃあ、子供が四、五人で、首が無《の》うなった鳥を、泥に引き回《まわ》ゃぁて遊《あす》うで持っとっておって、「ナンドリじゃあ?」ち言うて、話しよったちゅうわい。じゃが、兄ちゃん、子供の言うておる「ナンドリ」が、地主の難題のナンドリと、引っ付けて考えとることたぁ思いも寄らんかったちゅうわい。で、そのままめんめぃが家に戻《もど》ってしもうて、地主から年期奉公の給料ももらわんずきぃ《（もらわないまま）》、一年の働きが何にもならんごとなったちゅうわい。

　次の年は、弟が雇われぇになったちゅうわい。「今度《こんだ》ぁ兄ちゃんの仇《かたき》をば取って来《く》る」ち言うことで、弟が雇われぇになったちゅうわい。そうして一年の経《た》って、弟が地主に「一年間の給料をば払うてくれぃ」ち言うたなりゃあ、地主はまた「ナンドリをば見ちけてけぇ」ちゅうて出された弟は、兄ちゃんの時と同じごとして、首の無《ね》ぇ鳥を引き回やぁて遊《あす》うどった子供どもから、その鳥をばもろうて、地主の家ぇ戻って来たなりゃあ、「こら《（おい）》、これを見ちけて来たわい」ち言うたなりゃあ、地主の方から、「こりゃあナンドリかい？」ち言うた。弟は「じゃけぇ、これが、旦《だん》那《な》さんの言うナンドリじゃろうが」ち言うて、「働《はたれ》ぇただけの、給料をば払うてくれい」ち言うた。だが欲深《よくぶき》ゃあ地主ぁ、「そんなりゃあ、もう一ちょう俺の言うこたぁ聞けぃ」。「そりゃあ、どぎゃあなことかい？」ちゅうて聞くと、「俺が今、屁《へ》をばひるけぇ、その屁をば摑《つか》まえてみさい」。弟は、澄みゃあて《（澄まし顔で）》、「そんなりゃあ、旦那さんの屁をば摑まゆう。屁をばひってみさい」ち言うて、身構《みがみ》ゃあた。

　地主は尻をば捲《まく》って、「用意はでけたか？」。弟が「さぁ屁をひってみさい」ち言うたなりゃあ、地主は屁をばプーッと、ひったちゅうわい。ひったなりゃあ、弟は地主のヘノコ[3]をばワシッと握り締《し》ぃだ。そうしたなりゃあ、「あ、しもうた。屁をば逃ぎゃあたども、旦那さん。旦那さんの『屁の子』は摑みゃあた」ち言うて、グウッと握り締めたなりぃ、地主をばちっとも動《いご》かさんかった。魂消《たまが》った地主は「放《はに》ゃあてくれ」ち言うた。が、弟は「いんにゃ、放さん。兄ちゃんと俺の給料をば一ぺんに払うてくるるなりゃあ、放ゃあてやるっ」。
困った地主は、家の者をば呼《ゆ》うで、払わだった兄ちゃんの給料と弟の給料をば払わせた。弟はえらい喜《よろこ》うで家ぇ戻り、兄弟仲良う暮《く》りゃあたちゅうわい。「弟くにます」弟の方が、兄ちゃんよりだいぶん利口じゃったちいう話。そればっかり。

（聞き手　清田勇人・永田香織）

［1］腹の細ぁと＝ケチな人。心の小さい人。
［2］雇われぇ＝使用人
［3］ヘノコ＝睾丸

雲の通い路

いつも思うことだが、椎葉文化は明るい。しかも文芸的に優れている。この昔話の主題は、往々どこに行っても見られる『愚兄賢弟』である。椎葉に、例えば対馬のような厳しい惣領制が行われていたかどうか、それは知らない。しかし右昔話の「惣領は甚六」というテーマは何としてもおかしい。ふがいない兄ちゃんの恨みを、賢明な弟は痛快に晴らして来るのである。

最初の難題である「ナンドリ」は、やや平凡だが、地主が、首の無い鳥を持参した弟に「こりゃナンドリかい?」と、うかつに尋ねたばかりにやりこめられてしまう筋は、まあおもしろい。が、次の難題は傑作。「今、屁をばひるけぇ、その屁をば摑まえてみさい」という、まことに難問・奇問。ところが、弟は澄ましたもので「そんなりゃあ、屁をばひってみさい」と身構える。その辺りのやり取りは秀逸だし、挙げ句、「屁」の代わりに地主の「ヘノコ」を摑んで、「屁の子」を摑んだという箇所にかかるとまったく抱腹絶倒。山仕事の男たちの間での民話だろうか。椎葉文化はネアカ文化だった。

16　銭糞《ぜにくそ》をひった馬

［語り手］那須英一（松尾・水越　昭和5年4月1日生）

昔ある所に、兄弟が二人、兄《あん》ちゃんと弟《おとと》が、住んじょった。その兄ちゃんと弟は、馬を飼《やしの》うちょった。そうして、駄賃《だちん》付けをして、銭を稼《かせ》ぎよった。

兄ちゃんの方は、馬を可愛がって、馬に食わするいい草をば、いっぱい切って来ては、我《わ》が馬をば、飼うちょった。弟の方は、ちと怠《なま》け者で、あんまりいい草を切っては来ず、その上、たくさん草も食わせんもんじゃから、弟の馬は、痩《や》せちょった。それで、駄賃付けに行っても、兄ちゃんの方の馬の、半分も担《かろ》わんかった。

それで弟は、どうかして、兄ちゃんをば騙《だま》して、兄ちゃんの馬と、我が馬とを、取って換《か》えにゃならん、と考えた。そしたら、持ち前の、悪知恵が浮こうだ弟は、有り金を、全部《ぜえーんぶ》、厩《うまや》の中に、ばら撒《ま》いた。そして、今度は、我が馬の尻に、銭をへし込《こ》うだ。そうしておいて、「兄ちゃん、兄ちゃん。俺の馬は、銭糞をば、ひり始めたぞ。近ごろ、えらい痩《や》するが、と思うちょったら、銭糞をば、ひり始めた。もう俺は、駄賃付けは、せんでもいいばい」。

それを聞いた兄ちゃんは、弟の厩に来てみて、魂消《たまが》ってしもうた。ほんとに、厩の中には、弟の痩せ馬が、銭糞をば、いっぱいひっちょった。すると弟は、今度は、さっき銭をへし込うだ馬の尻をば指さして、「兄ちゃん見てみよ。また馬の尻から、銭糞が出て来よるわい！」。それですっかり騙された兄ちゃんは、「どうじゃ。俺の馬は、よう肥《こ》えとるが。俺の馬と、換えてやれ」ちて言うた。弟は、「兄ちゃんが、そげん言うとなら、換えてやってもえぇ」。

兄ちゃんは、さっそく取り換えた馬をば引いて、我が家に戻って来た。じゃが、引いて戻って来たけれども、銭を、一つもひらん。兄ちゃんは腹を立てて、弟に、「お前のような奴《やつ》は、生かしておいたなら、大事なこっちゃ。海へ投《な》ん込む。この俵《たわら》の中へ入れ！」。

弟は、しようがないから、その俵の中に入った。その俵をふん縛《しば》って、兄ちゃんは、「どっこいしょ」と、海へ担《かつ》いで行き始めた。その途中、酒屋があったげな。兄ちゃんは、「なんぼなんでも、弟をば、素面《すめん》では、海によう投ん込まんから、一杯呑《の》んでから、行かにゃあ」。そう言うて、その酒屋の入り口に、弟を入れた俵を置いて、中に入って行てしもうた。

弟は、「こりゃあ、都合《つごう》がようなった」と、俵から、頭だけさし出して、あたりを見渡した。そのとき、向こうの方から、天秤棒《てんびんぼう》に、籠《かご》いっぱいの魚を担いだ婆《ばあ》さんがやって来た。俵の中の弟を見て、「お前ゃ、何しよっとか？」ち言うて聞いた。弟が、婆さんの顔を見たところが、目が腐《くさ》っちょった。目腐れ婆さんじゃった。それで弟は、「俺ゃあ、目養生《めようじょう》しとるとこじゃ」。婆さんが、弟の目を見ると、腐ってはおらん。治《なお》っちょる。弟は、「俺ゃあ、朝から、こん俵に入っちょるとじゃが、大分いいごとある」。婆さんは、「えぇも何も、お前の目は、もう治っちょるがぁ。俺も目が悪いとじゃが。俺《おれ》をよう、それに入れてみよ」。それで弟は、俵の中から這《ほ》うて出て、今度は、その婆さんをば俵の中に入れて、ふん縛っておいた。そうして、婆さんが担いで来た、天秤棒をば、魚ごと、ひっ担《かた》げて、我が家へひん戻った。

それとは知らぬ兄ちゃんは、一杯気色《いっぱいきしょく》で酒屋から出て来た。そして、「どっこいしょ」と、婆さんをひっ担げて、海に出て行て、ドボーンち、投げ込うだ。そうして、「これでもういいわい。もう弟から、ええこと騙《だま》されんで、ええわい」ち言うて、我が家に、戻ってみたところが、なんと、海に投ん込うだはずの弟が、囲炉裏《いろり》に火を焚《た》いて、魚を炙《あぶ》りよる。

その弟は、「兄ちゃん、今、魚を炙りよるところじゃが、早う上がって、酒呑まんかい。これを肴《さかな》にせぃ。俺を、もっと深《ふけ》ぇ所に、投ん込んだなら、まっと、大けな魚をば捕るところじゃったが、浅かったもんじゃから、これこん通り、ちと細《こめ》ぇわ」。したところが兄ちゃんは、「今度は、俺を、海に連れて行て、深ぇ所ぇ、投っ込んでみよ。大けな魚を、いっぱい捕って食わせるから」ち言うて、今度は、弟が、兄ちゃんをば俵に詰《つ》めて、海の深ぇ所に投げ込んでしもうた、というお話。

（聞き手　今泉朋子）

雲の通い路

右の「銭糞をひった馬のお話」は、これまで紹介した昔話の中では、異色である。こんなお話もあったのか、とびっくりされた方も多いかも知れない。

「愚兄賢弟」、つまり椎葉の人の所謂「弟くにます譚」ではあるが、どうも笑えない。中には、後味の悪さを感じて、椎葉らしくない、と思われた人もあるかもしれない。しかしそれは誤解だと思う。今回のこのお話では、椎葉の昔話の最後によく語り手が付ける「だから〇〇してはならない」という教訓めいた結末句を、英一さんから聞くことはなかった。しかし、もしも語り手が、一言の教訓を垂れるとすれば、こういう言葉があったに違いない。

「いくら賢くても、この弟のように努力もせず、怠けていながら、他人が努力して得たものを羨んで、騙し盗ろうとするのは悪智慧。たとえ目病みでも、一心に働く罪のないお婆さんを犠牲にしてまで、我が身の安逸を図るのはよくない。その上、犠牲にしたお婆さんが、かねて汗水流して働いていた魚まで奪って、それを道具に、兄を逆恨みの揚げ句、騙して殺すなどは、以ての外。『地獄』という空間は、どこそこにある、というものではない、もしあるとすれば、外でもない、自分の心の中にあるのだよ。どうか、この弟を反面教師にして、『仏心』で生きていきたいものだね。それからお婆さんや、この兄ちゃんのように、不用心なのも決してよくないよ。お人好しばかりでは駄目。何事でもよく考えて行動しなきゃね」と。

これまで紹介した椎葉の昔話からは、そういう風に受け取れるのだが、どうだろうか。椎葉村の教育は、よい意味で、現実主義だったと思う。

17 鼻利《き》き太郎兵衛《たろうびょうえ》の話

［語り手］那須英一（松尾・水越　昭和5年4月1日生）

昔、ある所に、太郎兵衛という者が住んじょった。その隣《となり》に、市兵衛という者がおった。太郎兵衛と市兵衛とは、「隣村に行て、一稼《ひとかせ》ぎして来うや」ち、そう言うて約束をした。ほうして、明日から行くことに相談が決まった。家に戻った太郎兵衛が、嫁御に言うことにゃ、「明日、市兵衛と隣村に稼ぎに行くことにしたが、俺にいい考えが浮こうだ。明日、俺と市兵衛とが、峠を越えて三里ばかり行たころで、この家に火を点けて焼いちょけ」。そう嫁御に言うて、さて明けの日、市兵衛と連れだって、峠を越えて行きよった。太郎兵衛は、それから三里ばかり行た所で、鼻嗅《か》ぜをとり［1］始めた。ほうして市兵衛に向こうて、「市兵衛どん。今、俺の家が焼けよるがぁ、早う引っ返してみにゃあならん！」ち言うた。ほうして市兵衛と、村に引っ返してみたところが、ほんとに太郎兵衛の家が燃えちょった。

そんなことがあってから、その付近では「太郎兵衛の鼻は、えらい鼻じゃ。峠の村を越えてから、三里も離れておる所から、自分の家の、燃えとるのを嗅ざみ出ぇた」ち評判になり、「鼻利き太郎兵衛」という名が付いた。

ちょうどそのころ、長者殿《どん》のお上《かみ》さんの金《きん》の簪《かんざし》が無《の》うなって、長者殿の屋敷では、大騒ぎになっちょった。ほして鼻利き太郎兵衛を雇うて、嗅ぞうてみらせにゃ、ち言う者がおって、鼻利き太郎兵衛は、長者殿の屋敷に雇われて行た。ほうして長者殿の屋敷のあたりを、見て回りよったところが、その屋敷の一《いち》の女中が、鼻利き太郎兵衛のところに来て、「お上さんの金の簪は、俺《おり》がおっ盗《と》ったっちゃけんど、鼻利き太郎兵衛を雇うて、嗅ざませる、というもんじゃから、井戸の中に投げ込うじゃある。白状するから、決して俺が盗っちょった、などと言うてくれるな」ち言うて、詫びた。

「こりゃあ、えぇことを聞いたばい」ち思うた鼻利き太郎兵衛は、その一の女中に「決して、お前が盗った、などということは、言わんわい」ち言うて、お茶を貰《もろ》うて飲うで、一息ついてから、さぁて、嗅ぞうでみることにした。ほうして、鼻嗅ぜをとりながら、「こりゃあ、水の中に、金の簪が混ざって、隠れておるわい」ち言うて、井戸の方に鼻嗅ぜをとりながら、嗅ぞうで行た。ほうして井戸のところまで来て、「ウン、これ、ここじゃ。こりゃあお上さんが、顔を洗いに来て、誤って落とし込うだものじゃが」ち。ほうして井戸水を汲み出してしもうてみたところ、金の簪が落て込《こ》うじょった。鼻利き太郎兵衛は、喜うだ長者殿から、銭《ぜに》やら褒美《ほうび》やら、いっぱい貰うて、家に戻って来た。

ところが今度は、お城の殿様のところで、大切な巻物が無《の》うなってしもうた。鼻利き太郎兵衛の評判を聞いた殿様は、さっそく鼻利き太郎兵衛を雇うて、嗅ざませにゃ、ち思うて、殿様のことじゃから、駕籠《かご》を仕立てて、雇いに来よった。そこで鼻利き太郎兵衛は、その駕籠に乗って、殿様のお城に行きよった。じゃどん、道々考えることにゃ、この間は、あの一の女中が白状してくれたからこそ、金の簪の在《あ》り処《か》が分かったとじゃが、今度は、誰《だれ》も言うてくれる者がおらん。そこで、駕籠を止めて、「俺ゃはばかり《（便所）》に行きとうなった。ここに待っちょれ」ち駕籠舁《かき》に言うて、逃げて行きよった。

　その途中に、お稲荷さんのお堂があった。立ち寄ってみたところが、小豆飯が上《あ》がっておった。こりゃあ、えゝこっちゃ、腹も減ったから、この小豆飯でも食て、逃げにゃならん、ち思うて、そん小豆飯をば食いよったりゃあ、お稲荷さんが出て来た。あわてて、その稲荷堂の後ろの方に隠れたところ、そのお稲荷さんの言わるることにゃあ、「ここにゃあ、小豆飯を上げてくれた者がおったはずじゃっけんど、誰かが、うち食ろうたもんじゃ。この稲荷堂の上に、野狐《のぎつね》がおるが、いつも来て、ここに上げてくれておるお供えをば、うち食ろうてしまう。いよいよあの奴に相違《そうい》ねぇけんど。——あの奴ぁ、こんども殿様の大切な巻物を、ウロ《（穴）》の中に咥《くわ》え込うじょるが、近く鼻利き太郎兵衛という者が来て、嗅ざむということじゃが、あの野狐め、今度は、太《ふて》えめに、遭うわい。掘り出されて、うち殺さるるが。えゝこっちゃろうわい」ち。これを聞いた鼻利き太郎兵衛は、「こりゃあ、えゝことを聞いたわい」ち言うて、待ち草臥《くたび》れた駕籠舁のところに戻《もど》って来た。駕籠舁の言うことにゃ、「えらい長うかかったが？」ち。それで、鼻利き太郎兵衛は、「昨夜《ゆうべ》からあんまり御馳走を食ったもんじゃから、腹をこわしてしもうたもんじゃわい」ち答えて、また駕籠に乗って、お城に行た。

殿様の言うことにゃあ「お前は鼻利き太郎兵衛ち言うて、えらい鼻が利くげなが、家宝の巻物がのうなったとじゃが、やすう嗅ざみ出すか？」。鼻利き太郎兵衛の言うことにゃ、「殿様、造作《ぞうさ》もないこっちゃ」。殿様は「それじゃあ早速《さっそく》嗅ぞうでみよ」。そこで鼻利き太郎兵衛は、お城の周りを嗅ごうてみよった。ほうして「この巻物には、獣の口が香り立って匂う。この付近に、どっか野狐がおりゃあせんか。そ奴が咥えておるに違わん」「ウン、こりゃあ、そこの稲荷堂の上の野原の中に、野狐のおる」。それで殿様の家来が、野狐のおる、という所に案内した。鼻利き太郎兵衛は、鼻で嗅ぞうでみながら、野狐のウロまで来て、「ここじゃ。ここを掘ってみよ」ち言うた。殿様の家来は、鼻利き太郎兵衛の指図されるままに、その野狐のウロを掘ってみた。するとウロの中の方に、殿様の大切な巻物が隠してあった。ほうして野狐は、殿様の家来にうち殺されてしもうた。

殿様はたいへん喜うで、「鼻利き太郎兵衛。お前はこの城の、お抱《かか》えの鼻利きとして取り立ててやる」ち言うた。鼻利き太郎兵衛の言うことにゃ、「今まで鼻の利きよったけんど、狐はお稲荷さんのお使いじゃ、と言うが、これを嗅ざみ出したばかりに、鼻が、ひとつも利かんようになった。褒美も何もいらんから、日本全国に、鼻利き太郎兵衛の鼻は、もう利かんようなった、ちお触《ふ》れを出しとくれぇ」ち殿様に頼うだ。殿様は、「そりゃあたいへん気の毒なことをしたわい。そんなら、お前の一生一代遣《つか》いのお金を褒美にやるから、それで堪《こら》えてくれぃ」ち。それで太郎兵衛は、殿様から一生一代遣っても遣いきれないほどのお金を貰うて、また駕籠に乗って、自分の家に戻って来た、というお話。

（聞き手　池田紀美子）

［1］鼻嗅ぜをとる＝鼻を働かせてにおいを感じ取ろうとすること。
［注］椎葉村には堀井戸のある家はない。

雲の通い路

行商に出かける男が、知恵(?)を働かせて、自宅に放火する乱暴な話で、その上、連れの友を騙し、利用して、鼻利きの評判を起こして、何らかの成果を収めようとする。無茶ではあるが、まず求める気持ちが大切だ、というのである。さすれば必ず運も向いてくる。がしかし、引き方も工夫しなくてはいけない、という趣旨。「鼻利き」という設定で笑いを誘っているが、話は極めて現実的な教育である。

ただ、「狸の罠掛けの話」にしても「猿蟹合戦」にしてもこの村の民話はよく古態を伝えている。以後述べる民話でも、さまざまな民俗の古態を話さねばならない。だが、峨々たる山岳にあって伝統的とはいえ、この村の生活は、常に全国的な視野を持ち、かつは斬新的といえる。いったいこの村は、昔から狩猟・鉱山業・営林業と農業とを兼業している。が、山師とはいえ日光派。全国的な付き合いがあった。村人の七割は郷士だった。だから村風として万事に潔く真摯。向上心に富んでいる。村外に出て、精励努力して故郷に錦を飾るとか、長者になりたい等々の話題は尽きない。椎葉高男氏によると、椎葉武士団は、戦国時代には専ら探索をこととして、相当の武勇を発揮していたという。平時は、材木では江戸・畿内・瀬戸内の材木商と渡り合ったようだ。本書にも、しばしば江戸・大坂が話題に上がる。外界の模様には、常に鋭敏。熟知しているのである。一般村民にしても、行商・駄賃付け等々で村外のことも常に身近だった。

英一さんの「銭糞をひった馬」の話では、なんと海辺のムラのことが、ごく身近のこととして語られる。山に住みながら、海への親近感は、海辺の人と変わらなかった。過ぐる太平洋戦争中、レイテ沖海戦で、ハルゼイ提督を地団駄踏んで悔しがらせた戦艦伊勢の艦長は、なんと椎葉村出身の中瀬泝《のぼる》少将だった。現実に、山の椎葉で海に熟知した人物をこの村では育てていたのである。まさしく椎葉の昔話は活きていた。やはり英一さんの「一口千両」は信仰心の厚い夫婦が、強い信仰ゆえに、神仏から恵まれる話。そんなだからこそ、村の人々は、この村を愛して止まないのだ。同時に、村外への憧れも強いのだ。それは読み進んでいただければ理解できることである。

椎葉あれこれ

駄賃付けルート

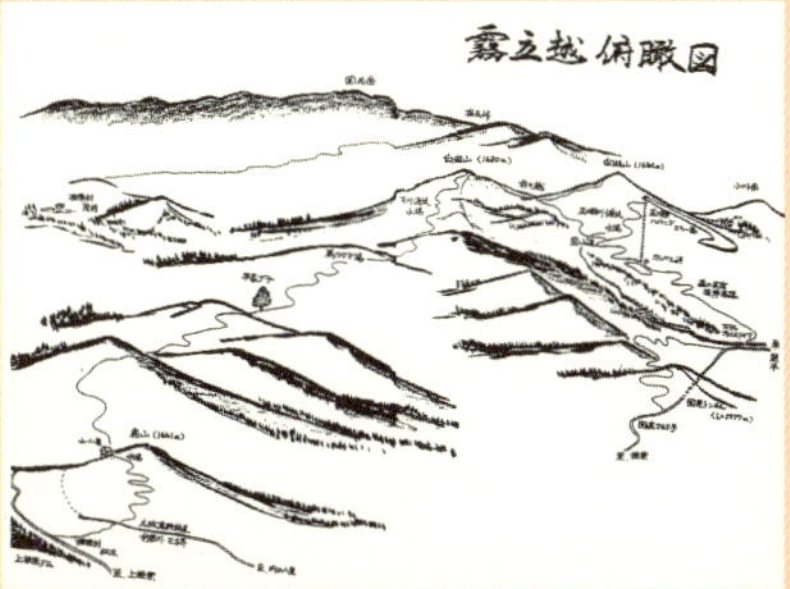

霧立越俯瞰図
霧立山地の深い森にひっそりと残る杣道は、古来より歴史に残る多くの人が通ったロマンの街道でもある。
（『霧立越を語る』鉱脈社 1996 年）

〽おどま十三から　駄賃つけ習うたよー
　馬の手綱で　日を暮らすよー
朝は早よから　峠に登りよー
　お日の出を待つ　入りを待つよー

椎葉に伝わる「駄賃付け節」である。駄賃付けとは、馬の背に椎葉の産物などの荷をつけて町に行き、それを売った後、今度は町で購入した食料品や生活物資を馬の背につけて帰ってくることで駄賃をもらうという、現在の運送業的な仕事であった。椎葉では幹線道路が整備される前の昭和初期頃まで行われていた。

椎葉は広大な村域に集落が点在している。集落の位置によっては行き来する町が異なり、神門口、球磨口、米良口、馬見原口といった村外へ通じる複数のルートがあった。いずれも山深い険しい峠の道を歩いて荷を運ぶ厳しい労働であったことから、これらの苦難を通して「駄賃付け節」という民謡も生まれた。当時、椎葉では入手困難な貴重な物を手に入れて届けるという村人からの期待を受けていた仕事であり、盆や正月には一日に百頭近い馬が往来して賑わっていたといわれている。

また、これらの駄賃付ルートは、平家伝説のほか、伊能忠敬測量隊、西南戦争時の西郷隆盛率いる薩軍、柳田國男の狩猟習俗調査など、往還道としても時代を超えて利用されてきた経緯があり、椎葉の歴史を語る上では欠かせないものとなっている。

18　蕎麦掻《そまげ》ぇ朔日《ついたち》のお話

［語り手］那須英一
（松尾・水越　昭和5年4月1日生）

昔、ある所《とけ》ぇ、ちょうど十歳になる二人の子を育てちょうる母親がおったげな。一人は我が子で、一人は継子《ままこ》じゃったげな。

その頃、師走川《しわすがわ》［1］といわれるような川があって、旧の十二月朔日《ついたち》には、十歳になると子供どもは、必ず肩まで水に浸《つ》かって、その川を渡らにゃいかんかった。

それで継母は、自分の腹を痛めた我が子の方には、米の飯を炊《て》ぇて、ご馳走《ちそう》をば腹いっぺぇ食わせて、師走川の渡りにやった。継子の方には、蕎麦掻ぇ［2］だけを食わせて、師走川の渡りにやった。

ところが、師走川を渡るときには、深い所は肩まで浸かって渡るもんじゃから、米の飯を食わせ、ご馳走を腹いっぺぇ食わせてやった実の子は、寒《かん》の川に凍《こご》えて、半分ほど行た所で、凍え死んでしもうた。蕎麦掻ぇを食わせた継子は、蕎麦掻ぇを掻ぇて食て行たので、身体がほがほが温《ぬく》もっておって、元気で渡ってしもうて、助かった。それで、旧の十二月朔日には「蕎麦掻ぇ朔日」というて、蕎麦掻ぇを食うようになった、というお話。

（聞き手　大部志保・村岡良美）

［1］師走川＝不明。師走は十二月のこと。朔日は一日のことである。その十二月一日、川を渡る習慣があったので、十二月一日を川渡りの一日という。
［2］蕎麦搔ぇ＝ドンブリに蕎麦の粉を入れ、沸騰したお湯を入れて糊状にこね、塩をパッとかけて食べた。

雲の通い路

十二月一日を「乙子《おとご》の朔日」ともいう。これに対して一月一日を「太郎の朔日」と呼ぶ。角川書店の『日本年中行事辞典』によれば、実際に愛知・和歌山・熊本では、末っ子のためにお祝いする日になっている。この行事は、末っ子が日頃軽んじられているからというわけではなくて、むしろ歳末を重視してのことかと思われる。

この「乙子の朔日」に、椎葉では蕎麦搔きを祝う日になっているが、右辞典によれば、全国的には餅を祝う地方が多く、和歌山県では「乙子の餅」と言って白餅とあん餅とを食べるが、これを食べると水害に遭わぬ、という。

山口県、北部九州でも、「川渡りの節供」という。長崎市では「川渡り餅」を食べれば、川で溺れることがない、という。私の郷里は鳥取県だが、どうしたわけか、茄子を食う。おはぎ、赤飯の家もあった。芋飯を食べる家もあった。子ども心に芋飯を食べる家が羨ましかった思い出がある。芋飯はご馳走だった。京都では、茄子と花梨の漬物を食べる。佐渡でも茄子を食べる。どうやら、水神様に由来するらしく、カビタレモチ等といって、餅を川に流したり、河原に供えてくる地方もある。横浜では「鼻汚れの朔日」を祝うが、『鼻垂れ小僧さま』の昔話を思い出せば、やはり歳末の水神祭とかかわりがあるかもしれない。

また、この日、「川浸かりの朔日」「川渡りの節供」といって川渡りをする風習が実際に関東一円、中部地方、近畿地方に多い。八王子のように、この日、川に尻を浸けると河童に引かれない、といって子どもたちで川に行く所もある。宮城県では「カッパレの朔日」といって豆腐を祝う。変わった所では、四角に切った豆腐を串に刺し、炉の四隅に立てて、水を掛けて火難除けをする地方もあるという。

そうした中で壱岐では「ワタリガユ」といって、朝、粥を煮て食べている。山口県大島でも粥を食べていたが、注目すべきは、鹿児島県ではネバリモノといって、粉をこねて練り棒にして食べる、という。粉を練っているのが、椎葉に近い。

椎葉民俗芸能博物館の永松敦前館長に伺ったところ、椎葉で旧の正月末日か二月朔日に「太陽が朔日」といってトウキビの粉を門口に播く風習がある、といわれる。魔除け・祓えの意味ですするのかも。

19 天地乾坤《けんこん》の杖

［語り手］ 那 須 英 一
（松尾・水越 昭和5年4月1日生）

昔、歳《とし》の晩［1］に、借金坊《しゃっきんぼう》が裸で、長い杖を突いて立っちょった。

ところが、通りかかった者《もん》が、

「その長い杖は、何という杖か？」

「これは『天地乾坤［2］』という杖じゃ」

「その杖には、もとは根があったか？」

「根もあった。朝寝、昼寝という根があった」

「花は咲きよったか？」

「花も咲きよった」

「何ちいう花が咲きよったか？」

「家内喧嘩、という花が咲いた」

「花が咲くなら、実もなりよったか？」

「実もなりよった。苦しみ、悲しみという実がなりよった」

「その実はどうしたか？」

「それは、歳の暮れになったら借金取《しゃくせんと》りという鳥が来て食てしもうたわ」。
というお話。

（聞き手　那須　建）

［1］歳の晩＝大晦日の夜。大歳の晩とも
［2］天地乾坤＝天地宇宙。全世界。

雲の通い路

十二月の晦日。それは過去の一年間と新しい一年の双方を見渡すことができる日である。今、その一点に立って、天地乾坤、世界を見渡している『裸男』がいる。世界といっても、何も客観的な全世界ではない。手前持ちの、自分だけの小宇宙。自分だけの世界である。突いている杖は、その男が頼りにしてきた自分だけの物の見方、考え方、生き方であろうか。人間は結局は自分なりの物の見方、考え方、生き方で生きている。困ったことに、どうも、なかなか手放せない。

この裸男、根っからのナマケモノらしく、朝寝、昼寝が性に合っている。そのため夫婦喧嘩が絶えない。毎日は苦しみ、悲しみの連続である。僅かな金も、大晦日には借銭取りが来て、丸裸にされてしまう。

一回限りの尊い人生。ちゃんとした生き方に変えれば、豊かに生きることが出来る。さすれば、自分の世界は変わる。しっかり生きよ、というのである。

同じ英一さんの大歳を主題にした昔話に、『銭亀斬り』があった。

昔、大歳の晩に、村の辻を黄金が通る、と聞いた若者が、是非とも自分のものにしたい、と隠れて待っていた。うわさに違わず、その黄金が銭亀になってやって来る。この黄金を自分の物にするためには、「一億八千万貫！」と言って、一刀のもとに切り捨てねばならない。だが、黄金の銭亀がジャグワン、ジャグワンと凄い音を響かせてやって来ると、若者は気後れして、斬ることができない。次に、白銀の銭亀が来るのだが、やっぱり怖くて斬れない。今度こそ、と思っていると、黒鉄の銭亀がやって来た。が、これも怖くて斬れない。最後にみすぼらしいのが来た。ようやく斬ったが、それは「九文」の値打ちしかなかったという昔話である。

大歳は、新年の決断をする日である。が、決断だけではどうにもならない。古来仏教は「行ずる」ことを重んじた。要は実行、『やるっきゃない』のである。『一億八千万貫』もの黄金・白銀・黒鉄は、勇気を奮って斬りさえすれば、手に入るのである。が、若者は、あせりながら、気後れして、一太刀も振るえない。情けないことに、たったの『九文』のものにしか手が出なかった。

人生は手前持ち。良質な生き方を、自分自身が断行するしかない、という厳しい教訓である。椎葉は、山間の僻村かもしれないが、考え方、生き方次第で、天地いっぱいに生きることが出来る、と椎葉の先輩たちは、大晦日毎に、きっちりと若者たちに教えてきたのである。

20 八兵衛の年玉迎え

［語り手］那須英一
（松尾・水越　昭和5年4月1日生）

昔ある所に、長者屋敷があったそうじゃ。そこに、八兵衛ちゅうおもしろい下男がおったそうじゃ。

ある歳の日《（大晦日）》のこと、長者殿《どん》が、「八兵衛や、年玉［1］を迎えて来い」ち言うた。八兵衛は、「へい」ち言うて、明《あ》き方《ほう》［2］の山に年玉を迎えに出掛けて行《い》た。長者殿は、八兵衛が何言うか、心配なもんじゃから、それを聞かにゃならん、と思うて、後からついて行て、陰《かげ》から見ちょった。ところが八兵衛は、山の木を見上げて、言いおった。「タブを伐《き》って、タップリと祝おうか。シイを伐って、シッカリと祝おうか。カシを伐って、カッチラと祝おうか。うちの長者殿は堅いことが好きじゃから、カシを伐って来て、カッチラと祝おう」と。長者殿は、「こりゃ、なかなか佳《え》えことを言うわい」と思うて、先に戻っちょった。八兵衛も年玉を迎えて戻って来た。

年玉迎えは済んだが、今度は、元旦じゃ。元旦にゃ、男は若水［3］を迎えて来にゃならん。長者殿は、昨夜《ゆうべ》よう見ちょったもんじゃから、もう安心して、「八兵衛。今度は若水を迎えて来い。ここにダイダイがあるから、これを持って行て、刳《く》り舟《ぶね》［4］ん中に投ん込うでから、『お年玉でござぇます』。そう言うたなら、そん次は、『新玉《あらたま》の年立ちかえる明日より若やぎ水を汲み初《そ》めにけり』ちて言うて、こういうふうに汲んで、迎えて来い」。

それで、八兵衛はダイダイを刳り舟に投ん込うで、「お人魂でごぜぇます」。それから、「目ん玉のでんぐり返る明日より末期《まつご》の水を汲み初めにけり」。そう言うて汲んで来た。長者殿は、「何ちゅうて汲んで来たか?」ち聞いた。「へい。まずダイダイをお人魂でごぜぇます。ちゅうて投ん込んだりゃあ、ダイダイが土左衛門のごと、ポッカン、ポッカン浮かんじょるもんじゃから、『目ん玉のでんぐり返る明日より末期の水を汲み初めにけり』そう言うて汲んで来た」。「そりゃ、いかん!」。

それから、今度は雑煮を食い始めた。長者の屋敷じゃから、雑煮の中にゃ銭や小判やらが包み込うであった。長者殿が、一口、二口食うてから、箸で小判を挟み上げて、かしこまって、「代々金持ちとは」ち言うたところが、八兵衛、応《こた》えて言うことには、「餅の中から金が出たとじゃから、この身上は持ちかねる。金の中から餅が出たとなら、金持ちじゃけんど。餅の中から金が出たなら、持ちかねる」ち言うて。

長者どんと八兵衛。歳の明け暮れのとんだ笑い話じゃ。

（聞き手　那須　建）

［1］年玉＝歳神様の神霊。年木・餅・ダイダイはその依り代。年玉迎えは、年神様の依り憑いた「年木」を、明き方の山から伐り出して、お迎えして来ること。

［2］明き方＝歳神様が来る方角。

［3］若水＝歳神様すなわち先祖神のいる神の国から寿命・豊饒・夫婦仲等々祝福をもたらすために新年に流れ来る水。邪気を払いすべてのものを若返らせる力を持つ水。これを汲むときは、流れであれば柄杓《ひしゃく》で逆手に汲み取る。柄杓で十文字を描き、接点の水を汲むことが多い。

［4］刳り舟＝椎葉の家には全くといってよいほど井戸がない。ほとんどの家で大きな木を刳り貫いて作った水槽に竹の樋で水槽水を引いて用水にしている。

雲の通い路

昔、椎葉では「年玉迎え」をして、歳の日に火持ちのよい木を丸太のまま伐って来て、囲炉裏に焼《く》べた。「火の伽《とぎ》」ともいう。年神様を迎えるための物忌みである。

全国的な例をみても、細い木を嫌うのは厳粛な神迎えの儀式のためである。三が日まで消してはならぬ、という地方もある。この木を「年玉」というのも、年神様の依り代だからだ。一方、これを「年木」といって、子方や婿方から親方や里方に対して贈る地方もある。門松の根元に立てる割り木に組む地方も多い。五家荘では、正月に戸口に長い丸太が一本立て掛けてあった。佐賀県竹崎観音のように、修正会にたくさんの年木を用意し、次第の中で参拝者に配る所もある。国東半島天念寺修正鬼会の香水棒《こうずいぼう》も、年木だろう。太宰府天満宮の鷽《うそ》替《が》えの鷽、削り掛けと同じもので、豊饒祈願の呪いともなっている。

福岡県黒木町の築地御前祠では、歳末に大木を神前で燃やす。椎葉でも右の昔話のように、鑚《き》った清い火を燃やして年神様をお迎えし、物忌みをしていたのであろう。福岡県新宮町の横大路家では、元旦、家長は誰もまだ来ないうちに、伝教大師が掘ったと伝えられる井戸に行き、まずお汐井（浄い砂）でその井戸を清め、次に餅を投げ入れてお年玉とし、手桶に若水を汲んで帰り、弘法大師が鑚った「消えずの火」でお茶を沸かして仏前に供える。

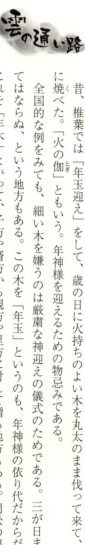

21　初夢は言うもんじゃない

［語り手］那須英一（松尾・水越　昭和5年4月1日生）

昔、ある所《とけ》ぇ、親子三人暮らしておった。お父《とう》一人と、兄《あん》ちゃんと弟《おとと》の子供が二人と、親子三人暮らしておった。正月二日の晩、「今夜は初夢を見る晩じゃが、誰《だれ》が夢見ても言わんがち」、「話さんがち」と、そういう約束をして、寝たげな。

そうして寝て、明くる朝、起きてから、兄ちゃんが、「お前ら初夢を見たか？　俺《おり》は見らん」。お父の方も「俺ゃあ見らん」。したら弟の方が、「俺ゃあ見た」ち。「他《ほか》の者は見らんけど、お前《ま》いが一人見たなら、話せ」。じゃが弟は、「言わん約束じゃったから、言わん」。するとお父は、「そんなら、『親不孝者』ち言うて、訴《うった》えるぞ」ち言うた。そこでお父は役所に訴えた。

役人が、「お前、親不孝したか？」ち聞いた。弟は、「こうこう、こういうわけで、『初夢を見ても、言わんがち』という約束で寝たところが、お父と兄ちゃんとは、夢を見らんがったが、俺ゃ一人、初夢を見た。それで、お父と兄ちゃんは、『お前が一人で見たわけじゃから、話せ』ち言うけんど、話さざったりゃ、『親不孝者』ち、訴えられた」と。ところが役人の言うことにゃあ、「そりゃあ、もうここで話せ。ここで話せば、許してやる」。ところが、弟は、「いや、親にも話さんものを、何で役人に話すものか」と。「よし。お前いは島流しにするぞ」。弟は、島流しになった。

ところが、その弟の乗った船は、鬼ヶ島に流れ着いた。鬼の手下どもは、喜《よろこ》うで、「人ばみ〔1〕が流れて来たぞ。近ごろ、人ばみが来んもんじゃから、腹が減って、もう飢《かつ》え死ぬところじゃった。早うさばって〔2〕嚙《か》まにゃあ」ち言った。ところが、鬼の大将が来て、「どういうわけで、鬼ヶ島へ来たんか。だいたい、ここに悪《わり》ぃことせん奴《やた》ぁ、流れて来んもんじゃが。何か悪ぃことをしたのか?」ち聞いた。それで弟は、「俺ぁ初夢で、いい夢を見たけんど、お父と兄ちゃんは、夢を見らんかった。お父と兄ちゃんは、『話せ』ち言うたけんど、あんまりいい夢じゃったから、話さざった。するとお父は『親不孝』ち言うて、役所に訴えた。役所の役人は、『そういういい夢を見たのなら、ここで話せ。そうすりゃあ、島流しにせんで、許してやる』ち言うたが、『親にも言わんええ夢を、なんで役人にそれを言うものか』ち言うたりゃあ、島流しにおうたんじゃ」。

それを聞いた鬼の大将は、「そうしたりゃあ、そんな初夢の話を、ここで話せ。ここで話せば、お前《ま》いは許してやる」。ところが弟は、「親にも話さん、役人にも話さん初夢の話を、何が鬼に話すもんか」ち言うた。鬼の大将が、「話さんなら、さばって嚙むぞ」ち言うたが、弟は「ほうでもいい。ひっ嚙まれてもいい。親にも、役人にも話さんいい夢を、何が鬼に話すものか」ち言うた。それで鬼の大将は、「よっぽどいい夢じゃ。こりゃあ聞かにゃあならん」ち考えた。

そいから、「これは、世界に一本しかにゃあ金剛杖〔3〕じゃ。この金剛杖と、そのお前いの見た初夢と、替《か》えんか」ち言うた。が、弟は、「そな、替えてもいいけんど、まだ俺ゃ若いもんじゃから、そんな杖突いて歩く必要はねぇ」ち言うた。鬼の大将は、「いや、こりゃあ、突いて歩く杖じゃねぇ。思うことが、何でもかなう金剛杖じゃ。死んだ者でも、もうすぐに生き上がる。何でも自分の思う事が、かなう杖。こりゃあ本物《ほんもの》の、世界に一本しかない金剛杖じゃ」。弟は、「もう他にゃあ何にも使い前はにゃあか?」。すると鬼の大将は、「この杖は、ここで命《いのち》が果つる、と思うた時ぃ、この杖の先で、足のつま先を『南無三宝』ち、突くじった《（突いた）》なら、七里ずつ、ひっ飛ぶ」ち言う。

弟は「そんなら替えてもえぇ」ち、何気なしぃ鬼の大将の金剛杖を取り、いきなり、「南無三宝」ち言うて、足のつま先を突くじった。と、七里飛うで、その度《たび》ぃ「南無三宝」「南無三宝」「南無三宝」ち言うて、突くじっちゃあ、ひっ飛び、突くじっちゃあ、ひっ飛び、七里ずつ飛うで、とうとう大阪の町まで、ひっ飛うだ。

大阪という所《とけ》ぇは、にぎやかい町じゃ。弟《おとと》は、「ええ所《とこ》じゃなぁ」ち思うて歩きおったところ、よい門構えの屋敷があった。そこは東の長者の屋敷じゃった。門番が立っちょったが、様子がおかしい。それで弟は「何か取り込みのようじゃが?」ち聞いた。すると門番は、「昨夜《ゆうべ》から一人娘が死んだとじゃ。みんな悲しみよるとじゃが」ち答えた。そこで弟は、「俺《おれ》は日本一の易者《えきしゃ》[4]じゃ。何も心配するこたぁねぇ。俺がその娘さんを生き上がらせてやろう」。

門番はひっ魂消《たまが》って、長者どんに、「こうこう、こういう若造が、『日本一の易者』ち言うて来ちょるが、『娘さんの命を生き上がらせてやろう』ち、言いよるが」。長者どんは、「早う客座《きゃくざ》に通せ」ち言うて、弟を上座に座らせ、頭を座敷にすりつけて、「どうか可愛い我が娘を生き上がらせてもらいたい」と頼《たの》うだ。弟は、「人の見とう所じゃ理屈《(具合)》が悪い。呪《まじな》いが効《き》かん。娘さんに目隠しして、二階へ上げてくれ。そして、俺が手を叩いたら、上がって来《け》ぇ」ち、言うた。ほして、二階に娘を上げさせて、何かじいっと、呪文を唱える風をして、さぁて、金剛杖を持って、「生き上がれ。生き上がれ」ち言うて、娘を突きくじった。すると、娘が、ごそっと生き上がった。

　弟が手を叩くと、長者どんたちが、我先にと、階段を上がって来た。見ると、娘は生き上がって、座っちょった。長者どんは、そりゃもう喜《よろこ》うで。ほうして、弟に、「お前《ま》い、ここの婿になってくれ」と頼うだ。それで、東の長者どんの娘の婿になった。

　ところが、それから何日も経《た》たんうちぃ、今度は、西の長者どんの娘が死んだ。それで、西の長者どんは、東の長者どんの屋敷に行《い》て、「旦那を雇うて行て、うちの娘を生き上がらせたい」と、弟に向かって、頭を座敷にすりつけて、頼うだ。それで、弟は、西の長者どんの屋敷に行て、やっぱ東の長者どんの娘にしたときと同じようにして、そこの娘を生き上がらせた。ところで、そのとき、西の長者どんの言うことには、「折り入ってのお願いだ。東の長者どんの娘婿だけしていては、困る。どうぞ、うちの婿さんにもなってくれ」。それで弟は、西の長者どん方の娘婿にもなった。

　両方は大金持ちで、東の長者屋敷と、西の長者屋敷との間に橋を架《か》けた。ほうして、ちょうど橋の真ん中に茶屋を作った。それで、上十五日、東の長者どんの屋敷におったなら、東の長者どんの娘が手をひいて、その中の茶屋まで連れて行て、そこには西の長者どんの娘が迎えに来ちょる。下十五日は西の長者どんの娘婿、上十五日は東の長者どんの婿さんに……。

弟が見た初夢は、右の袂《たもと》にはお天道《てんとう》様、左の袂にはお月さんが入った夢じゃった。そういう縁起のよい夢を見たりゃあ、話してはならん。こんな幸運は、向いては来ぬ。じゃから昔の人は、初夢は見たなら、ええ夢を見たなら、人に話すもんじゃない、と申す。かっちり。

（聞き手　清田裕子）

［1］人ばみ＝食べ物にできる人間
［2］さばって＝切りさばいて
［3］金剛杖＝修験者・山伏が持つ杖
［4］易者＝ここでは験者

雲の通い路

初夢は、正月二日のものだ。正月はもちろん歳神を迎える月。神事の月。従って神とともに過ごす神聖な月である。それでこの時期、夢で神から示された啓示は、重視される。当然他人に明かしてはいけない。口外したら台無しになる。弟は口外しなかったからこそ、果報を得ることができたのである。

「夢見小僧」の典型話。分布は全国的。弟は、大阪の長者二軒の婿になった。両家の間には橋が架けられ、中央に茶屋を設けられ、上十五日は東の長者、下十五日は西の長者の婿になったわけ。ちなみに『心中天の網島』の「名残の橋尽くし」でも理解できるように、橋は大阪の財力の象徴で、橋々は大阪の名所である。ことによると、橋の用材は、椎葉の山から伐り出したものかもしれない。

御殿に橋を架ける例は、金閣寺がそうだ。金閣二層目から、前面の鏡湖池の上に橋が架けてあって、渡れば天にも昇る心地だった、という。大阪の空に架け渡すとなると、想像を絶する光景で、その橋を美女に手を引かれて渡るとなると、男冥利に尽きる話である。

弟の初夢は、右の袂にお天道様、左の袂にお月様が入った夢であった。須弥山曼陀羅《しゅみせんまんだら》そのものの夢である。『源氏物語』「若菜」上には、明石入道が、須弥山を右手に持ち、日月が光り輝いて世を照らしている中で、須弥山を海に浮かべ、小舟に乗って西を指して渡る夢を見た、という。その後、入道の孫娘は、今上天皇との間に皇太子を生む。これなど、まさに天下を取る夢である。昔の椎葉の村人が考える夢は、典拠も良質。まことにでっかい。

22　モロメギの木の話

〔語り手〕椎葉歳治
（不土野・向山日添　大正11年5月1日生）

その昔、ある所《とけ》ぇ独身者《ひとりもな》ぁの男が、おったちゅうわい〔1〕。そん男は、毎《みゃ》ぁ月、「神様《かみさみゃ》ぁ、どぎゃあかして、嫁御が欲しいが。そん嫁御は、飯をば食わん嫁御がええくぇ、神様ぁ、どうか俺《おり》ぇ、そぎゃあな嫁御をば、恵うでくれめせ」ちゅうて、拝みおったちゅうわい。そうしたりゃあ、ある日ぃ、ヒョコリえらい美しい別嬪《べっぴん》の、ちょうど嫁入りざかりの女子が、「おりゃあ、飯ゃあ食わんけぇ、嫁御ぇしてくれ」ちゅうて、来たちゅうわい。そうしたもんじゃるけぇ、男は「ウンこらぁ、ええこと！」と思うて、「どうか上がってくれぃ」ちゅうて、話ゃあ決まって、二人ゃあ夫婦《ひとち》ぃなった、ちゅうわい。

そうして一時《いっとき》夫婦ぃおって、「まぁ、どぎゃあしても、朝間《あさみゃ》ぁも、晩も、ほんしゅうに飯をば、食わん。こらぁなんさま、おかしいが」ちゅうて――男所帯じゃったけぇ、大体、米がどのくらいあるか、分かるでしょうが、――ところが、米《こみ》ゃあ在ったとに、減る、ちゅうもんね。「こらぁ、おかしいわい」ちゅうことで、今度は「今日《きゅう》は、どっか、山《やみ》ゃあ行って来るかなぁ」ちゅうて、「まぁ、弁当作れ」ちゅうて、作らせて、山ゃあ行くふりして、背戸屋の方から、家の天井裏《うり》ゃあ上がってから、様子をば、見とったちゅうわい。

そうしとったなりゃあ、嫁御は、米をば炊き始めたちゅうわい。それで「どうすっとじゃろうか？　食うとかな」と思うて見とったところが、食わじぃ。握り飯ぃ作って、後ろの方に、こう後ろ手で投《な》んぎゃりおった。握り飯作っちゃあ、後《うしれ》ぇこう後ろ手で、投んぎゃりおったとわい。不思議なこてぇ、けっきょく、落つっ所は、分からんかったちゅうわい。

一時の間、そのまましとって、男はソロット下りて、日が西の方に傾《かたみ》ぃたこれぇ、山から戻った真似して、「今戻ったぞう」と戻ったちゅうわい。したら嫁御が、「そんなぁ、今度《こんだ》ぁ、俺が芝居して見するけぇ、この桶ぇ入ってみらんかい」ちゅうて、桶を差し出したちゅうわい。若《わき》ぁ男は、山ゃあ行く真似しとって、めんめぇにも非があるもんじゃるけぇ、言うごとせにゃあいかんわい、と思うて、すうぐう桶に入ったちゅうわい。と、桶に入ったと同時ぃ、嫁御が桶をばひっ担ぐなり、裏ん山ん中をば、走って行き始めたちゅうわい。その速ぁこと、速ぁこと——。若ぁ男は、桶から、どぎゃあかして、飛び出そうと、思うたけれども、なかなか、それが出来んかったちゅうわい。

とうとう、ズウダ[2]山の奥ぃ太ぇ洞穴《ほらあな》のあっ所ぇ、さしかかったちゅうわい。そん時ぃ、嫁御が、ダラ《(タラ)》の木ぃ引っかかってよろめいて、顔をば引っかけた、ちゅうわい。若ぁ男が、上をば見ぃたなりゃあ、モロメギ[3]ちゅう木の枝が下がってきとったもんじゃるけぇ、ヒョイト引っ摑まった。と嫁御が、前の方に走って行くもんじゃるけぇ、今度ぁ若ぁ男の身体は、桶からす抜けた。若ぁ男は、モロメギの木ぃぶら下がって、枝をば手繰《たぐ》って登《あ》がって、木の上ぇ上がっておった。そうしたりゃあ、洞穴の中の方で、嫁御の話し声のして、「おかしいなぁ。今まで、確かに入っとったでぇ、入っとらん」。そういう声が、聞こえたちゅうわい。若ぁ男が、じっとして聞いとったなりゃあ、「明日の晩、また俺が行って、今度ぁ蜘蛛《こぶ》になって、捕って来てやる」ち言う。それで、「こりゃあ、えらいことを聞いたわい」と思うて、家ぇ逃げて去《い》んで、今度ぁ、明くる日ぃ、村の若ゃあ者にぇ、皆ぁ、そけぇ来てもろうてない。その話をして、蜘蛛の話になった時い、「蜘蛛が囲炉裏の自在鉤《じざいかぎ》をば、下がって来た時ぃ、生け捕ってやる」ちゅう相談をばしたちゅうわい。

その晩は、正月の六日の晩じゃったちゅうわい。焚《た》き物をいっぴゃあ備えて、村の若ゃあ者をば、皆ぁ頼《たの》うで、来ておってもろうたちゅうわい。明けて正月七日の日ぃ、囲炉裏ぃ火を焚きぁて、待っとったなりゃあ、天井から太ぇ蜘蛛が自在鉤をば辿《たど》って、下りて来たちゅうわい。男は、皆ぁと、その蜘蛛をば、帚で叩ぁて[4]、燃えさかっとった火の中《なき》ゃあ入れて、焼ぁたが、それは鬼じゃった、ちゅうわい。

それで椎葉じゃあ、正月六日に「モロメギ祝い[5]」。そらぁどうゆうことをしおったか、ちゅうと、ダラの木・モロメギの木の御陰で助かったちゅうことで、山からダラの木・モロメギの枝を採って来て、神さみゃあお祝いして、門松に供えて祭りおったわけわい。そして、正月七日には、「鬼火焚き[6]」を始めたちゅうこと。そればっかり。

（聞き手　甲斐眞后、市浦亜希）

［1］わい・ない＝「わい」は…だったのよ、「ない」は……やさしく念をおしたり、同意を求めたりする場合の助詞

［2］ズウダ＝ナラ・ミズナラ・コナラの類

［3］モロメギ＝モミ科の樹木

［4］帚で叩ぁて＝椎葉では帚で人を叩くことはできない、という。

［5］モロメギ祝い＝一月六日、皮を剝いて二十センチほどに切って縦に割ったダラの木と、モロメギの枝を三方に盛って歳神様を祝い、その後、家内の神さまや仏さま、家の両端の柱・門松・水神さま・牛馬の小屋に飾る。

［6］鬼火焚き＝一月七日夕方の子供たちの行事。場所は村の三差路。長さ五十センチくらいに切った新竹を鬼火で炙って、節の中の空気が脹らみ、竹が破裂する直前に、鬼火から出し、岩や樹木に叩きつけて大きな音を立てて魔を祓え、さらにその竹を二センチ幅に割って捩って、「鬼の首をばこう捩れ」と唱えて、家内の神さまや仏さま、その他家の外の門松・水神さま・牛馬の小屋・田圃・畑にも刺して祝った。

雲の通い路

「食わず女房」は全国的に伝承されているが、多くは端午の節句の昔話。ところが、九州ではしばしば正月の昔話になっている。歳治さんの昔話はその典型例である。

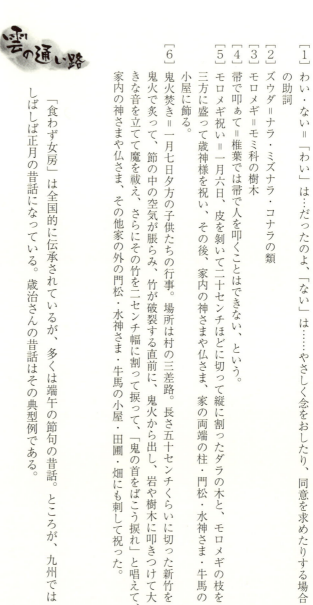

23　福は外　鬼は内

［語り手］那須英一（松尾・水越　昭和5年4月1日生）

昔ある所に、博打《ばくち》の好きな若者がおった。ところが、歳《とし》の暮れから博打に負け続けて、一文も持たんことになった。「今夜は節分じゃが。こりゃあ、人のせんことをやってみらにゃあいかん」。そうして大豆《だいず》豆《まめ》を炒《い》って、豆撒《ま》きを始めた。他人《ひと》は「福は内、鬼は外」と、豆を撒くものじゃが、博打坊《ばくちぼう》は、一人だけ、「福は外、鬼は内」ち言うて豆を撒きよった。

そうしたら、そこに大きな赤鬼がやって来た。「誰《だれ》も俺に、宿を貸さんとに、宿を貸してくれた者は、お前だけじゃ。御蔭《おかげ》で、今晩は寒い目にあわずに寝られる」と、赤鬼は喜《よろこ》うだ。じゃが、大けな赤鬼といっしょに寝るにゃ、家が細《こま》かもんじゃから、博打坊の家じゃ、なかなかやおお（簡単には片付かない）いかん。博打坊は、赤鬼に頼んだ。「宿はするけんど、ひとつサイコロに化けて、今夜は、俺に、一儲《ひともう》けさせてくれんか」。そしたりゃ、赤鬼は、隣の部屋でゴロンゴロンこけて歩きよった。そして「これでええか？」ち言う。見たところ一升枡《いっしょうます》ほどになっておる。「いや。それでは、壺の中には入らん。まっと、細《こも》うなれ。サイコロになれ」。……サイコロになった。

博打坊は、そのサイコロを懐に、博打場に行《い》た。そうして「今夜は俺にサイコロを振らせてくれ」と頼んだ。博打坊がそのサイコロを振り始めると、瞬く間に、皆んなの銭を取ってしもうた。

博打仲間の者たちゃあ、「お前ぇの持って来たサイはイカサマザイじゃあにゃあか」と凄《すご》んだ。博打坊は、壺の中にそのサイコロを入れて、もういっぺんその壺を振って、「ここでいっぱい赤鬼さん！」ちゅうて言うたところが、壺の中から、大けな大けな赤鬼が、仁王立ちに立ち上がった！

博打仲間は、「命は芋種《いもだね》、唐芋種《からいもだね》じゃ［1］」ち言うてクモの子を散らすように逃げてしもうた。

時には鬼の宿もするもんじゃ。そういう節分のお話。

（聞き手　今泉明子）

［1］命は芋種、唐芋種＝生命は、サツマイモの種芋に相当する。サツマイモが貴重な食料だったことを示す重要な言葉。

雲の通い路

近代神道の創始者、日本のマルチン・ルーテルともいうべき黒住宗忠の和歌に、

鬼追はず　福を求めず　我はただ　追はれし鬼を　福に導く

がある。ある年の節分に、宗忠に代わって鬼打ち豆を撒いていた夫人が、誤って「福は外　鬼は内」と言ってしまい、その粗相を詫びたところ、宗忠は「いや、大変結構な言葉と思った」と夫人の労をねぎらったという。そして後で門弟たちに「世間では『福は内』と言って、皆して自宅に福を呼び込もうとするが、そんなことをしていたら、福は少ししか来なくなってしまう。一軒くらいは人に譲る家があってよいではないか」と笑って、右の和歌を示したという。

奥の深い言葉だが、椎葉村の昔話では、これとよく通じる伝承になっている。ほんとうに椎葉村民の教養レベルは高いと思う。その証拠に、この話も笑い話にまとめられている。笑う門には、福来るというではないか。

24　七夕のお話

［語り手］　那須英一
（松尾・水越　昭和5年4月1日生）

大昔の事じゃった。ある海辺の村の、松原の近くに、一人の若者が住んじょったそうな。若者は、家の周りに狭い畑を耕して、作物を作っておった。天気の良え《え》日には、海にも出て、魚を捕って暮らしておったそうじゃ。

ある夏の暑い日のことじゃった。ちょうど天気が良えから、魚を捕りに浜に出て行きよったら、松原の近くに来ると、良え匂《にお》いがしておった。見ると、松の木の枝に、何か掛かっちょった。若者が近づいてみると、それは、見たこともないような、真っ白な、着物じゃった。「こりゃあ、良え物を見付けたわい。持って帰って、家の宝にせにゃあいかん」。若者は漁に出ることは取りやめて、その着物を持って、家に戻った。それから、竹山に行て、竹を切って来て、それを割って、竹籠《たけかご》を作った。そうして、その中に着物を入れて、蔵の戸棚の奥にしまっておいた。

三日ほど経《た》ってから、若者の家に、ムラでは見掛けない、良え女子《おなご》がやって来た。女子の言うことにゃあ、「私は、星の世界の者です。三日前に、この浜辺に降りて来て、あまりの暑さに松の木の枝に羽衣を掛けて、水浴びをしておりました。水浴びがすんでから、星の世界に帰ろうと思うて、羽衣を掛けた松の木の所まで来てみますけれども、羽衣が見付かりません。三日間、この松原を、端から端まで探し廻ってみたけれど、とうとう見付かりませんでした。もう、私は、星の世界に戻ることができません。私を、この家においてください。お前さんの、嫁御《よーめご》にしてください。一生懸命働きます。よろしくお願いします」。若者は「願っても無《ね》ぇことだ」ちて言うて、この星の世界から来たという女子を、嫁御にすることにした。

嫁御は、一生懸命働いた。若者の身の回りの世話もしてくれたし、畑の仕事も一生懸命してくれた。それから十月《とつき》ほど暮らしておるうちに、その嫁御が、男の子を産んだ。嫁御は「坊や　坊や」ちて言うて、大変な可愛がりようじゃった。

坊やは、ドンドン　ドンドン大きくなって、七歳になったころのことじゃった。若者――坊やのお父《とう》は、坊やに「この家には宝物がある。おっ母《かあ》には、決して教えるじゃあないぞ」ちて、「蔵の戸棚の奥の竹籠の中には、宝物が入れてある」ちて言うた。言うておいて、お父は、漁に出掛けて行てしもうた。それで坊やは、おっ母に「この家には大切な宝物がある。お父が、『おっ母にゃ、決して言うじゃあないぞ』ちて言うて、漁に出掛けて行たが」そう言って、坊やは蔵に行て、戸棚を開けて、竹籠を持ち出して来て、おっ母に渡した。

おっ母が、蓋《ふた》を取ってみると、その中には、八年前、おっ母が浜の松の木の枝に掛けておいた、あの羽衣があった。おっ母は、その羽衣を着て、坊やに舞をして見せたそうじゃ。それから、前の畑に行て、大けな西瓜《すいか》を採って来て、「この西瓜を、坊やと二人で食べにゃいかん。この西瓜から出る西瓜の汁を、一滴《ひとしずく》も零《こぼ》さんように食べることができたなら、おっ母は、この家で、坊やといっしょに暮らすことができる」ちて言うて、西瓜を二つに割った。坊やがその西瓜を食《く》おうとすると、西瓜の中から汁が水のごと流れ出た。それが、ドンドン　ドンドン流れ出て、溢《あふ》れて大けな川になった。おっ母は、川向こうの岸まで、羽衣で舞《も》うて行てしもうた。驚いて坊やは、「おっ母ぁ。おっ母あ」ちて言うて叫んだ。ところが、おっ母は、「お父と、仲良うして暮らしておれ。七日《なのか》、七日には来て、また逢《あ》うから」ちて言うた。

　ところが、坊やは「七月のやぁ?」ちて聞き返した。するとおっ母は、頷《うなず》きながら、星の世界に昇って行てしもうた。坊やが、「七月のやぁ?」ちて言うてしもうたもんじゃから、毎年一回、七月七日だけ、おっ母は、坊やに逢いに来たそうじゃ。西瓜の中から流れ出た水が、今の天の川ということじゃ。坊やは、七月七日になると笹竹を切って来て、軒端に立てて、それに、おっ母への願い事を書いて、そのおっ母の来るのを待っておった。おっ母と坊やの悲しいお話。

（聞き手　井上芳子）

雲の通い路

織姫星と牽牛星が逢引きをするという一般的な七夕の昔話ではない。英一さんの昔話は、九州中央山地の椎葉村の昔話というよりは、いつもながら全国的なのが、うれしい。英一さんが、全国的にも横綱格の昔話伝承者であることは、かねてから分かっていたことだが、今回初めて英一さんご自身の口からその理由を伺った。

　英一さんの母堂は、ミツ様とおっしゃって、明治二十四年生まれの人。英一さんは昭和五年の生まれだから、ミツ様三十九歳のお子である。年とってからの子は可愛い。英一さんは、ミツ様にことのほか可愛がられたようだ。小学校低学年まで、ミツ様の膝《ひざ》から離れたことがない、という溺愛ぶりだった、という。英一さんは、このミツ様の膝の上で、昔話を楽しんだ。

ミツ様の先祖は、延岡内藤藩のカギ役だった、という。故あって脱藩。椎葉に隠れ住んだ。従って本名は伝わっていない。ただ人徳隠れもなく、ムラ人から慕われるようになり、乞われて寺子屋の師匠になった。最近まで水越集落「奥のサエ」にその墓があったそうだ。椎葉では、椎葉勝右衛門を名乗っていた、という。徳川も末のことのようだ。

勝右衛門には実子がなく、養子を入れて万次郎といった。その子が角弥。ミツ様はその娘で、那須家に嫁いで来られたという。英一さんの昔話が教育的なことは、ご先祖が寺子屋のお師匠さんだったためであるし、もともと延岡内藤藩は文化レベルの高い家柄。伝えられた昔話が高度、しかも全国規模だったのもそのためのようである。英一さんは昔話伝承者としては、全国的にも横綱格。言語明瞭、明晰な方で、話型もキッチリしており、何回話をとっても、一言一句変わることがなかった。結末句の「……と申す。かっちり」は椎葉根生いの話、「……というお話」は寺子屋のものではないか、とのことである。

椎葉は九州山地の僻村ながら、ムラ人の教養については、格段に高い。外界からの優秀な人を大切にしてきたからである。

25　十五夜のお供え物

［語り手］　椎　葉　ユキノ
（大河内・臼杵俣　昭和6年7月29日生）

十五夜の晩にはなぁ、秋穫れるトウキビとかイモ［1］などを、お月ご天道様［2］にお供えすっとぞ。それにお餅やら団子《だご》を作り、臼の上に箕《み》をあげて、東の方に向くるとわい。そして一升枡《いっしょうます》と丸いメンパ［3］に入れて供え、ススキの穂・キキョウ・オミナエシを瓶に活けて供えて、「作物がよくできました。ありがとうございます」って拝むとぞ。今も昔もなぁ、百姓は作物がようでけにゃあ難儀坊《なんぎぼう》になるとぞ。大事《でぇじ》な祝い事よなぁ。

昔なぁ、十五夜の夜、身なりの悪《わり》ぃよそ者が来て、「何か食わせてくれんかのう」と言うたったちゅうわい。そうしたりゃ、嫁女《よめじょ》が団子をば半分に切って食べさせたっちゅうぞ。そうしたりゃ、勧進《かんじん》［4］みたいなよそ者は、「十五夜に片割れ月はなきものが、雲に隠れてここに片割れ」と一言、歌詠《よ》みをば残して行たったちゅうぞ。

「どうしたものだっちろうかい」って、うちの者は不審《ふしん》に思うたったちゅうがな。後で聞いたりゃあ、弘法大師《こうぼうだいし》じゃったちゅう話。

それからは、十五夜によそ者が来ても、丸い物をやって食わせるもの、と言い残されとるぞ。それと、正月の歳の夜も、ようまかなうもの。福の神が化けて来るっちゅうものぞ、と言いおったがなぁ。

（聞き手　林　文香）

［1］イモ＝里イモ・唐イモ（薩摩芋）を供えた。
［2］月ご天道様＝月と太陽と。椎葉でよく使う言葉
［3］メンパ＝曲げ物
［4］勧進＝ここでは放浪者

雲の通い路

弘法大師のこの種の伝説は、日本昔話大成では「大歳の客」に分類する。この昔話では、旧八月十五日の芋名月の夜の祭りになっている。芋名月はやはり収穫祭である。嫁は婚家ではとかく遠慮がちなものだったが、昔から十五夜の晩だけは、餅も団子も腹一杯食べることができた。そんな立場の嫁が、巡錫中の弘法大師に団子一つを惜しみ、半分しか差し上げなかったという話。全国的にも十五夜の供え物は、子どもたちが他家のお供え物を盗みにやって来るのをわざと許す風習がある。

椎葉
あれこれ

椎葉の正月行事

向山日添地区のモグラウチ

松尾地区の注連縄

〈ねや起きて　四方ゆるりの隅見れば
燃え立つ煙は不動権現　鈎と自在は弥陀のお姿〉

元日の明けきらぬ朝、家主のとなえる「正月の呪文」である。

新春を迎える年始の儀礼は、椎葉では大晦日から始まる。この日、各家では門松を立て、屋内には注連縄を張り、正月飾りを整えた後、山の神・日の神・水神・荒神などに御幣を捧げる。そして元旦の朝は、家主が家族の誰よりも早く起床し、若水を汲みに出かけるが、この時、寝室の戸を開ける時や着物に袖を通す時に呪文などを唱える。

椎葉の門松は、入口に松と竹を両側に二本立て、それぞれの松にトシギと呼ばれる樫の木三本を立て掛ける。注連縄は細く、トビ紙とシキビ、ユズリハを付けるが、地区によっては注連縄にカケグリ(御神酒を入れる竹筒)を下げる所もある。十根川地区では、「蘇民将来子孫の門也」と記した護符を付ける。

年始の行事につづいて村内各地では、正月七日の鬼火焚き、正月十四日のメージョウ(餅花)飾りやモグラウチ(または鳥追い)などの小正月行事が行われる。メージョウにはヒエやアワなども吊り下げられ、また猟師の家ではこの日、猪や鹿が獲れると、家の前に獲物を吊り下げメージョウを飾って祝った。これらの行事は、かつてはどこの集落や家庭でも行われていたが、現在では過疎化の影響を受け、簡素化されたり、行事ができなくなったりしている。

26　河童がアケブを取る話

〔語り手〕椎葉　ユキノ
（大河内・臼杵俣　昭和6年7月29日生）

わがども《(お前たち)》なぁ、今日は山へ稗《ひえ》をば刈りに[1]行とったりゃあ、「ヨイヨイ　ヨイヨイ[2]」て言うて、山の中から音がするから、それからゆう《(よく)》と見とった。ところがなぁ、三つ児のごたるとが、木の枝からおって、右の手を伸ばせば、右さねぇ長うなり、左の手を伸ばせば、左さねぇ長うなりしとってなぁ、アケブ《(アケビ)》をば取って、食ちゃあ皮を投げ、食ちゃあ投げしとって、見とったりゃあ、「ヨイヨイ、ヨイヨイ」とおらぶ《(叫ぶ)》もんじゃから、おずう《(怖く)》なって、背中にゃ水流すごと身の毛が立ったったぞ。

二番憩《よく》ぇ[3]ごろまでにしまうとじゃったが、稗刈りをばしまわじぃ戻って来たったわい。そうして、隣の清助おっちい《(小父さん)》に、「今日は河童[4]じゃったろう、こうこうしたものがおってなお[5]、木の枝から見とるもんじゃるから、早う戻って来たとこばお[6]」って話したら、「そげぇなものを見たときゃあ、早う戻って来るもんぞ。一人で行とっときゃ大事じゃるからなぁ」と言いおったぞ。河童ちゅうとは、三つ児ばかりの、面が真っ赤《け》ぇ色しとったわい。

（聞き手　林　文香）

［1］山に稗をば刈りに＝五月下旬〜六月上旬ごろ焼き畑に蒔いた稗を（なお、種まきは、椎葉クニ子さんによると、ミズシの花芽を見て蒔くという）、九月終わりから十月の霜が降りるころ刈り取る。

［2］ヨイヨイ＝今では聞かないが、昔はオバネでよく聞こえた、という。見えるものではない。近くから聞くと「グズグズ」という。山鳥の声に似ている。

［3］二番憩ぇ＝午後二時の食事休憩。起床は五時ごろ。朝飯を食べ、まだ暗いうちに星をいただいてコバに行く。一番憩ぇは午前十時。メンパに詰めて来た稗飯を半分だけ食べる。惣菜は漬物。シオイワシかシオクジラが入っていればご馳走である。正午の休憩はない。二番憩ぇは午後二時。メンパの残り半分を食べる。宵の明星が出て仕事をやめて帰宅する。夕飯は、夏なら午後八時か九時ごろだった。

［4］河童＝三歳時くらいの背丈というのは全国共通である。顔が赤いということは猿を連想してのことだろうか。一般には河童は川の神・田の神の零落したものと信じられる。しかし、椎葉では春・夏・秋は川や田圃にいて、晩秋刈り入れがすむと山に帰って来て、山の神になる、と聞いたことがある。アケビの実は秋に熟すから、晩秋の話かもしれない。右の腕を右に伸ばすと右腕が長くなり、左の腕を左に伸ばすと左腕が長くなる、というのは案山子からの発想である。案山子は田の神だからである。

［5］なお＝助詞のヨ・ネと同じに使う。少し丁寧でやさしい。

［6］ばお＝助詞のヨ・ネと同じに使う。遠慮の要らない間で使う。

雲の通い路

やはり椎葉は文章表現力が高い。「背中にゃ水流すごと身の毛がたった」など実に巧みだ。椎葉村のことではないが、昭和三十年の晩夏、五家荘で異様な声が空を渡るのを聞いたことがある。年寄りが、「ああ河童が山に帰って来た」と教えてくれたことを思い出す。このことについては30話「兵主坊と猿の生肝」の解説で詳しくとりあげよう。

27　仏説水神経

［語り手］甲斐弥三郎
（下福良・野老ケ八重　大正元年9月25日生）

そうしてまたぁ、おぜぇ《(恐ろしい)》ことがあったと。

「どうかこらぁ[1]。魚釣りに行くわいっ」ち言うて川ぇ行っとった息子が、帰って来《こ》んち言うて、「皆んな探しぃ行てくれんかぁ」ち言うて、その集落の腕切れ[2]たちが、「川に行っとるじゃろう。行てみんか」ちゅうことで、さあ、川下に行てみた。ところが、「あら、見ろう。あそこにおるが。笑《わろ》うて立っとるが。腰立ちぐらいして、笑うて立っとる。おかしいなぁ」ち言うことで、引っ張り上げようとするが、さぁ、どうしてもその息子が、倒れん。動《いご》かん、ってわけ。

「不思議ぞ、こらぁ。兵主坊《ひょうすぼう》《(河童)》ちゅうとは、人間の尻子《しりこ》を抜くっ、ちゅう話がありよったぞ。待ってみよ。こらぁ、方法があるぞ」

その男は、手《て》掻《が》き鎌《かま》《(草刈り鎌)》ちゅうて、細《こま》い草刈り鎌を持っちょった。草を刈ってハミキリ[3]に草をはまらかして《(間に挟んで)》、切っては牛をまかなうための鎌を持っちょった。「これでなあ。くろを《(その周辺)》切り回して、今度は、経文《きょうもん》を読まにゃ、こらぁいかん」ちゅうわけ。

「兵主坊が捕まえておるごたぁ。そん人は《(兵主坊)》、水神様になっちよう人じゃ。兵主坊いうても、水神様じゃが。それで、経文読まにゃいかん。そうして三回読《よ》うで、兵主坊を踏まにゃ、倒れんぞ、

こらぁ」。経文をその男が知っておって、「手掻き鎌で水を切り回して、『仏説経』を三回読まにゃ、いかんとぞ」ち言うて、

「そもそも、ぶっせつきょうともうす。ぶっせつすいじんだらにきょう。にょぜがもん　いちじぶつ　ざいじゅうぐう　せんちゅうようだいびぃくう　じょうせんにひゃくごじゅうにん　ぐがいぜったいじん　ほうべん　えいげつ　えいが　ぜったいみんじん　しちとうがぁぐう　はっしょうどう　まんぶつきょう　だいかんけすいじんぶぎょう[4]　だらにきょうともうす。かみにはすいじん　しもにはりゅうぐう　なかにしらなみ　たったばや　そわか　あびらおんけんそわか　あびらおんけんそわか」

三回言うかたてぇ《（言う合間）》に息子のくろを、手掻き鎌でかき回してから、ふんだりゃぁ、その息子が倒れたちゅうこと。それから、「おい、お前たち。加勢せい」ちゅうことで、川中から抱えて上げたところが、尻ぺたが血もどろ《（血まみれ）》さんちゅうわけ。それまで、息子を捕まえとったたってわけ。

それで経文っちゅうは、大事じゃなぁ、ってこと。『水神経』ちゅうとは、やっぱ皆んなあ、知っちょらなでけん《（いけない）》なぁ、川に行たときは。ち言うこと。

（聞き手　原田由香里）

[1] どうかこらぁ＝さぁて。よぅし。掛け声
[2] 腕切れ＝腕ききの人。能力のある人
[3] ハミキリ＝家畜の餌草を切る道具

［4］だいかんけすいじんぶぎょう＝大菅家水神奉行。『道賢上人冥土記』によると、菅原道真は、大政威徳天とも呼ばれ、十六万八千の悪神を眷属《けんぞく》としているが、道真の尊像を刻み、その名号を称えれば必ず救ってくれる、とある。

雲の通い路

河童に尻を抜かれないための呪文の和歌と伝説がある。大分県速見郡日出《ひじ》町に、「いにしえの約束せしを忘るるな川立男我も菅原」という河童除けの呪文が伝わっている。昔、菅原与一郎という男が、日出城の外堀のトントロ川で泳いでいると、河童に足を引っ張られたので、その河童と、水中で格闘になった。やっつけられた河童は「これからは菅原様には祟りません」と約束し、そばの石に、詫び証文を書いた。が、すっかりしょげきった河童がかわいそうになってしまった与一郎は、年に一度、藩内の河童を屋敷に招き、酒や踊り、さらには相撲大会まで開いたという（『豊国筑紫路の伝説』）。

この呪文は、日出町ばかりではなくて福岡県嘉穂郡稲築町（現嘉麻市）漆生、佐賀県武雄市橘町潮見神社、長崎県諫早市南郊（旧兵揃村）、（『和漢三才図会』肥前八〇）、長崎県壱岐郡芦辺町（現壱岐市）箱崎谷江触の谷江川の旧六月二十九日に行われる夏越の祓の呪符でもみられる。多少の違いはあるものの全く同内容の呪文で、「菅原様には決して祟らない」というかねての約束を忘れるな、お前が今襲おうとしている、もしくは襲っている「川立男」も菅原氏の男だよ、という趣旨に変わりはない。管見にかかった限りでは長野県長野市極野の一例を除いては、ほとんど九州横断で伝承されている（『天神伝説のすべてとその信仰』）。

ところで、甲斐弥三郎氏の右の『仏説水神経』は、琵琶をこととする天台宗の玄清法流の『台玄課誦』中にも収められていて、井戸の祓え等に読誦されている。弥三郎氏伝承の『水神経』よりやや長い。同じ天台宗で薩摩琵琶の常楽院法流でも『水神経』は伝えられていて、やはり井戸の祓えなどに読誦されているが、「だいかんけすいじんぶぎょう」の件《くだ》りは入っていない。日向は常楽院流に属するはずだが、県北の椎葉村の場合阿蘇家支配の時代もある。ことによると阿蘇修験道古坊中の『那羅延坊』の活動の結果かも知れない。なお、菅原与一郎は日出木下家の出で、江戸初期、北野天満宮梅松院に嫁した姫の遺児で、木下藩で百五十石相伴衆だったが、後、熊本・八代・長崎と所々徘徊していた男という(『日出町史』)。

28　河童と善宗《ぜんしゅう》

［語り手］椎葉ツル
（不土野・向山日当　明治41年2月25日生）

昔、ある所《とけ》ぇ、善宗という者が住んどったそうなぁ。善宗は川が好きで、日々《ひんび》(毎日毎日)ぃ川ぁ遊《あす》びぃ行きおったそうなぁ。そうしたりゃあ、河童が出て来て、「相撲取って遊ぼうや」と言うたそうな。善宗は「おぉ、取ろうや」ちゅうて、日々ぃ行くけども、どうしても河童にゃあ勝てんそうなぁ。そこで善宗は、寺《てり》ゃあ行き、坊さんにその話をしたそうなぁ。坊さんの言うこてぇにゃ、「仏様あげるお鉢さん[1]を食《く》て行けば、勝つけぇ」と教《おそ》えたそうなぁ。そこで善宗は、お鉢さんをもろうて食てぃ、いつものごと川ぁ行てみたりゃあ、河童は、やっぱり待っとったそうなぁ。善宗は、「今日は負けんぞ」と思うて、その河童と相撲取った。ところが、ほんしゅうに[2]今度《こんだ》ぁ勝ったそうなぁ。

河童は、いつも頭ぁ皿のわくのごたるとをば載せておって、水がいつも溜《たま》っとったちゅうどもが[3]、河童が負けたちゅうわい。皿のごたるわくの水がこぼれてしもうて、無かったちゅうわい。負けた河童は、泣くがつごう[4]川の中ぁ逃げ込《く》うだそうなぁ。それぱっかり。

じゃるけぇ、寺参り行ったときゃあ、お鉢さんはちっとでも食て戻るものだ、と聞かされておった。今でも善宗淵というて、淵が下の川[5]ぁあるわい。それぱっかり。

（聞き手　椎葉マル子、米満　泉・吉田扶希子・村岡良美）

［1］お鉢さん＝ご飯のこと。ここでは、仏飯・仏餉《ぶっしょう》のこと。ツルさんの家の嫁、椎葉マル子さん（昭和15年生）は、日添の称専坊がご実家だが、檀家の人々は、例えば初七日・三十五日・四十九日等々法事の時は、五合くらいのお米を持参して炊いてもらい、仏前に供えてお供養しその後、必ず味噌汁と香物とで遺族が分けて食べたもの、という。
［2］ほんしゅうに＝ほんとうに
［3］どもが＝けれども
［4］泣くがつごう＝泣きながら
［5］下の川＝日当と日添との間を流れる向山川。耳川の最上流。善宗淵は森の中の深い川の淵で、マル子さんは泳いだ記憶はない、という。

雲の通い路

河童が仏飯に弱かった、という昔話。

この昔話の場合、お鉢とは、仏飯・仏餉・お御供《ごくう》のことである。右昔話中の「お鉢さん」とは御飯を盛る器である。いったいホトケの語源は「缶《ホトキ》」のことで、本来は仏前に供え物をする行器《ほかい》のことである。柳田国男翁の『先祖の話』によれば、「ホトケ」はもともと器物の名称であったが、後、意味が敷衍《ふえん》されて用いられ、仏・霊魂・神霊のことを指すようになった、という。

水戸黄門が、俵に腰掛けて、ムラのお婆さんから火吹き竹で叩かれる話があるが、俵の中の米が神仏に等しい尊いものだったからである。実際、昔、お米のことをボサツサマと呼ぶお年寄りもいた。右昔話中の「お鉢さん」は尊い神仏であったのである。

29　河童と米蔵爺《よねぞう》

［語り手］那須袈人
（大河内・雨木　昭和5年12月28日生）

昔なぁ、米蔵爺ちゅうとが、山《やめ》えすず竹（クマザサ）で、小屋作ったちゅう。そうしたら、毎晩《めぇばん》のごと、こさぐらけぇて[1]、眠れんかった。ガサガサいうもんじゃから、どうしても眠れんで……。それから、その晩は、どうしても眠れんから、行ってみたところが、河童がおったちゅう。その河童は米蔵爺にたどっちぃてきて[2]、米蔵爺は、その河童と、相撲取りしたったって。そうしたら、河童が負けて逃げたっちゅう。そうしてみれば、何《なあに》が河童の通り道に、小屋作っとったもぉんじゃったから、河童が、毎晩、腹けぇて（怒って）来よったふうじゃったちゅう。

（聞き手　林　文香）

[1] こさぐらけぇて＝ガサガサ音を立てて
[2] たどっちぃてきて＝近寄り掴《つか》みかかって

雲の通い路

椎葉ユキノさん（昭和六年生まれ）・椎葉クニ子さん（大正十三年生まれ）によると、河童は、三歳児くらいで、犬のような体型。頭は大きく、擂鉢のようになっていて水が溜まっている。頭に水がある限り、非常に強い。だから山で何か恐ろしい物に出会ったら、まずお辞儀をするとよい、もし河童であればそれで助かる。右手を延ばせば右手がとても長く延び、左手を延ばせば左手がまた長く延びる。「川の者」「水の神さま」ともいう。僅かな水たまりにもいる。

だいたい、戸外に出たら「河童」のことなど口にしたらいけない。必ず河童が災いする。また川を渡るときは、必ず刃物を持って渡らなければならない。河童は金気の刃物を嫌うからだ。もし川を渡るときに、川水がネバネバと濁るようだったら、それは河童の仕業だから、手に持った刃物で、辺りの川水を切り回すとよい。次第に水は澄んでくるはずだ。駄賃付けのときによくあることだが、河童が、牛馬を川に引きずり込もうとすることがあった。かばおうとすると、今度はかばおうとした人間を川に引きずり込む。

「川にいたら水神。山にいたら山神」という。春・夏は川にいて、秋・冬は山にいる。山方は、山仕事で山に入ったら、まず「朝丁場（朝の仕事）」と言って、火を焚いて、いったん煙草して（休んで）から仕事にかかるものだ。仮にも、いきなり仕事にかかって河童をびっくりさせてはならない。河童は移動するとき、遠くではカン高い美しい声で鳴く。近くでは「ヨイヨイヨイヨイ」と言いながら通って行くという。

いつもながらユキノさん・クニ子さんにうかがうと、まるで『民俗学事典』のような答えがかえってくる。

30　兵主坊《ひょうすぼう》と猿の生肝《いきぎも》

［語り手］那須　英一
（松尾・水越　昭和5年4月1日生）

昔ある所《とけ》ぇ、一匹の猿がおったげな。その猿が川に出て、水浴びをしよったそうな。そこに兵主坊《（河童）》が出て来て、「おい、お猿どん。竜宮城はよか所ぞ。俺がその、お前を竜宮世界に連れて行くわい」ち言うた。

それでその猿は、兵主坊に誘われて、竜宮世界へ行くことにした。それで兵主坊の後をつけて川を泳いで、山を下った。そして広い海ぃ出た。それから、兵主坊と海の中にすみこうで《（潜っていって）》、竜宮世界に行《い》た。

竜宮城に着くと、兵主坊は猿を門の前に立たせておいて、「ちょっと待っちょけ」ち言うて、待たせておいて、自分だけ竜宮城の中へ入って行た。それで猿は、門の辺りを見て廻った。「良か所じゃなぁ」ちて思うてキョロキョロしておったところが、その時ぃ、貝殻坊が出て来て、「お前は、どうして、ここに来たとか？　今、この竜宮城の乙姫さまが、猿の生き肝をば食わんと治らんような重い病気に罹《かか》っちょる。お前は、今日にも殺されて、生き肝をば取られるわい」。

驚いた猿は、「これは困ったことじゃ」ちて思って泣きよった。そこに兵主坊が出て来た。そして「お猿どん、どうして泣くか？」。

それで猿の言うことには、「俺の生き肝にぃ、虫が付いておったから、水浴びしておった山の、あの河原の中の岩の上に、虫干ししておいたとじゃが、早う戻って、生き肝を取って直さにゃ[1]、烏《からす》や鳶《とんび》かが、うち食うたなりゃ、俺《おり》ゃあ死ぬる。早う戻ってみらにゃあ！」ちて言うた。

驚いた兵主坊は、猿をば急がせて、もとの山の水浴びしていた河原まで戻ってみた。そして、「おい、お猿どん。どの岩に干してあるか？」。

兵主坊は、猿の見付けんうちぃ生き肝をば拾うわにゃあいかんと、一生懸命に探しよった。そしたりゃ、その兵主坊の首をば猿が摑《つこ》うで、「生き肝をば、腹から出したり入れたり出来るものか。貝殻坊が言うて聞かせたが、俺を騙《だま》して海に連れて行て、俺の生き肝をば竜宮城の乙姫さまに食わそうと、連れて行たじゃろうが。この馬鹿兵主坊！」ちて言うて、力まかせに兵主坊をば、岩に投げつけた。

それまでは、兵主坊の頭は、実は窪《くぼ》っては、おらんかったそうじゃ。が、怒った猿に投げられて、兵主坊の頭は岩にあたって、それからというものは、今のように窪んでしもうたちゅう、と申す。かっちり。

（聞き手　市浦亜希・吉田扶希子・田籠聖子・山崎理英子・古賀淳子）

[1] 直さにゃ＝元通りきちんと整えないと

雲の通い路

以前、河童がよく出るのは、満潮時、満ちて川を上る海水と、上流から流れ下る淡水との交わる辺り、と学会で報告されたことがあった。確かに福岡県の筑後川を例に取っていえば、河童を祭ることで有名な久留米市の旧県社水天宮は、有明海の海水が上がる同市内豆津橋に近い場所に鎮座しているのだが、そればかりともいえない。も少し上流の同県久留米市田主丸町・同県うきは市・同県朝倉市でも「出た」「見た」と言うし、民話もある。うきは市を流れる筑後川の支流巨瀬川《こせがわ》の巨瀬入道（平清盛だという）なる河童もいる。これが水天宮に祭る二位尼平時子の女河童と、巨瀬川と筑後川の合流点である久留米市大橋町辺りで相逢う時、筑後川は必ず大洪水を起こすという。この付近にはもう海水は上って来ない。中流域である。

また、椎葉村に河童がいるのをみても、それと限ることではない。山にもいるという。そればかりではない。この英一さんの昔話で非常に大切なことは、河童が海と山とを行き来していることである。

かつて私が昭和三十年の夏の終わりに、恩師石上堅教授に連れられて、椎葉をはじめ九州中央山地を旅したとき、河童は春・夏・秋は里に居り、秋の終わりになると山に帰って来る、と聞いたことがある。五家荘でのことだった。ちょうどその時、夏の終わりだったが空を飛ぶ異様な鳥の声を聞いたが、そのとき、それを教えてくれたお年寄りが、「そら、あれがそうだ。河童が山に帰って来た」と教えてくれて、非常に驚いたことがある。半世紀も、五家荘のどこでだったのかは記憶していないが、今、私は大変貴重な民俗資料を、英一さんからご教示いただいたことになる。お話もおもしろい。英一さんによれば、椎葉の河童は海と山とを往復する。それも海を本拠にして、乙姫さまの家来でもあるらしい。こうなると、椎葉の河童は単に「川の神」・「水神」であると同時に、きわめて「田の神」ないし「天神」に近いようにも思える。

31 河童《がわっぱ》の恩返し

［語り手］椎葉 ユキノ
（大河内・臼杵俣 昭和6年7月29日生）

昔なぁ、馬をば田《た》の代明《しろぁ》けに引いて行《い》てぇ、夕さしねぇ戻って来て、川へ行てぇ馬をば洗《あろ》うて、また引いて帰り、馬小屋に入れて見たりゃあ、馬の尻尾に河童が、かがりちぃとって、馬が騒動するとちゅうわい。それでなぁ、馬をば撫《な》でてやりおったりゃあ、おとなしゅうなり、やっと河童をば引き離《はね》ぇてやり、その河童に、「かがむがちしゅうや［1］」って、おっちぃさん《（小父さん）》が、かごうだり、頭を上げたりしたりゃ、河童も、かごうでなぁ、頭の皿の水が無《の》うなってしもうて、力が弱《よお》うなって、相撲に負けた、ちゅうぞ。

それからおっちぃは「これから悪《わり》ぃこたぁするな」って言うて、河童の頭に水を掛けてやり、川に連れて行って、「もう出て来るな」って、放してやったちゅうわい。

それから七日ばかりしてからなぁ、馬小屋にエノハ《（山女＝ヤマメ）》の魚が、毎朝ぁ一尾《いっぴき》ずつ持って来てあったちゅうたがなぁ。河童も、悪ぃことしたと思うもんじゃるけぇ、助けてもろうた恩返しに、エノハを、毎日、置いて行ったとじゃろう。

（聞き手 林 文香）

［1］かがむがちしゅうや＝互いにお辞儀をしようや

32　河童《がわっぱ》のお礼

［語り手］椎葉歳治
（不土野・向山日添　大正11年5月1日生）

その昔《むかあし》、爺《じい》さんの馬《うみ》ぁをば洗おうかちゅうて、川辺《かわび》ゃあ引っ張って行て、引いて入《ひゃ》ぁって、馬洗いよったりゃあ、家から何か用があるちゅうて、連れぇ来たもんじゃけぇ、馬だけ置《う》ぇいて家に去《い》んでから《（帰ってから）》一時《いっとき》しとったりゃあ、馬が急《いせ》いで、命懸《いのちが》けぇつうで《（走って）》戻って来たちゅうわい。

したなりゃあ、河童が馬ぁの手綱をば手に巻《みゃ》ゃあて、ぐるぐる巻ゃあとるもんじゃるけぇ、それが解《ほど》けじぃ、それをば握って、馬がそっ引いて《（引っぱって）》戻って来たちゅうわけたい。

そしたりゃあ、爺さん、わりゃ《（お前）》あ馬をば引っ込もうとしたけぇ、馬の方がひっ魂消《たまが》って、こぎゃあして、《（驚いて馬鹿みたいになって）》とぼけて、連《つ》うで《（連れて）》戻って来たとじゃるけぇ、こんだぁ罰じゃあ、ちゅうてから、馬をば柱《はしり》ぁくびり付けたぁちゅうそうな。そして夜通しぃ河童を柱ぁくびり付けて、朝間《あさみ》ゃあになってから、そこの婆さんが、雑水《ぞうずい》《（使い残しの水）》をば馬にくるるちゅうて、持って行ったりゃあ、河童が頭《あたみ》ぁ下げたちゅうわい。そしたもんじゃるけぇ、「わがぁ、へげんな奴なぁ」《（情けない奴だなぁ）》ちゅうて、抱《かか》えとった雑水をば頭ぁしゃあくり掛けたちゅうわい。そうしたりゃあ河童に馬力が出て、くびってある綱をば、張り切って逃げたちゅうわい。

そうしたりゃあ、その明くる日の朝間ぁ起きてみたところが、こんだぁ炊事場の上へ、エノハ《（ヤマメ）》

をば一匹持って来てあったちゅう。それが毎朝続《みやあさつじ》いて、七日は持って来てあったちゅうわい。それぱっかり。

（聞き手　米満　泉、大部志保・柿本　慈・吉田扶希子）

雲の通い路

河童は、水界の妖怪とされる。実は、農民のみならず、人間の生活にいちばん大切な水を司る水神なのである。だから、はじめは貴い神と考えられ、貴い神であるがために、小さい子供の姿をとって示現されるものと信じていた向きがある。実際、椎葉でも、三歳くらいの子供の背丈だったと言う人もいる。何故、子供の姿をとって示現するのか、というと、もともと貴い神様は、洋の東西を問わず、子供の姿をとる。日本では、天孫瓊々杵尊《ににぎのみこと》、八幡さまがそうだし、大国主神を助けた少彦名神《すくなひこなのかみ》がそうだ。西洋では、キリストがそうである。

この河童は池・沼・淵に住んでいるというが、多くは椎葉のような山奥や、逆に河口近くの、満潮時に海水があがってくるギリギリの場所が多い。おそらくは、水神祭の祭場だった場所かと思われる。江戸時代の河童の絵画を見ると、そんなに愛嬌のあるものではなくて、羽や嘴《くちばし》があるもの、あるいは亀や川獺《かわうそ》のようなものもある。

この河童、人や馬の尻子玉《しりこだま》を狙うことも知られている。人の場合、水死人の肛門が開いているためにいうらしい。もう少し言えば、尻が人の命の在りかと考える向きがあったためである。とにかく、尻が人の急所と思われていたのである。馬の尻が狙われるのは、実は馬も水神ないしお使い、つまり同じ仲間だと信じられたためである。仲間と思って、自分の側に引き込もうとするのであろうか。

歳治さんの語る河童が馬の脚を捕らえて、水に引き込もうとする昔話はとても多い。「河童駒引き」という話型である。椎葉ではこの昔話はとても報告例が多いのが特徴だが、大分県日田市には以下のような河童話がある。

馬子が馬を引いていると、河童が出て来て、馬を川に引きずり込もうとした。ところが、逆に、馬子に取り押さえられる。そこで河童は、「助けてくれれば、宝物を差し上げる」と神妙に言う。そこで許してやると、「今、ここには持っていないから、どこそこの沼に行って、そこで出会った男から貰ってほしい。この紹介状を渡してくれればそれでよい。ついでといっては申し訳ないが、その男にこれを届けてやってくれませんか」と樽を渡された。馬子は河童の手紙と樽とを持って、指定された沼に急ぐが、どうも気になるままに、預かった紹介状を開いてみると、「かねて依頼されていた、人間の尻子玉百ヶの内九十九ヶは、この樽の中に入っている。残りの一ヶは、この紹介状の男の尻から取ってくれ」とあった。馬子が目を剝《む》いたのは勿論《もちろん》のことである。

日田は天領で九州の大都会。この日田の河童に比較すると、椎葉の河童は義理堅い。

日田市は筑後川の上流。その日田市（旧竹田村）河原町に白糸喜右衛門という田舎相撲の大関がいた。ところが、その子の正吉に河童が取り憑《つ》いた。そこで、阿蘇山の修験で奈羅焔坊の弟子の渋江貞之丞という河童を鎮めることでは当代第一という修験者を呼んできて河童を落として貰った。その時の河童の話では、悪戯をしたのは日田の河童ではなくて、下流の筑後の河童だという。日田の河童は、石井大明神の法力で土地の人には害はできない。それでは何故筑後の河童が日田で悪戯をしたのかというと、毎年一度、九州の河童は阿蘇山古坊中の奈羅焔坊に集まって、そこの水神様にご機嫌伺いをしなくてはならない。筑後の河童は、大頭目の千一坊に連れられて五月初め筑後川を上って日田を過ぎ、阿蘇山に行って、六月下旬に筑後川を下って日田を通過して帰って行く。日田で悪戯をするのはその時のことだという（『天神伝説のすべてとその信仰』太宰府顕彰会）。九州の河童については、久留米市水天宮をはじめ椎葉村・五家荘をも含めてこの阿蘇山古坊中の奈羅焔坊に注意を払わなくてはならない。椎葉村は天領ながら、人吉藩が預かる以前、阿蘇神社の支配地だった経緯があるからである。

33　南川の兵主坊

［語り手］中瀬　守
（大河内・竹の枝尾日当　昭和4年5月1日生）

昔、諸塚村の南川の百姓屋に、兵主坊が現れた。で、そこの百姓がのう、用をたしにいこうと、便所《べんじ》ぇしゃがみこんでおったりゃあ、毎晩のように、萱壁《かやかべ》から、兵主坊が、手をば出《で》ぇて、しゃがんどる百姓の尻をば、撫《な》でておったとよのう。

そっで家の者《もな》ぁ、「今夜も出て来たが」「俺も尻をば撫でられたばい」と評定《(話し合って)》しておったとたい。そうでそこの百姓屋でいちばんの大将が、「いつも来て、尻をば撫で、悪戯《わやく》(悪いこと)するもんじゃから、俺が、うち殺《これ》ぇてやるたい」ちゅうて、脇差を腰に差《せ》ぇて、頬包《ふうつつ》(頬被り)みをばして、便所でしゃがんでおったとちゅうたい。

そしたりゃ、案の定、兵主坊が出て来てたい、萱壁から手を出ぇて、尻をば撫でようとしたとたい。しゃがんでおった大将は、「ようし　よし」と思うて、兵主坊の手首をば、しっかり摑《つこ》ぅでのう、めんめ《(自分の)》ぇの方に引き寄せてたい、脇差しで兵主坊の片腕をば、うち落《お》てぇた、ちゅうたい。手をばうち落とされた兵主坊は、「きゃあぁ」っちゅう声をばあげてたい、逃げこくった、ちゅうたい。

そうしたとっか《(ところが)》ぁ、まぁた次の晩も、その兵主坊が、その百姓屋に出て来たちゅうたい。「昨《ゆう》夜《べ》から、俺が悪かったなお。どうか俺の手を、戻してくれんどうか」と、泣きじゃくるもんじゃから、むぞう《（可哀想）》になって、戻《もで》ぇてもらうよう願《ねご》うたとたい。そうで「兵主坊の世界には、五日の内ぃ返してもらうと、元通りに治せる骨接ぎ薬があるけぇ、どうぞ、戻してください」ちゅうて願うたちゅうたい。ところがのう、そん百姓の家の者《もん》は、「お前のような悪戯する奴《やち》ぃ、誰が戻ぇてやるもんか」ちゅうで怒って、跳《は》ね返した、ちゅうたい。

そしたらのう、その兵主坊は、次の晩も、その次の晩も、また来てたい、同《おんな》しように、むぞうになって、泣《ね》ぇて頼うだちゅうたい。そうして毎日《まいひ》ん日《び》ぃ《（毎日毎晩）》来てたい、それが五日間続《つじ》ぃて来て、頼みごとしたどもが、とうとう、兵主坊は、腕を戻ぇてもらうこたぁ出来んかったちゅうたい。

ところがのう、それからその家に不思議なことが起こった、ちゅうたい。いちばん身体の弱《よえ》ぇ人が、急に熱が出始めたり、鼻血が出たり、口から血を吐《へ》ぇたりして、うち死んでしもうたちゅうたい。そして今度ぁ、その次に身体の弱ぇ人がまた同しように、そんな病気に罹《かか》って、血を吐ぇて死んでしもうた、ちゅうたい。

そうして、次《つ》っから次《つぎ》ぃ、五人、家族の者ぁ皆死んでしもうたったい。そうで、村中の者は「ありゃぁ、兵主坊の祟《たた》りじゃろう」ちゅうで評定したそうたい。そればっかり。

（聞き手　椎葉浪子、林　文香・吉田扶希子・大部志保・森山苑子・宮本真子）

兵主坊は、河童のこと。中瀬守さんによると、三歳児くらいの丈で、小さいが力はとても強いという。人間や馬を見たら悪戯《いたずら》をしないと気のおさまらない奴で相撲好き。鰻のような肌触りで色は赤黒く、生臭い匂いがする。口には烏のような嘴《くちばし》があり、頭には皿があって、その皿に水気が無くなると、腰抜けがして、何も出来なくなる。片方の腕を引っ込めると、もう片方の腕は倍伸びるという。便所は、落とし便所だった。全体の大きさは今と変わらないが、ドウジを出て家屋とは反対側にあり、萱壁で、入口には莚《むしろ》を下げていた。便所の裏は農機具置き場があることが多かった。人糞はもちろん大切な肥料だった、という。

この話は、諸塚村に伝わる河童の手の話だが、昔話・伝説というより、実話か、噂。従って話の筋が現実味を帯びていて、「評定」されたことになっている。伝説としての典型話は、「河童石」「河童駒引き」である。

河童の悪戯好きは中瀬さんのお話通りだが、福岡県田川市の某整形外科の「河童の膏薬」の伝説を例にとると、悪戯好きの河童がいて、お医者の奥方がトイレに入るのを見すまして、下から手を伸ばす。ところが気丈な奥方は、懐剣をスルリと抜いて、セクハラ河童の手を切る。切られた河童は、それからというもの毎日毎晩、「返してくれ」と頼みに来る。怒ると、仲間まで付き添って来て、謝る。その数もだんだん増えてきた。可哀想になった奥方が、「いったい、切った手など、治療の方法の無いだろうに」と言うと、「いや有ります。河童には、とてもよく効く秘伝の膏薬《こうやく》があります」と言う。そこで奥方は、河童の手を返してやる代わりに、河童秘伝の膏薬の処方を教わった、という。河童が便所に出没するのは、農の神の性格を持っているからで、抜けた手が安易にくっ付いたり、伸び縮みするのは案山子《かかし》からの発想だろう、という。

34　庄屋さんに習うた相撲の手

［語り手］黒木武美
（大河内・中山下　大正9年9月10日生）

中山［1］の下の川《かう》え、ヨケノ淵［2］ちゅう所《とこ》があったげな。昔《むかし》ゃあ、えれぇ深《ふけ》ぇして、大《おっ》けな榎《えのき》が、淵の上ぇさし被《かぶ》さっちょったげな。中山の庄屋さんの屋敷のかてぇ《（方へ）》、どっかに穴があって、その穴ぁ、下のヨケノ淵ぃ続《つじ》ぃとったげなが、どけぇあるか誰《だあれ》も知らざったげな。庄屋さんが、その穴から「今日の昼前《ひるまえ》え、またようきしねえ《（急な話だが）》エノハ［3］を何疋《なんごん》イタゴロ［4］何疋」と叫《おら》んでおくと、ちゃんと穴の所《とけ》え上がっとったげな。その魚《いお》は他所《よそ》から来た者に、食わすための物《もん》じゃった。そのヨケノ淵にゃあ、主《ぬし》が棲《す》んどった。そらぁ兵主《ひょうす》っぽ［5］じゃった。

秋の初めごろ、その兵主っぽが、山《やめ》ぇ登りよったりゃあ、腹痛《いて》ぇなって、道端《ばて》ぇえ、しゃごうどったとけぇ、庄屋さんが通りかかって、ちょうど持っとった腹薬をば飲ませて、助けてやった。その代わりぃ、俺が出来《でく》ることぁ、何でもしてやる、ちゅうことで、魚をば上ぐるこてぇなったっちゃげな。兵主っぽは人の尻ご、馬の尻ごがえれぇ好きじゃったげなが、近ごらぁ大水も出らずぅ、川入《かわいり》が無《の》うしてぇ、久《しゃあ》しゅう食ちゃあおらざったげな。

尾崎［6］の村《むれ》ぇ甚吾どんちゅう、駄賃付けをばする若ぇ者《もん》がおった。えれぇ心のえぇ、がま出し坊《（頑張り屋）》じゃったげな。力も強《つえ》ぇし、相撲も村でいちばん強かったげな。今日も神門《みかど》へ［7］荷物をば載《の》せて行き、特別ぅ用事が多うしてぇ、遅《おせ》ぇなって去《い》に(帰る)よった。尾崎の村の者は、神門辺に行くときゃあ、このヨケノ淵の上をば通っとる往還を、いっつも、あっちこっちせにゃあならんじゃった。甚吾どんが、そこのヨケノ淵の上をば、馬を引いて去によったりゃあ、馬がひっ止まって、何《なん》ぼう綱をば引っ張っても、歩《あり》かんもんじゃから、どげんしたもんじゃろか、と思うて、後《うし》れぇの方を見たりゃあ、兵主っぽが、馬の尻尾《しっぽ》を握っとって、引っ張っとる。

　甚吾どんが「こらぁ何《なん》すっとか、早ょ離さんか」ちゅうて怒った。けんどぅ、「いんにゃあ離さん。近ごらぁ、長《なご》ぅ尻ごを食ちゃおらんから、今夜ぁこの馬の尻ごを食わにゃあならん。汝《わ》が(お前のも)んとも、食うかもしれんどう」。甚吾どんは「何ぁに言うかい。そげなことすりゃあ、馬は死ぬるじゃねぇえか。早う去なにゃあ暮《くれ》ぇなるが」ちゅうた。じゃけんど、なかなか話しがつかん。「そんなら俺と相撲をしようや。勝った者の言うごとしようや」と兵主っぽが言うた。「そらぁ、そうせにゃあしょうがねぇわ」と甚吾どんも裸《はだけ》ぇなって、相撲になった。

　じゃが、なかなか勝負が着かん。甚吾どんが、だれ(疲れ)始めた。そこで甚吾どんが、「こりゃあ、兵主っぽどん。なかなか勝負が着かんが、暮ぇもなる。去んでも馬も飼《やしな》わにゃあならん。俺が明日《あした》、あかなあかな(明け方に)、啖呵《たんか》言わず来るが、明日、勝負を着けようや」。兵主っぽも、「汝がそげぇ言うなら、そげぇするわ。啖呵言うたなら、明日から此処《こけ》ぇ通る者《もな》ぁ、いっそう引きずり込むど」と約定《やくじょう》して去んだ。

　甚吾どんは、こらぁ、えれぇこてぇなったが、とても当たり前じゃあ勝たん。どげぇしたらええかしらん、と考えよった。そげぇしたとき、ひょいと考えつうた。あぁ、あの中山の庄屋の小《おん》父《じ》ぃ〔8〕が、確か兵主っぽのこたぁ、よう知っとっちゅうから、明日、早う行てみろう、と思ったりゃあ、だれとるもんじゃから、眠ってしもうたげな。

次の朝、早う起きて、庄屋さんの所ぇ行ったりゃあ、今起きたばかりじゃった。「早う目覚めたなぁ。今日も、ええ日和《ひより》どなあ」。「おぉ、尾崎の甚吾どんじゃあねぇかい。えれぇ、早ぅ来たなあ」。「今朝《けさ》ぁ俺ぁ汝《わ》げぇ頼み事ぇ来たっちゃけんど」。「ええそりゃあ、俺が出来っことならええが」。「俺ぁ小父ぃ、昨夜《よべ》しねぇ、神門から馬を引いて去によったりゃあ……」と、兵主っぽとの経緯《いきさつ》を話ぇた。「そらぁ汝がぁえれぇ約定したねぇ」。「そっで俺ぁ汝げぇ話ぇて、すまんけんど、勝つ方法をば教えてもらおうと思うて来たとじゃわい」。「ええそらぁ、勝つ方法はあるこたぁあるが、それをば教えて、汝が勝ちゃあ、俺が教《おせ》ぇたもんじゃと、兵主っぽが思やぁせんかしらん。あれと相撲で勝つ道知っとったぁ、俺しかおらんから。そうすっと、魚も上げちゃあやらんかもしれんわい」。「いんにゃあ、世話ぁねぇ。我が勝ったなら、汝が言うこたぁ何でも聞くわ。魚もいつでもくるるわ。兵主っぽと約定しとるから小父ぃ、俺ぁどうしても勝たにゃあぼく〔9〕じゃとよ」と、一生懸命頼ぅでみた。「ええ、汝がも、えれぇがま出し坊じゃし、ええ奴《やつ》ちゃから、そんなら教えてやるわ」。ちて庄屋さんが教ゆるこてぇなった。

「ええかい。兵主っぽは、頭の皿ぇ水がちょいとでも有っときゃあ、力が強ぇ。そうじゃから、汝がが日添《ひぞえ》(日陰)の方、して兵主っぽは日当《ひなた》に立たすることじゃ。そして始むる前ぇ、礼をせぃ。そうすりゃあ、兵主っぽも頭を下ぐる。水がちぃったぁ零《こぼ》るる。忘るんな」。「おお、忘れんごとするわい。そんなら、おおきになぁ。また来るわい」と甚吾どんは礼を言うて、下のヨケノ淵ぃ行ったげな。兵主っぽは、岩の上ぇ上がって座っとったげな。「おお咴呵ぁ言わずぅ来たねぇ」。「うん、咴呵ぁ言うもんか」。

甚吾どんが礼をしたりゃあ、兵主っぽも頭を下げた。甚吾どんが「兵主っぽどん。今日はちと頭が痛ぇごたるが、俺をば日添にさしてくれんかいのう。汝がが日当ぇ構えてくれんかい」。「えぇいが。俺ぁ、今水ん中から上がってきたばかりじゃから」と、甚吾どんの思うごとなったげな。甚吾どんは鼻を啜《すする》やら咳《せき》をするやらした。

さぁいよいよ相撲を始めたげな。一回目は甚吾どんが負けてやったげな。じゃが、兵主っぽの力もだんだん弱ぇなってきた。何遍《なんべん》やっても、甚吾どんにゃあ勝たん。とうとう兵主っぽが、だれてしもうたげな。「こりゃあ駄目じゃ。甚吾どん。俺も歳を取ったもんじゃあ。もう汝がにゃあ勝たん。もう止《や》むっど。約定したこたぁ忘れんから何でも言え」ちゅうて。……庄屋さんのこたぁ出らざったげな。

魚はその後も庄屋さんの屋敷の穴ぇ上がってきおったげな。それぱぁっかり。

（聞き手　黒木光太郎、米満泉）

〔1〕中山＝椎葉村大字大河内、栂尾地区の中山集落

〔2〕ヨケノ淵＝小丸川の淵

〔3〕エノハ＝ヤマメ

〔4〕イダゴロ＝ウグイ

〔5〕兵主っぽ＝河童

〔6〕尾崎＝栂尾地区にある尾崎集落

〔7〕神門＝南郷村の中心部

〔8〕小父ぃ＝目上の男性を敬って呼ぶ言い方

〔9〕ぼく＝大変なこと、おおごと

35　河童のしらせ

［語り手］椎葉壮市
（大河内・臼杵俣　昭和13年3月22日生）

山から戻りおったりゃあ、ちょうど谷に三歳児《みつご》ぐれぇのものが蛇岩のところに立っとったちゅうわい。こりゃ異《い》なものよな、今まで見たこともねぇものじゃが、と声作《こわづく》り［1］した。ところが、その河童《がわっぱ》らしいものが、より返って《（そり返って）》、こう見たところが、口が耳まで裂けたような猿みたいなもんじゃったわい。こっちも魂消《たまが》る、向こうも魂消ってなぁ、谷くんだり［2］たったひとまくらかしい［3］くんだり《（降りてぃって）》おって、鍋の尻を引っこさぐような音［4］がしたったぞ、と言いよった。そのことが気ぃなって、山小屋ぁ戻っとたりゃあ、「孫が死んだ」って、家から使《つけ》ぇが来たった、ちゅうわい。それが通知《つうじ》じゃっちろうな。

（聞き手　椎葉ユキノ、吉田扶希子・大部志保・宮本真子・森山苑子）

［1］声作り＝咳ばらえ
［2］谷くんだり＝谷の下方へ
［3］ひとまくらかしい＝一瞬の間
［4］鍋の尻を引きこさぐような音＝鍋の裏を引っ掻くような音

雲の通い路

『対馬の昔話（日本放送出版協会）』の調査の時、たまたま対馬のある町の居酒屋で、教師だという若い先生と一緒になった。お若くて専攻は理科だというので、安心して、つい「対馬の人は、カッパがいると信じていて」と暴言？を吐いてしまった。するとその先生は勃然《ぼうぜん》と怒った、「ガッパはおる！　現に俺はそこの橋のたもとで見た！」と、もう散々だった。唖然としたが、マアマアとなんとか宥《なだ》めすかして、「それでどんな格好してましたか？」と尋ねてみたが、答えられなかった。夜間、ヘッドライトで見た幻影かもしれない。筑後川沿いの河童の名所の田主丸でも「見た」という老若はいたが、河童の形状については教えてもらえなかった。ついでながら河童に雄雌の別はない。老若の差もない。かつて壱岐の河童（27話「仏説水神経」の解説・一三二頁）でお世話になったご住職が、河童像を建てたいと相談に見えたことがある。私が河童の古画を見せたところ、お茶を出していたOGが「観光用に造るなら、そんなのダメです。私たちが一緒に写真を撮ろうか、と思うような可愛いカッパでないと」と注意してくれた。後日見学に立ち寄って見ると、なるほど八女石を彫って造った愛嬌のある近代カッパだった。だがしかし、これに比較すると、椎葉は違っている。伝統輝く真の河童王国である。そしてこれには先述の『伝説水神経』を聞く限り、どうも琵琶盲僧や験者が介在しているかのように思われる。ことによると本論の主題の『椎葉村の平家谷』もこの線に寄り添って考えなくてはならないのかもしれない。

椎葉あれこれ

椎葉の自然・巨樹と名水

松尾のイチョウ

八村スギと十根川神社

椎葉は全面積の九〇《パーセント》以上が山林で占められる。国見岳、市房山、扇山など、登山愛好者などに知られる。標高一〇〇〇《メートル》を超える秀峰が数多く連なっている。村域の多くが九州中央山地国定公園に指定。さらに、広大な国有林や九州大学地方演習林もあり、九州屈指の原生林が村内の至るところに残されている。

その豊かで多様な森林資源は、村民に大切に守られながら受け継がれてきた。十根川神社の敷地内にある「八村スギ」は、推定樹齢八百年以上、国内二番目の樹高五四・四《メートル》、幹周り一九《メートル》である。周辺にはこのスギを取り巻くように、イチイガシやトチノキの巨樹が生い茂っている。また、この八村スギの東側に位置する大久保集落には、推定樹齢八百年の「大久保のヒノキ」がある。無数の枝が絡みつくように東西南北に約三〇《メートル》も広がる姿は壮観である。いずれも国指定の天然記念物である。

村内には他にも、県指定の「松尾のイチョウ」、「村椎のカツラ」、「向山の壱のスギ」など、樹齢数百年の巨樹が点在している。

また、その森林機能が果たす、保水力によって豊富な水が村内各地で湧水となっている。尾前渓谷、仲塔渓谷などでは、春は天然の山ザクラや山ツツジ、春から秋にかけてはヤマメの渓流釣り、さらに秋の紅葉、冬の雪景色など四季それぞれの景観がある。そして、山々を分水界として、耳川、小丸川、一ツ瀬川の源流域ともなり、宮崎県平野部の農業地帯を潤している。

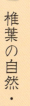

36 山女《やまおなご》と狩人

〔語り手〕中瀬　守
（大河内・竹の枝尾日当　昭和4年5月1日生）

昔、松尾の石原ちゅう所《とけ》ぇ、左近《さこん》ちゅう名をゆう《（有名な）》シシ狩りの名人が、おったとたい。その人は、狩の名人でたい、人の知らんことをば、よう知っとったちゅうたい。十二支の干支《えと》と、日によっては、猪《いのしし》がひん逃げて行く筋をば、頭の中で勘定して、そうして、そんマブシ〔1〕へ鉄砲をば構えとって、狩をしたちゅうたい。

これまでぇ、もう九十九頭撃《う》ち殺《これ》ぇたよのう。そうして、今日は百頭目〔2〕じゃちゅうことで、勇んで犬をば連れて、奥山《おくやめ》ぇ入ったとたい。そしてのう、どけぇ猪の寝床があっちゅうか、どっちの向きぃ猪が出て来るかどうか、ちゅうところで、山のでぇらな《（ゆるやかな）》所へ鉄砲をば構えておったわけたい。そうして、その猪の寝床をば目がけて〔3〕、五匹ばかりの犬をば放したとよのう。そうしたりゃあ、その日ぃ限ってたい、吠《ほ》える声〔4〕の一つもしゃあせん。「キャン」とも言わんから、「どうも今日はおかしいのう」と、左近はまぁ、不審《ふしん》に思っておったちゅうたい。じゃが、待てど暮らせど、犬の吠える声一つせじいおったということたいのう。

そうしてのう、猪の出所《でどころ》を、山のでぇらな所へ、座って待ち構えておったところが、山のてっぺんから、何か人影のようなものが出て来たとたいのう。その人影ぁ峠の方から、ダンダン、ダンダン、左近のねきぃ《（側に）》小走りに歩《あり》ぃて、近寄って来たじゃあねぇや。そうして左近のねきぃ、あと五間《ごけん》ちゅうくらいの所へまで来たとよのう。左近が、よくせき見たりゃあ、今までぇ見たこともねぇような婆《ばば》さんでたい、白髪《しらが》のウッポロ髪《（ザンバラ髪）》をば、踵《きびす》のところまで長うしてたい、目ん玉はえらいこと、ギラギラ光りしぃで、口は耳の根きまで裂《さ》けておったちゅうたいのう。

左近は、今までぇ見たことがねぇその婆さんに、ひっ魂消《たまが》って、腰が抜けてのう、しゃがみ込んでしもうたとたい。そうしたりゃあ、その婆さんは、左近を睨《にろ》うで、真っ赤ぇベロをば、すん《（いっ）》べぇ《ぱい》出ぇてのう。「ゲラゲラ、ゲラゲラ」と、吠えるがごとして、笑うたちゅうたい。そうして左近は、婆さんの風体《ふうてぇ（形相）》がおぜぇ《（恐ろしい）》、今まで見たことがねぇような人じゃもんじゃから、震《ふり》ぃがきて、腰が抜けてよのう、そけぇ座り込んでしもうたとたい。そうして婆さんは、どげぇしたかちゅうと、精一杯《せぇいっぱい》、笑うたかと思うたりゃあ、雲が消ゆるごと、どけぇか消えたちゅうたい。

左近は、婆さんを見てのう、また婆さんから、ゲラゲラ、ち笑われたぎり、腰が抜けて、狩どころじゃねぇがと、おぞうなり、這《ほ》うたり転《こ》げたりしてたい、やっとかっと、めんめぇ《（自分の家）》方に戻《もど》ったちゅうたい。そうして戻るがいなや、「はよ床をば、敷《し》ぃてくれんのう。俺《おり》ゃもう、たまらんばい。今日は、こういう婆さんに出会うてのう。こうこうじゃった、あぁじゃった」ちゅうて、一から十まで、家族の者《もね》ぇ話したちゅうたい。そうして話をばしよる最中にたい、ガタガタ、ガタガタ、ち身体から震ぃがくるもんじゃるけぇ、家族の者が、「何か飲まんでえぇや。何か食いてぇもにゃあねぇやぁ」ちゅうて聞いたりゃあ、「何もいらんども、水だけ飲ませてくれんや」ちゅうて、それから七日目に、死んでしもうたちゅうたい。その婆さんは、確か山女《やまおなご》だったちゅうことたいのう。
後で思うにはよぅ。左近が猪をば、九十九頭も獲《と》って、その上、供養も出して笑うたか、ちゅうと、左近の生き血を吸うためじゃった、ちゅうことよのう。狩人が、コウサギ祭り[5]もせんで、獲りっ放しに獲ったから、山女に化けて出て、生き血を吸い取らるる。それも、山女が笑う中《うち》ぃ逃げりゃあよかったじゃろうけんども、おぞけちぃといったとかぁ、逃げ失《う》せじぃたい、動けじぃおったとたいのう、そってとうとうち死んだということたい。

（聞き手　椎葉浪子、山中耕作）

[1] マブシ＝猪が出てくる筋道
[2] 百頭目＝山の神は、一年に狩人に獲らせる猪の数を決めているので、それ以上狩人は獲ることはできないし、実際に獲れもしない。百頭は、神を恐れぬとんでもない数であった。
[3] 猪の寝床目がけて＝マブシで犬が猪を囲むのをタテリという。
[4] 吠える声＝勢子たちの間では、犬の吠える声は、ウゼリ（吠える前のウーウー）とホエカタ（ワンワン）の二通りという。
[5] コウサギ祭り＝狩の時、犬が猪に殺されたときを、高さ一メートル程度の棚を作り、その上に石を枕にして犬の死骸を寝せて木葉を被せて祭る。その後、枕石だけ自宅近くに持ち帰り、コウサギ様として改めて祭る。旧正月・五月・九月のそれぞれ十六日に祭る。猟の期間は、山に入る度に祭り、猟があれば、御幣と獲物の心臓七切れを供える。

37　山女《やまおなご》の話

［語り手］椎葉　クニ子
（不土野・向山日添　大正13年3月11日生）

昔、今こそ焼畑ちゅうけど、昔はね、「山作《やまざく》」ち言いおった。山で作物作るから山作。

山作のときにはね。蕎麦《そば》を蒔いたり、稗《ひえ》とか、粟《あわ》を蒔いたりして、その時にゃあ草も細《こま》いけど、小豆《あずき》蒔きのときにゃあ、もう、牛を追い込んでもわからんごと、雑草がすぐに太るとわい。何十人でも寄合物《よりやあもの》［1］なら、もう、一軒がまぁ十人ちゅうときには、二軒なら二十人頼むとわい。あの三軒もやいちゅうときには、三十人も頼むとわい。昔は、小豆蒔きの時にゃあ、いっぴゃあ人が寄って来おったけぇない。

その時には雨が降っとったけど、止んだもんじゃるけぇ、まぁ、途中でバッチョウガサ［2］脱いどったけど、帰るときになってカサが風で飛んでいったそうな。そしたらその男が、カサをば取りにカサを追うて行たら、女が髪をあどぎりさげて《（かがとまで切り下げて）》、そして乳房《ちち》を今度は長ぁく垂らして向こうから、白い歯をむき出して笑うて来おったげな。そのとき、生き血をもう吸われよったげなわい。

そんじゃるけぇ、その男は、キセルの飲み口で、その女の胸をやたりゃあ突き、乳房を突きして。したら、「キャッキャ、キャッキャ」言うて、後しざりをするけど、また笑うては来おったげな。それは山女《やまおなご》ちゅうものだったそうな。

それでどんどん男のところに笑うては、寄って来おったから、もう男は大事《でやあじ》、これはもう命でも取られると思うて一生懸命にキセルの飲み口で乳房を突き、胸を突きしおったら、後ではもう、「キャッキャ、キャッキャ」言うて、泣いて逃げて行ったそうな。そしたらその男は、もう三年しきゃあ生きらんかったげなわい。

山女も話は、またそればぁっかり。


（聞き手　境　恒徳）

［1］寄合物＝共同作業
［2］バッチョウガサ＝竹骨で形を整え、上に竹の皮を張った笠

雲の通い路

山女と山姥とは違う。山女は、クニ子さんの伝承通り、妖怪である。山姥は大地母神かと思う。

さて、焼畑だが、焼畑は斜面の高みから火をかけてしだいに下の低い方に及ぶ。火がおさまったらすぐ種を蒔く。旧六月だが、まず蕎麦を蒔く。蕎麦は七十五日で収穫できる。明くる四月には稗を蒔く。一月遅れて同じ畑に粟を蒔く。草取りはしっかりする。明くる年には小豆を蒔く。これは草ボーボーのままだ。四年めは大豆である。大豆の収穫がすむと焼畑はもとの林にもどす。

38 山姥《やまうば》じょうの話

［語り手］甲斐弥三郎
（下福良・野老ヶ八重 大正元年9月25日生）

山姥じょうちゅう姥じょうは、細《こま》いことは細い。下椎葉に、昼間出ちょって、晩は出らんわけとよのう。山姥じょうは、細い女子《おなご》の子のこども、小母さんのごともあるけんど、子供と昼間遊ぶとじゃが、子供をせびいて《（いじめて）》泣かすってわけよのう。

こらぁ、山姥じょうを、ここにおいたら、よくない、ちゅうて何かこらぁ脅《おど》けぇて、逃がす方法をば、せにゃあいかんなぁ、ちゅうことで、長い黒竹を切って来て、その枝をさすって[1]、大きな真っ赤《け》ぇ鶏の足をくびって《（しばって）》、黒竹のセビに[2]、その鶏の足を下げて、ケエ　ケエ　ケエ　ケエ　ケエ　ケエちて、言うごとして脅けぇてやろうや、ちて言うて、それしょってみたところが、山姥じょうは山の神じゃが、鶏がクエ　ケエ　ケエ　ケエ言うもんじゃから、魂消《たまが》って、逃ぐるわけ。その姥じょうが、逃ぐる時ぃ、寄り返って《（振り返って）》、「ここになぁ、お前たちゃあ、俺をこうして、脅けぇて逃がすが、この真っ赤ぇ鶏が絶えた時ゃあ、また来るわい」ちゅうて、せのおどう[3]を上がって、山の奥の方さねぇ逃げたちゅうわけ。

どこに逃げたかちていうと、「阿蘇の根子岳の岩屋に行くわい。真っ赤ぇ鶏がおらんごとなったときゃあ、また来るわい」ちゅうて。おどうどおり[4]でよ、女子の櫛を見つけたら宝になるわい。山姥じょうが、おすじをひいて[5]阿蘇に行くとじゃから、おどう《ここ》を通って行くことを、おすじ、ちゅうて言いよった。櫛がつっこけとって《落ちておって》、それを拾うたなら、山姥じょうの櫛じゃから、黙って隠して持っておったなら、宝になるぞ、山の神さんじゃからじゃよ。その山姥じょうが泊まったウド《岩穴》に髪の毛がいみったなら《たくさんあったら》、運がいい。減えれば《少ないと》、もうそんなに、そう運はよくないぞ、ち言いよった。

（聞き手　椎葉ユキノ、原田由香里・林　文香・片山怜・森山苑子・大部志保・吉田扶希子）

[1] さすって＝鉈で切って
[2] セビに＝切った先端に
[3] せのおどう＝山の尾根
[4] おどうどおり＝山の稜線を通って、山から山を行く。
[5] おすじをひいて＝尾根を伝って行く。

雲の通い路

弥三郎さんによると、『山姥』は山の神だという。よい証言だと思う。ただこれまで話題に上がった『荒神』とは少し違うようである。荒神とは一族神、祖先神であったが、これは金太郎のお母さんのような山の母神である。文化人類学でいうところの大地母神である。ヨーロッパでいえば聖母マリアである。

もともと『新約聖書』にはマリアは二カ所しか登場しない。受胎告知と、十字架上のイエスが、弟子たちに母を託して昇天する所だけである。それが何故あのようにカトリック等でキリスト以上に尊信崇拝されるに至ったのか。それは、ユダヤの宗教が、花の都のローマに進出し、やがてヨーロッパ全土に普及するに際しての宣教師たちの血の出るような布教努力の結果であった。各地の大地母神と次第に融合して新しい信仰を作り続けたのである。信仰が信仰を日々新たに生まれ代わらせ、脱皮し続けたのかもしれない。第一、砂漠のイスラエルに、赤い鼻のトナカイや、雪の積もるクリスマスツリーなどあるはずがない。砂漠のイスラエルから始まった民俗宗教が、キリスト教という巨大な世界宗教に発展するためには、地域、地域の民俗信仰との、したたかな調和が必要だったのである。でなくては今日の如き高等宗教にまで昇華、拡大するはずもない。少し早いが、椎葉の山の母神とても山女なみに零落することもあれば、凝りこごって椎葉村の鶴富姫や柿迫の玉虫にまでも文芸的大発展を果たすことにもなる。

『山姥じょう』の『じょう』は、娘さんの敬称につくこともあるので、よく『嬢』を当てる向きもあるが、五家荘の数え歌に『大黒じょう』があるので、『丈』『尉』もよいかと思ったが、ひらかな書きのままにした。この弥三郎さんの昔話の場合も、山の母神ゆえの敬称である。山女に敬称はつかない。『阿蘇の根子岳（一四三三メートル）』は、阿蘇五岳の東端の山。怪猫がいたというが、これも山の神が零落したままの伝説であろう。椎葉村は阿蘇大宮司家の支配下にあったことがあり、当然阿蘇修験者の参入もあった。因みに椎葉厳島神社の神紋は「違い鷹の羽」。つまり阿蘇神社の神紋と同じである。

39 山姥《やまんば》からもらった米袋

［語り手］那須英一（松尾・水越　昭和5年4月1日生）

昔、ある所に、久兵衛という若者が住んでおったそうじゃ。ある日、隣の村に、峠越《とうげご》しをして行きよった。ところが、八合めほど来たときに、狼《おおかみ》が、喉《のど》に何か骨のようなものを、引っかけて、苦しんでおった。久兵衛は、かわいそうに思うて「どれどれ、俺が取ってやろう」ちて言うて、狼の喉に手を入れて、その骨を取ってやった。狼は喜うで、お礼に、久兵衛に、自分の口髭《くちひげ》を抜いて渡して「ここで命が果《は》つるような時ぃ、この口髭を吹け。そうすれば、俺が、供の者を引き連れて、助けに来てやる」ちて言うた。

そこで久兵衛は、狼のくれた口髭をば、大事に懐《ふところ》に入れて、峠を越えて行きよった。ところが、どこでどう道を迷うたか、深い険《けわ》しい谷間に迷い込んでしもうた。そこには、後から聞くと、山《やま》姥《んば》の滝という滝があったそうじゃ。

さぁ、だんだん日も暮れてくる。「こりゃあ、困ったことじゃ。どこか、泊めてもらえる家を探さにゃあいかん」。久兵衛が滝の下を歩いておると、向こうに、一軒の家があった。久兵衛は喜うで、急いでその家に行て「道に迷うて来た者《もん》じゃが、今晩、泊めてもらえんか」。

この家は山姥の棲《す》み家じゃった。出て来て山姥は、「泊めてやってもえぇ。えぇが、今晩は、寄り合いがある。俺は牡牛《こてぃ》の牛[1]を一匹飼《やしの》うておるが、この牛の番を見ちょってくれぃ。泊めてもらう代わりに」、そう言うて山姥に頼まれた。

牛は山姥のおるうちは、おとなしくしておったが、山姥が、寄り合いに行くと、暴《あば》れ始めた。「こりゃあ、突き殺さるるかもしれん。そうじゃ、昼間助けておいた狼が『命の尽きる時だと思うたときぃ、この口髭を吹け』ちて言いよった」。久兵衛は懐から狼の口髭を取り出して、フーちて吹いてみた。すると何十匹とも知れんほどの狼が、牡牛の牛のおる小屋を取り囲んだ。そして牛の番をしてくれた。

こうして夜中過ぎには、山姥も寄り合いから戻って来た。山姥の言うことにゃあ、「久兵衛どん。この牡牛の牛は、暴れんかったか?」。久兵衛は、「ちょっと暴れたけんど、俺が叱《しか》り飛ばしたりゃあ、おとなしくしておった」。そうして床に就《つ》いた。

夜が明けてから、山姥は久兵衛に「この牡牛の牛の番をしてくれた者は、誰もおらん。褒美《ほうび》にこの米袋をやろう。この米袋の中には、米が五合ほど入っておるが、久兵衛が一代食っても食いとらんぞ。毎日、一抓《ひとつま》みほど鍋に入れて炊けば、お前の一日食いはある。じゃが、どのようなことがあっても、米の残らんように炊いたら、いかんぞ。必ず『タネ』を残しておかにゃいかん」。

久兵衛は、その米袋を、自分の家に持ち帰って、山姥の教えたように、毎日その米袋から、米一抓み取り出して、鍋に入れて、炊いた。明けても暮れても、おいしい米の飯ばかりじゃった。するとそのうちぃ、村人たちが「近頃は、久兵衛の奴ぁ、仕事もせんと、毎日毎日、米の飯を食いよるが、どうしてじゃろうか？」」、そのように評判し始めた。そうして久兵衛の所に来て「俺共は難《なん》儀《ぎ》坊《ぼう》で、正月にもよう米の飯は食ておらんが。俺共にも、ご馳走してみよ！」。久兵衛は人間《にんげん》好《よ》しじゃったから、村人を集めて、米の飯を炊いて、食わせた。

ところが村人は多いので、山姥の不思議な米袋の米も、一握りや二握りでは足らざった。久兵衛は、山姥の言うたことは忘れてしもうて、袋の『タネ』を残さずに、全部炊いてしもうた。それからは、米袋に米は、一粒も無《の》うなって、空袋になってしもうた。

何事によらず『タネ』は残しておくもんじゃ、というお話。

（聞き手　山中耕作）

雲の通い路

［1］牡牛の牛＝強健で重荷を負える牡牛

久兵衛は山姥のくれた不思議な米袋のお蔭で、当時お金同様に貴重な米に、不自由しなかった。しかし、椎葉では、つい五十年前（昭和三十年代）まで、自給自足だったのである。お米には不自由していた。

事実、本格的に田圃を増やし始めたのは、全国的な戦中戦後の食料増産計画に呼応してのことだった。しかし、九州中央山地の真っ只中。四方、美しい自然に囲まれてこそいるが、水路を築くのには難渋した。急速に田圃が増えたのは、昭和三十五、六年ごろのことだという。黒い太いゴムホースで、谷川から水を引き、たとえ狭くとも比較的平らな畑地を、次々に田圃に変えていったのだ、という。だが、当初はまだ化学肥料もなく、収穫は少なかったが、村民が、米を主食にできるようになったのは、このころからだったのではなかろうか、という。

　そのころまでの主食は、丸麦・小豆・蕎麦《そば》、あるいは唐黍《とうきび》・粟《あわ》・稗《ひえ》などの雑穀のご飯やお粥《かゆ》だった。ただし、昔の椎葉の主婦のために言えば、最近のことだが、本調査中、ある親しい方から前夜から丸のまま水に浸して、昔の炊き方で御飯のように炊いて茹《ゆ》でた玉蜀黍《とうもろこし》をもらった。食べてみると、市販の玉蜀黍の缶詰など問題にならない。皮など口に残らず、歯触りも、舌触りも、味も、全くお米の御飯と同じ、いや、むしろ美味しく、すぐにも、椎葉の雑穀ご飯をいろいろ試してみたい、と思ったのだが、しみじみ椎葉のお母さんはただ者ではないと、心打たれ、自分の認識不足が恥ずかしかった。

　それはそれとして、五十年ほど前までの椎葉はお米はまったくの貴重品だった。お米のご飯を食べたのはお盆かお正月だった。

　山姥が褒美にくれた不思議な袋は、『タネ』を残しておく限り、いくら使っても決して無くなることのない米袋だった。それもその米袋の米たった一抓《つま》みを鍋に入れて炊けば、それだけで、久兵衛一人一日分くらい、十分だった。貴重なお米で御飯を炊いて腹一杯食べている久兵衛を見て、村中の人々が目を剝《む》いたのは無理もないことだ。

　本書38話「山姥じょうの話」で、話し手の弥三郎さんは、山姥は山の神だと語っておられた。右の英一さんの話では、山姥は深山の滝のそばにいる。すると山は山でも、山の水の神かもしれない。また、不思議な米袋の持ち主である。すると人々に豊饒をもたらす神かとも考えられる。

40　山姥《やまんば》と牛飼《うしやしに》ゃあ

［語り手］椎葉　均
（不土野・尾手納　大正6年11月20日生）

遠《とお》えぇ昔。ある村《むり》ぁ、正直者《しょうじきもん》の牛飼《うしやしに》ゃあが、おったちゅうわい［1］。ある年の暮れが近ぢぃた、ある日のこと、「今年もボチボチお仕舞《しみ》ゃあじゃるけぇ、正月の支度をせにゃあならん」。牛飼ゃあは、そう思《おむ》うて、遠えぇ町ぃ、正月《しょうがち》ぃ使う、魚《いお》［2］やら、塩やら、豆［3］、買《き》ぁに行った、ちゅうわい。そうして、牛の背中《せなき》ぁすんび《（いっぱい）》ゃあ負《う》せて、村ぁもどって来るさなかのことじゃった。

もう夕暮れで、峠の上《うや》ぁ、直《じき》ぃ雪の降るごたる、冷《つめ》ちゃあ空模様《そらむゆう》じゃった、ちゅうわい。

「雪ぃでも降られたちゅうなら、大事《じゃあじ》なこと。さぁ、去《い》のう去のう《（帰ろう帰ろう）》」。牛飼ゃあが、後ろの手綱を引っ張って［4］峠の道をば、急《いせ》ぇで下《お》りゅうじぃたときぃ、「オーイ。オーイ」と、怪しい声がした、ちゅうわい。今まで、聞いたことも無《に》ゃあ、しゃがれ声じゃった、ちゅうわい。牛飼ゃあは、気味《きび》の悪うなって、後ろも見らじぃ、急ぇで、峠を下りたちゅうわい。

「オーイ、待てぇ。待てぇ」。しゃがれ声は、だんだん近ぢぃて来る。「忙《せわ》しい《（うるさいなぁ）》なぁ、あぎゃあな、おかしい声を出す奴《やつ》ぁ、いったい、どこの、誰《だれ》じゃろうかい」。牛飼ゃあが、そう思うて、後ろをば見たなりゃあ、太《ふて》ぇ、赤《あき》ぁ目をば、ギラギラさせ、耳まで引き裂けた太ぇ口した、おぜぇ《（恐ろしい）》牙《きば》をば剝《む》き出しぃなぁ、銀の針のごたる髪《かみ》の毛をば、振《ふ》り乱《みじ》ゃあて、飛ぶごとして走って来るものが、おる。「あっ、ありゃあ山姥じゃ。捕《つか》まったなりゃあ、それぎりじゃ」。ちゅうて、叫《お》ぅて逃げじゃあた、ちゅうわい。

夢中になって、どこをば、ごぎゃあ逃げぬぅて来たか、分からん。気が付《ち》ぃて見たなりゃあ、深《ふきゃ》ぁ山ん中《なき》ゃあ、林ん中ゃあ、迷《まゆ》うてしもうて、どっちぃ行ったらえぇやら、分からんで、そのうちぃ日が、けっくう《（ずいぶん）》暮れてしもうたちゅうわい。

だんだん寒うはなってくるし、腹《はり》ぁ減るし、徒然《とぜん》のうして《（寂しくなって）》たまらじぃ、牛飼ゃあは、ウロウロして、林の中ぁ迷うているうちぃ、向こうの方に、細《こみ》ゃあ細ゃあ明かりが見えた、ちゅうわい。「あっ、家《え》がある」。牛飼ゃあは、一息《ひといき》ちぃて、生き返ったごたる気持ちぃなって、急《いせ》ぇで駆《か》けつけて、戸をば、トントンと叩ちゃあて、「おるかぁお、おるかぁお、おるかぁお。おらんかぁお。誰もおらんとじゃろうか」ちゅうたれども、返事がにゃあ。「外《そと》ぇおっとじゃろうか。仕方《しかた》がにゃあ」。

牛飼ゃあは、戸をようらと《（ゆっくりと）》開けて、中に入《い》って、座敷の隅ぃ座って、家《いえ》ん者《もん》が去んで来るとば、待っとったちゅうわい。長《なご》ぅせん[5]、裏の戸を開ける音がした、ちゅうわい。「あっ。誰かが去んで来たな。訳《わけ》を話ゃあて、今夜《こんにゃ》一晩、泊めてもらおう」。牛飼ゃあは、そう思うたが、そんとき、「あぁ、やっと腹《はら》ずんびゃあになったなぁ」ちゅうて、どっかで聞いたごたる声がして、「牛をば、一匹食うて、塩をば三俵なめて、魚やら、豆も、腹ずんびゃあ食うたなあ」。それをば聞いた牛飼ゃあは、肝をば潰《つび》ぃて、ひっ魂消《たまが》って、この家は、山姥の家じゃった、と気付《づ》ぃた、ちゆうわい。

「見付かったぎりわい（のが最後）。これで仕舞《しみ》ゃあじゃるけぇ（最後だから）。牛飼《うしやしに》ゃあは、大慌《おおあわ》てして、天井裏《てんじょうり》ゃあ上がって、隅の方に隠れて、息をば抜うで（ひそめて）いたちゅうわい。山姥は、棚から太ぇ餅をば、両手にずんびゃあ抱えて来て、地炉《じれ》ぇ［6］座ると、「この餅をば食おうか」ちゅうて、地炉の火で、焼き始めたちゅうわい。今さき、牛をば一匹、なんのことにゃあ食うて、それから、塩やら、魚やら、豆やらをば、あぎゃあ食うたてぇ、まぁあ食うつもりじゃろか、やっぱり山姥じゃ。気味の悪《わり》ぃい、ちゅうもんじゃあにゃあ、大食《ううぐ》りゃあじゃ。

天上裏《うり》ゃあ隠れとる牛飼ゃあは、焼《や》ぁとる餅の匂《にお》いが、ずんびゃあかざって（たいへん匂って）来るもんじゃるけぇ、たまらんごとなったちゅうわい。牛飼ゃあは、昼飯も、晩飯も、まだ食うとらんかったもんじゃるけぇ。その上、死にかかって逃げ回っとったもんじゃるけぇ、腹の減るこたぁ、話ぃならんじゃったちゅうわい。餅の焼くるかざをば、かぞうただけで、唾《つば》が出て、腹ん中ぁゴロ ゴロ鳴るし、もうたまらんじゃったちゅうわい。喉をば飲み込《く》うで、天井裏の透《す》き間《ま》から、ようらと（じっくりと）覗《のぞ》うとると、山姥は、「そうじゃ、そうじゃ、醤油《しょうゆ》をば、持って来《く》っと忘れとった」ちゅうて、立ち上がって、座敷の外《そて》ぇ、出て行ったちゅうわい。牛飼ゃあは、「よしっ、今じゃ」ちゅうたかと思《も》うたなりゃあ、危《あぶに》ゃあこたぁ忘れて、天井裏ぁ置《う》ぇえてあった一本の長《なぎ》ぁ棒をば、天井板の透き間《み》ゃあから、下《おれ》ぇて、ひょいと、餅をば突き刺《し》ゃあて、ようらと持ち上げて、やっとのことで摑《つこ》うで大口拡《ひろ》げて、手早《てばよ》う、あわてて食うたとじゃった。その美味《うみ》ゃあこと！

そこへ山姥が、戻って来たちゅうわい。山姥は、「あれぇ？　餅が一ちょう足《た》らん。こらぁ、どうしたことじゃろうか」ちゅうて、天井をば睨《にら》んだちゅうわい。牛飼ゃあは、魂消《たまが》って、身体をば、細《こも》ぅして縮み込《こ》んだとたん、足許《もて》ぇ、置ぇた長ぁ棒が、カターンちゅうて、転《ころ》げたちゅうわい。牛飼ゃあは、びくっとして、首をば引っ込め、胸《むに》ゃあ、ドキッ、ドキッさせちょったちゅうが、そうしたなら、山姥ぁ、「ありゃあ、あの餅ゃあ、天井の鼠《ねずみ》が引いて行ったちゃろうか」。ちゅうて、首をば振って、「鼠なりゃあ、しょうがにゃぁ」ちゅうて、残りの餅をば、皆ぃんな平らげて、「あぁあ、眠《ねぶ》ぅなったわい。今夜《こんにゃ》は、どけぇ寝ろうかない。天井で鼠といっぺんに寝ろうか」ちゅうた。

牛飼ゃあは、山姥が、天井に上《のぼ》って来たなりゃあ、それこそ大事《じゃあじ》じゃるが、ち思《む》うて、夢中んなって、鼠の口真似《まね》して、「チュウ　チュウ　チュウ、釜《かま》ん中。釜ん中」ちゅうた。山姥は、「なぁんだ、鼠の奴《やつ》ぁ『釜ん中、釜ん中』ちゅうとるな。そんじゃあ今夜《こんにゃ》ぁ、釜ん中ゃあ入《い》って、寝るとしゅうか」。

山姥は太《ふて》ぇえ釜ん中ぁ、入《い》り込《く》うで、蓋《ふた》をしたちゅうわい。長《なご》うせじぃ、グウグウ鼾《いびき》をきゃあて、眠《ねむ》り込うだちゅうわい。

「やった！　今のうちわい」。牛飼ゃあは、じわじわと、天井から降《お》りて来ると、外《そて》ぇ出て、太ぇ石をば抱えて来て、その釜の蓋の上ぇ、ようらと置《う》ぇえたちゅうわい。ところがわい。その石が、ゴロ　ゴロと、転がったちゅうわい。すると釜ん中から、山姥が、「あれっ、何かい、ゴロフトゴーソー[7]が鳴《に》ゃあとる。もう夜が明くっちゃろうかい」ちゅうわい。牛飼ゃあは、山姥が目を覚《さみ》ぁたごたる。目を覚みゃあたなりゃあ、大事なことちゅうて、肝《きも》をば冷《ひ》ゃあとったなら、また釜ん中から、「あぁ、ゴロフトゴーソーが鳴ぁあとるうちゃあ、まぁだ、夜は明《あ》けんけぇ」ちゅうて、また、グウグウ鼾《いびき》をば、かき始めたちゅうわい。

牛飼ゃあは、今度《こんだ》ぁ、枯《か》れ枝をばいっぴゃあ拾うて来てから、釜の下《しち》ゃあ、積み重ねて、火をば焚《た》き付けたちゅうなら、枯れ枝ぁ、ボウボウ燃《も》え始めたちゅうわい。山姥は、目を覚みぁあて、「あれ？　何じゃろう。ゴロフトゴーソーが鳴ゃあとるうちゃあ、まぁだ夜は明けんけぇ」、ちゅうて、またグウグウ鼾をばかき始めたちゅうわい。じゃが、そのうちぃ、どぎゃあすることもできんごと、釜が、真《ま》っ赤《こ》ぅに焼け、「熱《あち》ゃあ。熱ゃあ」ちゅうて、山姥は、釜ん中で暴れ回ったれどもが、釜の蓋ゃあ太ぇ石が載《の》せてあるもんじゃるけぇ、開《あ》けられんじゃったちゅうわい。「熱ゃっ　熱ゃっ。熱ゃあァ。助けてくれぇい。助けてくれぇい」ちゅうとるうちぃ、とうとう、山姥ぁ焼け死んだちゅぅわい。それぱっかりわい。

（聞き手　甲斐眞后、林由季子・池田紀美子）

［1］わい＝「わい」は、目下・年下の者に対して言う助詞。「わお」は、目上・年上の者に対して言う助詞。

［2］魚＝正月、向山日添では尾頭付きの大きな塩鰯を焼いて食べた。同じ椎葉でも小崎では塩鯨・皮鯨・塩鰤を食べた。ちなみにお盆には、塩鯖・干鱈だった。向山では、向山の駄賃付けを受けいれていた熊本県水上村の古屋敷の岩崎商店に買い出しに行った。また向こうからも行商に来ていた。

［3］豆＝正月、向山ではクロマメを炊いた。ゲジマメ・ハチコクマメ・スジマメなど、ツルのある五種類の豆を一緒にして、塩と黒砂糖で炊いた。また、豆腐を作り竹串に刺し、地炉で炙って味噌をつけて食べた。ちなみに煮しめは、乾筍を水で戻し、大根・里芋・昆布などを醤油と黒砂糖で煮た。大正月の飾りは十四日に外し、翌日の小正月にはメージョウ等を作って祝い直す。その飾りを外すのは二十日だが、この日からは釜のカライリは自由で、大豆・トウモロコシをカライリして、黒砂糖をかけ、杯で固めてはったい粉をまぶして食べた。椎葉での豆類はきわめて良質である。美味。

［4］手綱を引っ張って＝馬は牽《ひ》くもの、牛は追うものである

［5］長ぅせん＝しばらくして。緊迫した言い方

［6］地炉＝広い畳み一畳分の大きさで、石を積んで囲み、灰を入れる。

［7］ゴロフトゴーソー＝椎葉では梟《ふくろう》のこと。「ほうほう　ごろふとごうそう　馬の糞　糞食わんかい」と言って鳴く、という。

雲の通い路

いつもながら椎葉村民の言語能力は凄い。山姥の描写は抜群だし、牛飼ゃあが、山姥の家に辿り着いて戸を叩き、さて、「おるかぁお、おるかぁお、おるかぁお。おらんかぁお。誰もおらんとじゃろうか」、という言い回しは、もうこれ以外に言いようがない。誰かの話ではないが、一つの物事には一つの表現しかないものだ。ああも言える、こうも言えるようなものは、真の語り物とは言えぬ。

『牛方山姥』の典型話。難所の多い山間地方によくある昔話。正月の用意のための楽しみな食べ物から、生活を守るに大切な牛まで山姥に食われてしまった牛飼ゃあの仇討ちが、実に面白い。太い石が釜蓋から落ちて転がるゴロゴロという音をゴロフトゴーソーの鳴き声にし、枯れ枝が燃えるボウボウという音をホウホウゴロフトゴーソーと鳴くゴロフトゴーソーの鳴き声としたところが、椎葉の椎葉たるところである。

このさわりの部分をしっかり記録できたのは、林由季子さんたちをお宅に泊めてまで可愛がってく

だささった椎葉均さんのご好意の賜だし、他県人の私どもに、この昔話の妙味を味わい深く理解させてくださったのは、昭和生まれながら均さんと非常に懇意な甲斐眞后さんのご指導あってのことである。それにしても椎葉言語文化の懐の深さには、いつもながら、脱帽する。

もともと椎葉弁は難解である。四つの大字で違い、大正、昭和、平成の世代で違い、男女間で微妙に違う。平家落人の末裔だから京言葉なのだというが、それは違う。ただ古い中央語の流れかと納得はするものの、この独特の方言による民話記録には難渋した。言語学的にも貴重なものだとは思うものの、これとて早晩、雲散霧消するのではないか。是非とも記録したいと、かねて均さんが、熱く私に語り掛けてきたことがあった。右の昔話が、ここまできちんと記録できたのは聞き手の林・池田両嬢の粘りの結果だが、二人の熱心を喜んで、一夜自宅に泊めて温かく相手してくださった均さんの想いのゆえの収穫でもあるし、それと知って甲斐眞后教育長が多忙を押して手を入れてくださったための成果でもある。

椎葉
あれこれ

焼畑農法と世界農業遺産

秋の収穫

焼畑農法

焼畑は狩猟とともに、椎葉の山の生活と文化を育んできた。本書に収められた昔ばなしにも焼畑にかかわるものが多い。

椎葉は急峻な地形で、さらに四方を山で囲まれているため、大規模な稲作は困難であり、昭和期前の食の中心は文化は狩猟による猪や鹿などの肉、焼畑農法で栽培された穀物や山菜などであった。

日本の焼畑は、稲作が渡来する前の縄文時代の農業を色濃く残しているといわれる。一九五〇年頃までは日本各地で行われていたが、高度成長期とともに山から人口が減少するなか途絶えた。しかし、椎葉村では唯一途切れることなく継続され、現在でも村人の手により伝統農法が守られている。さらに現在ではこの農法復活の全国的気運の高まりのなか、火入れや収穫期には村外から多くの人が参加し、都会との交流を生む場ともなっている。

山の斜面を焼いてそこに穀物の種子をまき、三~四カ月後に収穫する。春と秋の二回行う。焼く場所を毎年移し、四年程度穀物類を栽培した後、休閑期を設けて新たな森林に再生させるという循環型農業である。

この焼畑農法を含む高千穂郷・椎葉山地域の山間地農林業複合システムが、世界でも貴重な伝統文化であると国連食糧農業機関により評価を受け、平成二十七年十二月、世界農業遺産に認定された。また椎葉村は、これらの伝統文化と美しい景観、さらに貴重な地域資源を活かしながら、日本の原風景を守り続けようと「日本で最も美しい村」連合にも加盟している。

41 七《しち》利《り》剣《けん》八《ぱち》利《り》剣《けん》

［語り手］椎葉 満
（大河内・小崎狩底 大正13年2月10日生）

昔、ある男が、歳前《(年末)》に峠を越えて、買《きゃ》あ物《もの》に行た。めんめい《(自分)》の家《うち》に戻りよるときに、魚よろず《(その他いろ》をば《いろなもの)》買《こ》うて、自分も一杯気色《きしょく》して、魚をかるうて帰って来よったそうじゃげな。

そうしたりゃ中の山の中で、その魚欲《ほ》っさあ狸の奴が、その人を、化《ば》きゃあたそうじゃげな。どうしたふうに化きゃあたかちていうと、狸が持っとった七利剣ちていうて、タバコフウゾウ［1］のごたあっとで、化かしおった。そしてそれをば持って、狸の奴は振り回《まう》ぇて。それで、その男はけっくう化かされてしもうて、一杯気色ではあったが、酒が回っとったから、めんめえの家庭《かてえ》ぇ戻り着いたような気色になってしもうて、魚を枕にして、ちん眠っとったげなわい。

そして目を覚みゃあてみたところが、気が付いたりゃあ、野っ原《ばら》の中《なき》ゃあ、ちん眠っとったとじゃった。持っとった物は、狸からおっ取られて、誰も騙《だま》されて、何いっちょう持たざった。

「あらぁ、しもうた。昔からこけ《(古狸)》狸がおる、ちていうことじゃったが、こらぁいよいよ、狸から化かされたわ、困ったもんなあ」

ちて言うとったところが、そこのムラの坊さんに、ひょっこり出会《お》うて、坊さんが「そげな馬鹿なことがあるもんか」ちて言うと、

「んにゃ。間違《まちげ》ぇねぇ」ちていうことで、坊さんが、

「そんなら俺がええ知恵をば持っとるから。お前よりは、まあだ俺の方が、知恵が上じゃから、俺が狸から七利剣を取り上げて来るわい」。

ちて言うて、その坊さんが百姓支度して、そこをば通りよった。ところが案《あん》の定《じょう》、また狸が出て来て、七利剣ちていう奴を持って、こうして回ぇておったそうじゃが、坊さんは、化かされんかった。そしてその坊さんは、

「お前の七利剣よりも、俺がまあだええ、その上の物を持っとるが」と。狸が、

「そらあ、どういうものか」ちて言うて、

「俺が持っとっとはなあ、剣が違うとじゃ。俺がとは、八利剣」。

その八利剣ちていうのは、ほんとうは八利剣ではなかった。昔はタバコフウゾウちていうのがあった。坊さんは、それをば出ゃあて、

「これじゃ。これが八利剣じゃが。こらあ、お前んとよりゃ、とてもじゃにゃあが、俺んとの方が効《き》くとじゃがなあ」。

ちて言うたところ、狸が、

「ええ、俺え、それをば換える」。

「ただじゃやらんぞ。その七利剣を俺にやれ。そうすりゃ、八利剣をお前にやるぞ。まだお前とこにゃあ人を化きゃて、ええ物を貰《もろ》うて来ることならんかも知れんぞ」。

ちて言うたそうじゃ。狸が「それと換えよう」ちて言うて、さっそく換えた。そしてその晩からは、

「いよいよまぁた、今度《こだ》まあだ、今までんとよりか、ええもの貰うたから、これで今までよりもっと人を化かすことがでくるわい」。

ちて言うて、回しよった。が、魚を取ろうと思っても、いっこうに、人が化かされんじゃった。狸は、

「あの坊さんからやられた。困ったもんじゃ。どうしても七利剣をば取り戻さにゃあ、何んにも化かし取ることはでけん」ちて言うて、坊さんに、

「あれがなけりゃあ、俺あ子供もおるとじゃが、その子供が育たん」ちて泣《ね》ぇて言うたりゃあ、坊さんが、

「お前が人を化かさんと約束せんごたあれば、お前に七利剣は戻さんぞ」ちて言うた。そして、

「そうしたなら、俺と約束しゅうじゃねえか。これから、人の物を取らんか。これから、人の物を取らんか。そんなら、いっちょう約束するか」。

狸は、「うん、する」ちて言うて、

「それを守らんごたれば、もうお前に七利剣も、何もやらんぞ。俺はちゃんと呪《まじな》いをば知っとるから、お前が、どげえ嘘かやぁたって《(ついても)》、分かるから。どっからでも見とるぞ」ちて言うたら、

「俺悪かった。そのようにするから、もうこそし申さんから、戻してくれめせ」。

「もう人を化きゃあて、物を取ったりすんな。山にはどれしこでも、食うもんがあるはずじゃが。川に行けば、川には魚がおるし、悪いことするもんじゃねえ。人間は皆んな一生懸命働《はたらか》りゃあて、うんとおる子供を養《やしの》うとっとじゃから、二度とそういうことはしちゃあならん。せん、ちていうことを約束するならば、戻す」

そして坊さんは、七利剣をば狸に戻し、狸の悪さはやまったそうな、という話。かっちり。

（聞き手　黒木光太郎、市浦亜希）

［1］タバコフウゾウ＝キセル入れ。葛が巻いた枝に穴を捩てあけて添えたもの。桐で作った印籠にタバコを入れた。

42　孫兵衛爺と古狸《ふるだぬき》

〔語り手〕椎葉　満
（大河内・小崎狩底　大正13年2月10日生）

そこに、そのぅ、孫兵衛爺《じい》ちいう爺がおったちゅうたい。その孫兵衛爺ちゅうのが、ものすげぇ狸捕りの名人じゃったちゅう。そしてその、ちゅうどなぁ、そけぇなぁ、わがどまぁ（お前たち）、神山《かみやま》〔1〕じゃったとたいの。そけぇその、狸罠《たぬきわな》を入れとったとちゅうげな。

ある日のこと、古狸が巡査に化けて来てな、「孫兵衛爺。お前《ま》や、えらい、狸を捕っておるちゅう話を聞いたが、ほんとうか」ちゅうた。孫兵衛爺は、「いんや、おら、捕っちゃおり申さんばお」ち、嘘《うそ》言うたげな。そしたりゃ、巡査の奴が、「わがどまぁ嘘かやすな（つくな）」ちゅうて、「この辺の者《もね》ぇ聞いてみたりゃ、狸をば、えらい捕っとるちゅうじゃねぇか」ちゅうて。そしたら、孫兵衛爺は、「いや捕っちゃおり申さんぞぅ」ちゅう。巡査は、「わが孫兵衛、嘘かやすな。皆がそりゃ、そげな嘘かやすはずがねぇがな。捕っとらんなら、しょうがにゃあなぁ。もう決して、これからは捕んな」ちゅうたげな。そしたら、孫兵衛爺は、「ああ、もうこれからは捕り申さんから」ちゅうたが、古狸の巡査は、「あのわろう（野郎）、捕ったことは、分かっとっとじゃがなぁ」ちて、怒ったちゅう。

ほうとうに化かされてしもうた孫兵衛爺は、「こらぁ、また警察が来たら、今度こさ言い逃《のが》りゃでけんから」ちて言うて、『罠《わな》を、はずさにゃならんが』ち思うて、明くる朝、早う起きて、昨日かけた罠をはずしに行こう、と思うて行きよったりゃ、向こうの神山の所から、また古狸が、

「孫兵衛どうな、ポン　ポコ　ポン」ちて言うて、おろうだ《（叫んだ）》そうげな。

それで今度《こんだ》ぁ孫兵衛爺が、「そう奴こさ　ポン　ポコ　ポン」と、こうやり返《かや》ぁたげな。で、やんだやり《（どんどんと）》言い合《あ》っこしょったりゃあ、古狸は口争いが、かなわんようになって、

「孫兵衛、孫兵衛、ポイ。孫兵衛ポイ」。

「そう言う奴こそポン　ポコ　ポン。そう言う奴こそ、ポン　ポコ　ポン」。

「孫兵衛ポイ。孫兵衛、孫兵衛、孫兵衛」。

ちゅうて、たんだ《（しだいに）》声が細《こんも》うなってしもうたげな。

孫兵衛爺は、こらぁ狸が罠《わに》ゃあかかっとる、と思うて行ってみたとげな。そうしたところがな、太《ふて》ぇこけ[2]狸が、巡査に化けて、頭にゃイモ[3]の葉をばかぶって、そこら辺にあったトウキビのからをば腰にサーベルのごと吊《つ》ってよなぁ、罠ゃあかかっとったちゅうわけたい。そうして、めんめぇ《（自分）》の命を助きょうと思うて、あっちゃし、こっちゃし、言い合ぁしたばっかりに、めんめぇが孫兵衛の罠ゃあかかって命を取られたそうな、ちゅう話。

狸という奴は、そうしたふうにして化けるんじゃそうな。山《やめ》ぇ入ったなら、一声二声、声がしても、返事するものじゃあねぇぞ。人がおらぶような声がしたときにゃ、それと言い合いをするものでねぇぞ。

負けたもなぁ、めんめぇの命を取らるっちゅうて、昔のもな《（者）》ぁ言いよったぞ。かっちり。

（聞き手　黒木光太郎、山崎理英子）

［1］神山＝その土地の神様（荒神）を祭ってある多く丘状の古木の多い山。よく狸のウロ（穴）がある。
［2］こけ＝古い（ぼんこう、ともいう）
［3］イモ＝里芋

雲の通い路

いったい、山は異界である。いろいろな怪異がある。カマイタチ（例えば電球のようなものが、何もしないのに、突如として破裂する）、ヒダルガミ（山道でこれに襲われると急に耐えがたい空腹感を覚える）、カッパ・山女はいくらでもいる。牛鬼もいる。ヤマビコも妖怪だと考えられた。かかわりあいになったらいけない、さけて通れ、と教えた昔話である。

43 猫とチョカの蓋の話

［語り手］那須英一
（松尾・水越　昭和5年4月1日生）

昔、ある所に猟師がおったそうじゃ。ある日のこと、縁側《えんがわ》で鉄砲の弾《たま》を造って、並べよった。ところがその猟師のところに、玉という猫がおった。おかしなことに、猟師が造る弾をば、一つひとつ、その猫が舐《な》めよる。おかしなことをするもんじゃなぁ、ちて思うた猟師は、それから、玉のおらんところで、鉄砲の弾を一つ造った。

山へいく準備ができて、いつかニタマチ［1］に行かにゃぁいかんが、そう思っておったときぃ、茶を沸《わ》かすチョカ［2］の蓋が無《の》うなった。こりゃまたおかしなことじゃ、そう思いながら、夕方になってニタマチに行た。

いちばん最初に蚯蚓《みみず》が出て来て、ニタを打ちよった《（転げていた）》。今度はドンクウ［3］の出て来て、その蚯蚓をカパッと打ち食て、ニタを打ちよった。今度は、ヤマガサ蛇《へび》［4］の出て来て、ドンクウを同じごとパクッと呑《の》んで、ニタをば打ちよった。また今度は、大けな猪《しし》が出て来て、ヤマガサ蛇をひっ咬《こ》うで《（食べて）》、ニタをば打ち始めた。

猟師が、この獲物を撃たにゃあいかん、そう思うておるときぃ、ランランと光る目んもんが出て来て、その猪をひっ咬うだ。そうして、猟師の方に近づいて来た。猟師はその光る目を目がけて、鉄砲を撃った。ところがチャリンという音がして、弾は撥《は》ね飛んだ。二の矢弾を詰めて撃つと、またチャリンちていう音がして、弾は撥ね飛び、ランランと光る目んもんが、ドン　ドンドン　ドン近づいて来る。十発の弾をば、皆、撃てしもうた。

じゃが、ランランと目光るもんは、ドン　ドン　ドン　ドン近づいて来る。そこで、猫の玉に隠れて造った弾をば鉄砲に詰め、ズドンと撃った。すると、山の崩《くず》るるごとある音がして、助かった。

そのランランと目ん光るもんが、逃げたあとを行てみた。すると途中、無うなっちょったチョカの蓋が落てておった。おかしなことじゃ、ち思いながらそれを拾うて、朝になって家に戻った。ところが婆さんが「昨夜《ゆうべ》から、ここの玉がえらい大怪我《おおけが》をして来たぞ」ちて言うた。それから猟師は、囲炉裏《いろり》の側で怪我をして寝ている猫を、障子のホゲド[5]から鉄砲で狙《ねろ》うて、打ち殺れぇた。打ち殺れぇた玉は、牛の子のような化け猫になっておった、というお話。

猫の、ニャン　グルグル　ニャン　グルグルちていうて鳴くとは、主捕《しゅと》るちて言うておる。猟師が造る弾を舐めておったのは、数を数えちょったためじゃ。チャリン　チャリンちて弾が撥ね飛んだのは、チョカの蓋で、弾を受けたためのことじゃろう。飼い猫も、阿蘇の猫岳[6]に行くごと出世した奴は、主を捕るようになるちゅう。かっちり。

（聞き手　井上茅子）

〔1〕ニタマチ＝ニタは牟田（湿地）のこと。マチは区画（地帯）のこと。湿地にはよく猪等が来て、泥水を浴びて、毛についた虫を落とす。猟師たちの狙い場
〔2〕チョカ＝ここでは鉄瓶
〔3〕ドンクウ＝蝦蟇《がま》蛙《がえる》
〔4〕ヤマガサ蛇＝ヤマカガシ。マムシ
〔5〕ホゲド＝破れ目
〔6〕阿蘇の猫岳＝熊本県阿蘇五岳の一つ。根子岳とも書く。

44　大斑《おおぶち》　小斑《こぶち》

［語り手］椎葉　満
（大河内・小崎狩底　大正13年2月10日生）

昔むかしな。源太という人と半蔵という人が、おったとげな。源太という人は、ものすご、正直じゃった。村に出て［1］一生懸命になって働いて、そしてその動物が好きで、二匹の犬を飼《やしの》うとったとげな。半蔵ちゅうのは、非常にシシ狩りが上手じゃったとげなわい。

冬の寒いころになったところが、半蔵が源太の所《とけ》ぇ行《い》て、そしてなぁ、

「おいおい、源太、源太。汝《(お前)》がえらい利口なえぇ犬を、シシ犬に持っとっちゅう話を聞いたが、俺に貸さんか」

源太が「汝が何頭も、持っちょるはずじゃが?」ちて言うたら、半蔵は、

「ンにゃ《(いや)》、俺が犬は、年とったぼろくそ犬で、ぜんぜん用には立たんとわい。どうしても、『汝がん家んとが、えぇ』ちゅう話を聞いたもんじゃから。このごろも、シシを捕っとった」ちて言うた。そしたら、

「うぅん。捕るには捕ったが、細《こめ》ぇシシをば、押さえて、捕るには捕った」と半蔵は言うて、

「汝が貸しゃあてくれたなら、俺が今度ぁちっと太《ふて》ぇとをば捕って、汝ぎゃあにも、捕った毎っちい、片足ずつ汝ぎゃあにもくるるぞ」ちて言うて、源太も、

「うぅん。そんなら、そぎゃすりゃあ、片足ずつくるんなら、えぇどころじゃねぇが」ちて言うて、「ええたい」と。そして犬を貸した。

そしてから、ほんとに、三日したところが、半蔵がシシの片足をば持って来たげな。そして、

「そらみよ。嘘《うそ》じゃにゃあが、どうだ」

「うぅん。こらえぇことした。まいっちょ捕ったなら、こら大分方《（たくさんに）》になるが」ちて言うて、そして、源太はそれをば、めんめい《（自分）》には骨ばかりかじって、肉は売りぃ行たとじゃった。けんど半蔵は、源太にゃあ、始めの片足ぐれぇしか持って行てやらざったとわい。

それからまた、何日か何べんかそういうことが続《つじ》いたことじゃたろう。けんど半蔵がシシ捕ったちゅう話は聞けども、片足持って来るはずじゃったシシを、なかなか持っちゃ来んじゃったとげな。

源太が、「半蔵は嘘かやす《（嘘を言う）》はずはにゃあが、こら、えりゃあもんに、かかりよったもんじゃった」ちて言うて、独り言を言いよったところが、ちょうどその地主の庄屋が来て、「あの、源太」ちて言うたら、

「あぁ庄屋殿《どん》でござい申すか」ちて言うて、

「お前ゃあ、その繋いどった犬をば、半蔵に貸しゃぁたちゅうじゃねぇか」。そげぇ言うたもんじゃから、

「半蔵に貸したとよのう。汝がそげぇ言うから、頼みいって、シシの片足をばくるっちゅうから。

貰《もろ》うこたぁ貰うたが、片足一ぺん、まぁ貰ろた」

「汝が馬鹿タンじゃあるぞ、騙《だま》されて。もうどうしこ捕っとっと思うか、あの犬のお蔭で、半蔵は」

　源太が、「そら嘘じゃろ」ちて言うたら、

「嘘じゃにゃあ。そうして、ここ二、三日ちゅうもんは、火の煙りゃあも《（留守していて）》立たんが半蔵が家ぇな」ちて庄屋が言うた。

　その庄屋が、「俺が『あの山に決して行くな』ちて言うて聞かせた所が一所ある」と。

「そこには、昔からおぜぇ物《（恐ろしいもの）》がおる、ちて言われとっから、そこには行くなよ、と、俺があれほど言うたけんども、どうしても、そけぇ行たに違ぇねぇども。まぁ源太。汝が来て《（行って）》みよ。来てみれば分かるわ」ちて言うていうから、ちぇなみおうて《（いっしょに）》、そしてその、半蔵が家ぇ行ってみたところが、ほんしょうに《（ほんとうに）》その太ぇシシを二頭、ドジ〔2〕に下げとったげな。二頭も。

「ほら見てみよ。源太。俺が言うごと、半蔵の奴は騙しとった。こういうこしい奴はおらん。俺もだいぶん騙されとるが、この奴にゃあ。そしてこんだ、俺が『あっけにゃあ行くな』ちて言うた所へ行たに違ぁねぇが、俺にぇぇ考えがあるが、俺が言うごとするか」ちて言うたりゃあ、

「うぅん。そりゃもし、庄屋殿が言うごとせにゃしょうがねぇから、信用する」ちて言うた。

　庄屋殿は、「俺が鉄砲を持っとる、一丁」と。「俺が汝ぎゃへ貸すから、その鉄砲を持って『ここは立ち入っちゃいけん』ちて言うていうた所ぃ、そりゃここ、こうこうこう行て、

こう行って、ここの山ん中ぇあるから、そこは」ちて言うたら、「あっこなら知らんこたぁねぇ。俺もなに一ぺんか、あの道を通って行っとったから、知っとる」ちて言うて。

「うぅん。なら、これはなぁ、火縄銃ちていうて、これに火をば点《つ》けてやれば、あたるから、撃ってみよ」ちて言うて、「ンなら、試し撃ちに撃ってみろ」ちて言うたところで、火縄に火を点けて、「あそけえ的をば作るから、それをば撃ってみよ」。そして、撃ったら、じょうせき（案の定）あたったそうじゃ。

「汝が何をさせても器用な奴じゃが、うめぇなぁ。これをば貸すから、あっけぇ行け。そうしてな。そけぇは太ぇ木が必ず立っとる。その木の上に這《ほ》うて登れ」と。そして、「もう半蔵も汝がの犬も、もう恐らくそのおぜぇ物から、やられて死んでおるはずだ」と。「そうせにゃ三日も戻って来んことはねぇはずじゃから」と。そって、「俺が言うごとして木の上へ這うて登れ」と。「そんで一晩中、木から降りんな」ちて言うた。

それから、源太は庄屋殿が言うたごと、奥山へ行て、その太ぇ木の上に登っとった。そしたりゃあ、熊笹の物凄《すげ》ぇ木立の中で、ザワザワ、ザワザワ、ザワザワ、ザワザワと音鳴りがして、もの凄ぇおぜぇ物が、太ぇ目ん玉して、キョロキョロ、キョロキョロ、キョロキョロ、キョロキョロ、してやって来た。

それで源太は、庄屋殿の「光る目ん玉と目ん玉の間を撃て」ちて言うたから、その木の上から火縄にパッと火をば点けて、構えて、ちょうど目ん玉と目ん玉との煌々《こうこう》とすっとこの、ちょうど真ん中じゃな。そこをためて《（狙って）》バーンと撃ったげな。そうしたところが、「ウゥ、ワーッ」ちて言う物凄《すげ》ぇ声がして、のたうち回ってその辺に倒れた。

　そしていよいよあたって、こりゃあもう手応《てごた》えがあったら、あたったに違《ちげ》ぇねぇ、というところで、木から降りろうか、と思うたけンど、もう一ぺん見とかな危にゃ〔3〕ちていうところで、また第二の矢《（二弾めの弾）》を込めて、おぜぇ物が倒れたところに撃ったと。ほしたら、おぜぇ物はビチッともせざった。

　源太は、「いよいよこりゃ仕留めたことには間違ぇねぇ」ちて独り言を言うて、太《ふて》ぇ木から降りて、行て見たところが、めんめぇの飼うとった犬の残骸が、おぜぇ物に食い散らかされて、そのまま残っとったそうじゃ。半蔵もおぜぇ物に食い散らかさせとって、どこに、どげぇしとるか、分からんかったち、死体が。形も何もなかった、ちていうことじゃ。

　で、どうしてそうじゃったか、ちていうと、半蔵の方が鉄砲の名人ではあったけれども、やっぱし人間には、撃ち損《そこに》ゃあちていうやつがあるから、撃つには撃ったけんども、木の上から撃ったのじゃのうして、ジダベタ《（地面）》の上から撃っとるもんじゃから、夜のことじゃから怪物の太さがよう分からん。急所も狙えん——シシなら丈が低ぃから、それでもよかったが、背の高《たけ》ぇおぜえ物には、矢があたっちゃおやんかったのじゃろう、ちていうことじゃ。あたっても、そりゃあ掠《かす》り傷ぐりゃあだでな。

　ただ源太が、めんめぇの飼うとった犬が、二匹ともそこにゃあ残骸になって死んどった。その犬が大斑《おおふち》・小斑という犬じゃったそうな。

「かわいそうなことをした。俺が半蔵に貸さにゃ、こういうことにゃならだったけんど。貸しぁたばっかりにこういうこてぇなって。どういう俺《おり》ゃ馬鹿タンじゃったろうか。こらえてくれぇ」ちて言うて、源太が、「大斑・小斑、大斑・小斑、大斑・小斑」ちて言うて、名を呼《よ》うで慰めてやった。

それがいつの間にか、その犬の魂が亡霊鳥《もうれいどり》になったわけ。それが源太が泣いてしゃくりあげた声の真似をして、「大斑・小斑、大斑・小斑　ガーン　ガーン、大斑・小斑、大斑・小斑、大斑・小斑　ガーン　ガーン」と、こう言っておらび（叫び）よった、という話じゃったちていうわい。

おぜぇ物を撃ち殺《これ》ぇて仇は討ったけれども、どうしてもたまらじぃ源太が泣いた声を、亡霊鳥が真似して鳴いたものだ、という。おぜぇ物は牛鬼じゃなかろうか、と評定したったげな。「奥山の山には一人で行くものじゃねぇぞ」と祖父やら祖母やらが言うて聞かせたものわい。あんまり欲なことをすれば、「よく鳴くクマダカは股を張り裂く」[4]ちて言うたもんじゃが、そういうめに遭《あ》うぞ。欲なクマダカ。

（聞き手　黒木光太郎）

［1］村に出て＝庄屋の土地を借りて開墾をしたりなどした
［2］ドジ＝大釜・小釜が据えてある炊事のための土間
［3］危にゃ＝必ず止めはさすものだ

雲の通い路

[4]「欲なクマダカ……」＝強欲は身を損ずる

九州中央山地のムラは、どのムラでもそうだが、犬を家族同様に可愛いがっていた。昭和三十年夏、私どもは、今で言う卒業旅行を計画し、石上堅教授に連れられて、九州中央山地を横断した。途中民宿させてもらったが、どの家庭でも猟犬を飼っているのだが、その可愛いがりようは凄かった。わが子同然。文字通り家族の一員である。

犬の方もよく心得ていて、家族の者には幼児にも絶対服従。私ども他人には、敵意むき出しで吠えかかってくる。思わず足がすくむ。小憎らしくて蹴飛ばしてやりたくなった。しかし、蹴飛ばせば逆に襲われて大怪我することは必定。いやそれどころか、家人に憎まれ宿泊を拒否されるだろう。

その夜のミーティングで石上教授が教えて言われるには、「家の人が舐めるように可愛いがっているが、これは江戸時代の犬の可愛いがり方だよ。綱吉時代『生類憐れみの令』が出て、それが何年も続いたが、今のこのムラの犬の可愛いがり方をみれば、あの悪法が何年もまかり通って当然だったかもしれないよ」。納得した。

45　ゴーキーセミの話

［語り手］椎葉壮市
（大河内・臼杵俣　昭和13年3月22日生）

昔ごぅそぅ［1］を聞かするわい。こげぇ、言いおったわい。昔、山の奥の方に山師《やまし》ども［2］が暮らしとって、山小屋で寝泊まりしょったとなぁ。

ある時、親どもが、父《とと》も、母《かか》も、山へ行って、木を伐《き》りおったちゅうぞ。小屋におる女子《おなご》の子供が、谷川で、御器《ごき》［3］をば洗《あれ》ぇおったりゃあ、水に流《なげ》ぇてしもうて、大事《でぇじ》な御器じゃるから、と思うて、後を追《う》うして、谷川におりよったりゃあ、深い滝壺があって、めんめいも《（自分も）》、谷川の中にはまってしもうて、死んでしもうたちゅうわい。

それでその女子の子供の、最後の「御器ぃ」「御器ぃ」ちゅう思いが、亡霊《もうれい》となって、夏になれば、山の奥で「ゴーキー」「ゴーキー」と鳴く蟬が、おっとちゅうぞ。

（聞き手　椎葉ユキノ、林　文香・宮本真子・森山苑子・大部志保・吉田扶希子）

［1］昔ごぅそぅ＝昔話
［2］山師ども＝山を生産の場所にしている人々。ここでは椀などを作る木地屋。因みに大字松尾にはロクロという小字がある。
［3］御器＝座元で出す御膳の木製の器。慶祝・法事ともに使用する。良質の器は塗りのものもある。メシワン・シルワン・オヒラ等全部で八種。蓋付き。ご飯もてんこ盛りした上に蓋を載せている。貴重品。木

地屋にまつわる貴重な話である。

雲の通い路

二世為永春水の『西国奇談』（一八六三）に、隠れ里たる椎葉村発見の逸話が語り遺されている。すなわち肥後の国、球磨川のほとりで、三人の樵夫が、川上から流れてくる杯を拾ってみると、よほど高貴な人の持ち物に違いないが。さて……。そういえば、以前、五家荘・椎葉という平家の落人たちの隠れ里がある、と聞いたことがあるが、さてはこの球磨川の上流に、その村はあるに違いない、ということになり、このことが平家の里 椎葉村の発見の契機となった、とある。

事実、椎葉村には古い木地師・木地屋の集落があった。壮市さんの昔話のように、この村で御器《ごき》を作っていたのである。大字松尾にロクロという小字があり、松岡正社氏によると、近年まで轆轤《ろくろ》を回していた家があったという。この轆轤は、奈良時代には既に使用されていて、正倉院文書天平宝字六年（七六二）に、『轆轤』が見えている。しかし木地師仲間の伝承では、文徳天皇の皇子小野宮惟喬親王が発明されたという。惟喬親王は、文徳天皇の第一皇子。不遇な方だったが、『伊勢物語』に交野の御野の桜狩りが伝えられ、後年、藤原俊成によって「花の雪散る春のあけぼの」と、その風雅が語り継がれている。不遇というのは、第一皇子でありながら藤原氏の推す清和天皇との皇位継承の争いに敗れたことであった。それは『平家物語』巻第八「名虎」で語られる。王公・大臣・公卿が列座する右近馬場で、神裁を仰ぐべく、競馬を十番、相撲を十番して勝負を争うものであったが、その背後では東寺で真済が、宮中真言院では亮恵が御加持し、神仏の感応をいただくべく激烈な死闘をするさまは凄まじい。結果、清和天皇が皇位を継がれ、惟喬親王は山城国愛宕郡小野郷に隠棲される。伝説によると清和天皇は惟喬親王に近江国小椋荘（現在の東近江市永源寺町）を宛行って慰められたという。惟喬親王は荘民のために轆轤を工夫されたり、宇佐八幡を勧請して鎮守筒井八幡宮を創建された。現在、永源寺町には『政所』の地名が遺っている。惟喬親王の侍臣藤原実秀は下向して、この政所を預かったという。子孫は小椋姓を名乗っていたというが、詳細は分からない。

いずれにせよ、この政所の関心は、全国に散った木地師にあったようで、後には、蛭谷の筒井八幡宮改め筒井神社、君ヶ畑大皇器祖大明神には金竜寺。そして筒井神社は吉田家、大皇器祖大明神は白川家が支配した。どうやら本家は皇室だったらしい。その支配の実態は、『惟喬親王伝説地を追う』（平成二六年・東近江市野々宮神社）の中島伸男氏によると、蛭谷筒井神社・君ヶ畑大皇器祖大明神にはそれぞれ『氏子駈帳』『氏子狩帳』が遺っていて、苛斂ともいえる支配の実態が実によく分かるという。

すなわち両社とも、氏子狩りをした。つまりそれぞれの神社の神人一人に、二、三人の村人をつけて一グループとし、諸国の木地師を廻らせたという。回収の旅は長く、計画的で、九州なら例えば、兵庫から山陰を経て九州に入る。まず先触れの村人を走らせた上で、各地区の一軒一軒の木地師の家に至り、そこに祀られている木地祖神すなわち惟喬親王を拝して、惟喬親王の神徳を物語り、お宮と木地師相互の縁故の深さを力説して神札を授与し、社参を勧めて代参金を奉納させたり、氏子木地師の免許の更新手続きを手伝ったり、さらには社殿の神改築の協力金を集めたのだという。この制は、『永源寺町史』（平成十三年）によれば、豊前の宇佐八幡宮の制を真似たものであるという。しかし、真似たものというのだが、時期不明である。惟喬親王の宇佐八幡宮勧請の時とは思うものの、残念ながらすべては霧の中である。

ただ、私どもの興味は、この筒井神社・大皇器祖大明神の使者が、我が椎葉村に来たのかどうか？ということである。そこで中島伸男氏に今に遺るという蛭谷・君ヶ畑両社の『氏子駈帳』『氏子狩帳』を子細にご覧いただいたが、椎葉村の記事はなかったという。江戸時代の享保十九年（一七二七）・寛延四年（一七五一）・寛政十一年（一七九九）での三度、日向高千穂庄における集金活動の様子は子細に分かるが、椎葉村の記事はない、とのご報告であった。後述するが、椎葉村は古来材木伐り出しでは非常に盛んな村。冒頭『西国奇談』の椎葉村発見の契機をなす木材の逸話、また椎葉村大字松尾にロクロの地名があることによっても、椎葉村に木地師がいたことは疑いないことである。いったい椎葉村は天領である。想像するに、公儀御用地の故をもって謝絶したのではあるまいか。

山の神への信仰
猟師は猟のため入山するときや獲物を捕獲した際にも山の神を祀り、「スワの払い」を唱える。

椎葉あれこれ

椎葉の狩猟

椎葉では、犬を用いた猪や鹿の狩猟が盛んに行われていた。集団で猟を行うことが多く、それぞれに役割分担がある。獲物の足跡を探る役の「トギリ」、主に獲物を追いかける役の「セコ」、獲物が出てくるのを待って鉄砲で撃つ役の「マブシ」とに分かれて猟がなされる。猟では、先に山に出かけたトギリが狩猟場所を選定すると、セコとマブシの配置を決め、猪や鹿を追いかける。猟犬は、山上側からセコが連れて行く。

猪を追いかけると、必ず猪は「ニタ」と呼ばれる湿地帯に逃げるといわれる。走ることで体温が上昇するので、水に浸かって冷やすのだという。そのため、ニタは格好の猪の猟場とされてきた。ニタは、猪だけでなくあらゆる動物が集まってくる所とされ、ニタに罠を仕掛けることもある。餌で猪をおびき寄せ、丸太や小石で押し潰す「アセリセンマイ」という罠による狩猟の伝承も残されている。

また、椎葉の狩猟には様々な作法があり、厳重に守られてきた。山に入る時の「スワの払い」という唱えごとや、狩りの方向を決める「サカメグリ」という決まりごと。さらに、「オコゼ祭り」や「コウザキ祭り」という作法もあり、生活の糧となる猟の恵みと山の神などへの畏敬の念を抱くという昔からの狩猟儀礼である。これら椎葉独特の狩猟習俗は、柳田國男の著書『後狩詞記』において全国へ知られるようになった。

なお、椎葉の猪料理は塩焼きが多いが、鍋や雑炊料理もあり、ソバの出汁などに利用されることもある。

46　いが泣きの話

［語り手］那須英一
（松尾・水越　昭和5年4月1日生）

昔、ある所に、三十になる、小間物売り《こまもの》［1］の男がおったそうな。峠を越えて、隣の村に行っては、小間物を売って、渡世《とせい》しておった。

あるとき、峠を越えて自分の里に戻《もど》る途中、日が暮れてきて、峠の大けな樅《もみ》の木の下で、野宿することにした。

ところが、夜中ごろ、向こうの尾根から「樅《もみ》の木殿、ヨーイ！」ちゅう叫び声が聞こえた。すると、小間物売りが泊まっている大けな樅の木が、ユラユラとして、「なんかぁ！」と返事をした。するとまた、向こうの尾根から、「今日は里の方で、赤児が生まれるげなが、いが泣き［2］を聞いて来《こ》うじゃないか」と誘う声が聞こえてきた。すると樅の木は、「俺ゃあ、今晩は、お客がおるから、行けんが。お前が行《い》て、聞いて来てくれんか」ち言うた。

それからだいぶ時が経って、向こうの尾根から、また、「樅の木殿、ヨーイ！　今、戻りよるわぁ」。すると樅の木が、「何児《なに》が生まれたか？」ちゅうて聞いた。「女子《おなご》ん児《こ》が生まれたわい」。「いが泣きは、なんと言うて、泣いたか？」ちゅうて、樅の木が聞いた。すると、「『隣の里の、今年三十になる、小間物売りの男の嫁女《よめじょ》になる』ち言うて、泣いたわい」と答えた。

それを聞いた小間物売りは、夜が明けると、すぐに里に下ってみた。すると小間物売りの家の隣の女子《おなご》が、女子ん児《こ》を産んでおった。小間物売りは、「こりゃあ、俺ゃあ、今、三十じゃが。この女子ん児が、嫁女になるまで、嫁をもらわずには、おらんわい。この女子ん児をば、打ち殺して、逃げにゃあいかん」ち言うて、隙《すき》をみて、寝とる赤児の首を、包丁《ほうちょう》で斬《き》って、そうして逃げて行きよった。

逃げて行きよったところが、途中、ヤマガサヘビ[3]が、馬に踏《ふ》まれて、大怪我をしちょった。それで、そのヤマガサヘビを、男は道の上に掬《すく》うて上げた。そうして「俺も人殺しをして、今、逃げよるところじゃが、追っ手がかかって、捕《つか》まえられるかもしれない。じゃが、お前だけでも、助かれ」ち言うて、また、どんどん逃げた。

逃げて、いつの間にか、浜辺の方へ逃げて行た。その浜辺の方へ、逃げて行きよったところが、後の方から「待て。待てぇ！」と、大けな声で叫《おら》びながら、駕籠《かご》を担《かつ》いだ駕籠屋が、後先《あとさき》二人で、走って来よった。小間物売りは、「こりゃあ、もう追っ手がかかって、追うて来よっちゃばい。もう、逃げ延《の》ばんから」ち、諦《あきら》めて、立ち止まって、待っちょった。

ところがそれは、追っ手ではなく、竜宮世界の、使いの者じゃった。その使い者の言うことにゃ、「今日、竜宮世界の乙姫さまを助けてもろうた。ほんとに有り難いことだ。この駕籠に乗ってくれぇ」。それで小間物売りは、その駕籠に乗った。すると海が二つにパッと割れて、駕籠屋は、その海の中に出来た道をば、ドンドン走って行き、竜宮世界まで行た。そうして竜宮世界で、乙姫さまの守り《も》［4］をするやら、竜宮世界の王さまから、大切にされて、月日が流れるのも忘れて、毎日毎日を過ごしておった。

ところが、小間物売りは、また自分の里に戻ってみとうなった。それで、竜宮世界の王さまに、「永いことお世話になったが、俺にも親があるから。戻ってみろう、と思う」。王さまの言うことにゃ、「この竜宮世界には、何年おってもいいけんど、それほど親に会いたいなら、仕方がない。ここに宝物がある。これを進《あ》げるから、持って戻るがええ」。そう言うて、桐の木で作った、小さい箱をもろうた。その箱は、何でも、欲しい物の名を言うて、その箱を振れば、打ち出の小槌のように、何でも出てくる。その桐の木の小箱をもろうて、来るとき乗って来た駕籠に乗って、もとの浜辺まで、送ってもろうた。それから自分の里に戻ってみると、親も、何にも死んでしもうて、皆んな、知らん者になってしもうちょった。

それで峠を越えて、隣の村に行でみたそうな。そして近くに土地を買い求めて、それから、竜宮世界からもろうて来た、宝の桐の木の小さい箱を振って、「家が欲しい。それから、お金も欲しい」。もう何でも、宝の桐の木の、小さい箱を振って頼むと、欲しいと思う物が、何でも出て来た。もともと小間物売りじゃから、小間物屋をせにゃあいかん、と思うて、桐の木の、小さい箱で、有りとあらゆる珍しい小間物を振って出し、店にいっぱい飾った。商売熱心で、隣近所の人たちには、欲しい物は、お土産に配ってやった。

ところが、その村の名主［5］がやって来て、「もうお前もいい年じゃが、嫁女を世話してやろう。

峠を越えた隣の里に、そりゃあよい娘御がおるわい。その娘御を世話してやるから」と、名主は、峠を越えた奥の里からその娘を連れて来てくれた。小間物売りは、名主の言う通りい、その娘を嫁女にした。

ところが、気になることが、一つあった。その嫁女の喉のところに、切り傷の跡があった。嫁女の言うことにゃ、「それは二十何年も前の話じゃが、三十ばかりになる小間物売りがおったげなが、その小間物売りは、行商の帰りに、峠で日が暮れて、大けな樅の木の下に、野宿をしておったげな。したところが、向こうの尾根から、『里に赤児がでけたが、いが泣きを聞きに行かんな』ちゅう声がしてきたが、樅の木は、『今晩は、お客がおるから、行けんが』ち言うて、誘われたのに行かんかった。それから、だいぶ時が経ってから、『今、戻りよるぞ、女子の児が出来たわ。いが泣きには、『隣の里の三十になる小間物売りの嫁女になる』ちゅうて、泣いた。それで、夜が明けて、小間物売りは、里に下りて来て、『俺ゃあ、この赤児が嫁女になるまで、嫁女をもらわずぅおらん』。そう言うて、私の喉を、包丁で斬って、どっかに逃げて、おらんようになったげなが」ち、知ってか知らずか、そう言う。

それを聞いた小間物売りは、「不思議なもんじゃ。あん時、生まれた赤児が、俺の嫁女になるちゅうわ」。心の中で、そう思いながら、「こりゃあ、長《なご》うかわいがらにゃいかんわい」。そう思うて、それから仲睦まじゅう、いい渡世をしたというお話。かっちり。

（聞き手　米満　泉）

[1] 小間物売り＝女の化粧の道具類。例えば髪に用いる水油などや櫛・簪《かんざし》などの、ちょっとした飾り物を商う行商人

[2] いが泣き＝赤児の産声。この産声で赤児は、この世にかくかくの運命を持って生まれた、と告げるという。那須英一さんによると、人間には親といえどもなかなか聞き分けられるものではないが、深山の老大木などは聞き分ける、という。椎葉クニ子さんによると、例えば、若死にした人があって途方にくれたようなとき、「いが泣きで、こういう約束ごとだ、と言って泣いてきたのじゃなかろうか」と慰めあったものだ、という。

[3] ヤマガサヘビ＝ヤマカガシ。マムシ。ヤマガサは、元来は山車《だし》。山鉾《やまぼこ》

[4] 守り＝相手

[5] 名主＝江戸時代、郡代・代官・大庄屋の支配を受けながら村内の行政を司った役人。身分は百姓。主として関東地方の呼称で、椎葉では庄屋のはず。ただ、「いが泣き」は、那須英一さん・椎葉クニ子さんも言っておられるように、今も椎葉でも言っていることだし、例えば『総合民俗語彙』に従えば、鹿児島県の甑島などでも、「生児の最初の泣き声のことで、一生の運命が決まる」と言っているようだ。明確に九州型の産育習俗で、右の那須英一さんの伝承も、一見関東出来《しゅったい》のようだが、れっきとした椎葉の昔話である。

雲の通い路

椎葉では妊娠五カ月目の戌の日に帯を締め始める。黒木武美さんによると、安産祈願は、5話の栂尾の栂尾神社の施明《せみょう》さま。幟《のぼり》を奉納した。さて、クニ子さん、ユキノさんによると、初産だけは実家でした。病院のない昔は、産婆は母親か姑。産婦が一人で陣痛の合間に準備し、一人で産み落とすこともあった。

土間に筵と布団を敷き、タテウスにすがって産んだ。分娩すると臍《へそ》の緒を握り拳の間隔で、母子側双方の二カ所を木綿糸で結び、用意の鋏で中程を切断し、モエサシの火で両方の切断面を焼いて消毒した。産湯・後産は便所に捨てた。便所神は女の神で、お産を守ってくれる。だが、難産の時に

は、経験の多い女性に頼んだ。邪気下しには、フキノネを擂《す》りおろし、乳首状の布に浸して、生児に吸わせる。すると真っ黒いヤベエを排泄する。

「いが泣き」は生児の産声のこと。例えば長く喧しく泣くと、将来厳しい等と判断する。英一さんの伝承のように、普通の人ではなかなか聞き分けられないが、山の樹木の精霊等はよく判断したもの、という。因みに手を握り締めていると、胸の小さいのは万事に慎重な人柄。手の開いているのと胸が広い児は開放的で気働きのきく小まめな人柄という。

ヒアケは七日目。汚れ物を洗った。名付けは、女児は七日目、男児は十三日目にする。三十三日目にお寺参りをする。米二升を納めた。

それはさておき、「いが泣き」は樹木の精霊のような山の神に近いものにして、はじめて聞き分け得たらしい。生児は誰しも神仏の計らいに従って生まれ、予め神仏に定められた縁に従って生涯を送る。

「いが泣き」は、その生児が「自分は、こうこうこうした定めのもとに生まれて来たのだ」という訴えである。これは非常に信ずべきものであったようだ。右の昔話中、三十歳も年齢差のある男女同士であっても、神仏の定めのもと、けっきょくは結婚してしまう。血気盛りで、独身生活を三十年も続けるのは嫌だと、事もあろうに相手の女児の喉を包丁で斬ってしまっても、女児は不思議に生き永らえ、成人する。人間生まれながらにして浄土からいただいてきている天命。それは仏性かもしれない。仏性で理解したくなければ、その人の理想の姿であろうか。

一方、小間物売りは、不思議なことに竜宮世界にワープして時を過ごし、時空を超越して、二人は結ばれるのである。だから、縁、つまり神仏のはからいというものは、大切に思わなくてはいけない、と教えるのである。序《つい》でながら、竜宮世界の姿であろう姫は、ヤマガサヘビになって、山で遊んでいて、交通事故に遭う(?)件《くだ》りは、別に不思議なことではない。竜宮世界の乙姫様は、日本昔話では、しばしば山に遊びに来られる。

47　鴛鴦《おしどり》夫婦のお話

［語り手］那　須　英　一
（松尾・水越　昭和5年4月1日生）

昔、お江戸の高田馬場《たかだのばば》の村外れに、佐助という若者が住んでおったそうな。佐助は、畑をいっぱい持っている百姓じゃった。毎朝、東の方を向いて「天の神様、この世で一番美しい嫁御を授けて賜《たも》うれ」ちて、拝んでおった。その願いが通じたのか、ある日の夕方に、年のころは十七、八。美しい娘がやって来た。「私はオツルと申します。私を貴方様の嫁御にして賜うれ」。佐助は「そりゃあ、天の神様の授けものじゃ」ちて娘の手を引いて、家の中に案内して、その晩から嫁御にした。

ところで、美しい嫁御に来てもろうたその明けの日から、佐助は、またいつものように畑仕事に出掛けて行った。畑仕事に行ったのじゃが、オツルのことが気になって気になって、仕方がない。仕事の手を休めて、家まで走って帰って、オツルの顔を見て、安心し、また畑に帰って行った。

一日に何回も、何回も、オツルの顔を見に家まで走って帰っては、畑に行く。が、また、オツルの顔が見とうなって、家まで走って帰って、オツルの顔を見て、安心し、畑に走り帰るのじゃが、またまたオツルの顔と、忙しい毎日じゃった。そこでオツルの言うことにゃ、「私の顔がそんなに見たかったなら、私の顔を、絵に描いてあげる」。

佐助は、オツルに描いてもらったオツルの絵を、畑に持って行て、畑の畦《くろ》に立て、それを見ぃ見ぃしては、畑を耕しておった。

ところがある日、大風が吹いて来て、オツルの絵は、天高く舞い上がって、千代田のお城[1]の方へ、飛んで行てしもうた。それから佐助は家に戻って、そのことをオツルに話した。オツルは、そんなら明日から、わたしも一緒に行て、畑仕事を手伝いましょう」。

それから毎日毎日、オツルは、佐助と一つ足に《（いっしょに）》、畑仕事に出掛けて行た。近所の人々は、「佐助は良《え》ぇ嫁御をのさった《（授かった）》ものだ。まぁ仲の良ぇことじゃ」。そのように評判がたっておった。

秋も深まり、唐黍《とうきび》やら野稲《のいね》[2]やら、収穫する時期になっておった。ちょうど畑の横に、大けな梨《なし》の木が立っておった。その梨の木に、大けな梨の実が、いっぱいなっておった。佐助は仕事の手を休めて「オツルに梨の実を食わせにゃいかん」ちて思うて、その大けな梨の木に登って、梨の実をとって、オツルに食わせよった。その梨の実がなんと甘いことか。オツルは喜うで、梨の実を、いっぱい食べよった。

ちょうどその時、千代田のお城の方から、将軍様の行列がやって来た。佐助とオツルは、梨の木の側で土下座をして、畏《かしこ》まった。そこに将軍様の行列が、「下にぃ、下にぃ」と言うてやって来た。

ところが将軍様は、その大けな梨の木の、大けな梨の実を、お駕籠《かご》の中から見つけて、にわかに行列を止めて、家来の者を呼んで「あの大けな梨の木の、大けな丸い梨の実を、採って参れ」

と言うた。そこで家来は、佐助に気が付いて、「こりゃ百姓。将軍様が、その梨の実を食べたいそうじゃ。お前、もいで参れ」。そこで佐助は、梨の木に登って、いっぱい梨の実を採って、将軍様に差し上げた。将軍様はその梨の実を食いながら、「すりゃあ、甘い梨じゃが」ちて言うて、喜うでおったが、オツルを見付けて、「その女は、一カ月ほど前、風に吹かれて、お城の庭の木に掛かっておった、あの絵の女子《おなご》じゃ。さっそく、奥女中に召し抱える」。そう言うて、オツルを駕籠に乗せ、連れて行ってしもうた。

それからというもの、佐助は、何をしても仕事が手に付かなかったが、町に行て、鍋やら、羽《は》釜《がま》［3］やら、焙烙《ほうらく》［4］やら買《こ》うて来て、それを籠に入れて、天秤棒で担《かろ》うて、千代田のお城の周りを、オツルに届け、とばかり、振り売りして廻り始めよった。

〽鍋やぁ　羽釜やぁ　焙烙やぁ　高田馬場の畑の横の　甘あい梨を採るときぃ　若い嬶《かか》を取られたぁ

ちて振り売り声をあげながら、毎日毎日、千代田のお城の周りを、売り歩いておった。

その佐助の振り売り声を、お城の奥座敷で聞いたオツルは、ちょっとの隙《すき》の暇《ひま》を見て、お城から逃げ出した。そうして、佐助と一緒に、ドンドンドンドン、川の横を逃げて行きよった。

オツルが逃げたことを知った奥座敷の方では、家来たちが追って、駆けてきた。オツルが佐助に言うことにゃ、「こりゃとても逃げ延ぶもんじゃねぇ。この川に身を投げて、死んでしまおう」。オツルは自分の着物を脱いで佐助に着せ、佐助の着物をオツルが着て、二人は、手に手を取って、川に身を投げた。

追っ手が川に駆けつけたときには、オツルと佐助が川に身を投じた後じゃったが、不思議なことに、その川には、鴛鴦《おしどり》夫婦が仲良く泳いでおったという。そのころから仲の良ぇ夫婦を、『鴛鴦夫婦』と呼ぶようになった、というお話。

（聞き手　天野千振・山中耕作）

［1］千代田のお城＝江戸城のこと
［2］野稲＝陸稲
［3］羽釜＝周りに鍔《つば》のある鉄の釜
［4］焙烙＝素焼きの平たい土鍋

雲の通い路

話型は「絵姿女房」だが、場所が、高田馬場である。高田馬場は、赤穂義士の一人堀部安兵衛の仇討ちの場所。義士銘々伝では、有名な場所であるが、そんな場所が、椎葉村の昔話に混入されていたのは、いささか驚きであった。やはり、英一さんのご先祖の寺子屋あたりから出た話かもしれない。ワープロを打ちながら不覚にもよい年齢をしていて、涙が出た。よい昔話だと思う。話中の佐助の「鍋や　羽釜や」の振り売りの歌う唄は、いちばんの聞かせ所だが、英一さんの唄は凄みさえ感じられた。

また、「鶴富姫」のツルの語源が知りたくて、散々悩んでいたとき、「椎葉では水流の意味だ」と椎葉歳治さんから教えられたことがある。今、川で鴛鴦に転生したオツルを考えると、有力なヒントのように思われる。「オツル」とはやはり折口信夫先生が説く「水の女」なのだろうか。

椎葉
あれこれ

鶴富屋敷（那須家住宅）

椎葉厳島神社

鶴富屋敷

椎葉には古民家が点在している。そのほとんどが、家屋前面に縁を横一列に設け、それに沿って各部屋を横長に配置している。「一列型平面形式」と呼ばれる。地形は平地が少なく傾斜地をひらいて土地を確保するため、このような造りが広まったと考えられている。

この椎葉型といわれる家屋の特徴をよく伝えているのが、鶴富姫と那須大八郎の悲恋物語の舞台と伝えられる鶴富屋敷である。旧那須家住宅で大きく太い材料を使用した椎葉独自の造りを今に残している。家の長さは二四・九三《メートル》、奥行き八・六六《メートル》と規模が大きい。小屋組は叉首《さす》を組み合わせ、屋根は寄棟造りで棟飾りとして九本の千木が組まれている。以前は萱葺きのままであったが、昭和三十八年から火災防止のため、萱葺をおおって、銅版が葺かれている。

部屋は、正面から向かって左より、こざ（仏間）、でい（客間）、つぼね（寝間）、うちね（居間）と呼ばれる四室と、釜などが備えられたどじ（土間）で構成されている。この配置も椎葉型を示す。

この家の建立については明確な資料が残されていないが、建築技術等から約三百年前の江戸時代の建築物と考えられている。村の中心部の上椎葉地区に位置し、昭和三十一年に国の重要文化財に指定され、一般公開され、村の観光名所となっている。家屋の内外観はもちろん、あたりを包む空気にまで時間の重なりを感じる。

48 ムキの話

[語り手] 椎葉　クニ子
(不土野・向山日添　大正13年3月11日生)

今度は《(今度はね)》ない、昔話も蛇の話をするけぇない。この昔《むかぁし》、蛇が人間に化ける話をするけ、ゆう聞いとってくれない。

そすっと、蛇が人間に化けて、よびゃあひゃあ[1]に来ることを、ムキが引っ付く、ちゅうていうことわい。その話をするからない。

いとこじょう[2]が来たときには、女には、蛇が化けて、めんめぇ《(自分)》のいとこじょうに見えるから、その蛇と一緒に寝るようになるけぇない。そっじゃけぇ、気を付けんといかんとわい。男も、今度はめんめぇのなじょみ[3]のように見えるけぇ、それでそういうふうにして化けるげなからない。それを気を付けんと危《あぶに》ゃあぞい。

そっじゃけぇ山で約束したら、それを聞いた蛇が化けて、約束した場所に出るから、山に行くときには、女は必ず針を着物の襟《えり》の裏に刺して行かにゃいかんとわい。

女に、男のようにして蛇が化けて、そういうふうで、女の口には、蛇の、口を入れるげなけぇ、そして女の裾《すそ》には、蛇の、尻尾を差し込んでするげなわい。そしてもし男[4]が、来てみたら、もう泡を吹いて、蛇と抱き合って寝とっとげなわい。そういうふうで、もう山での約束は、決してわっども［5］せんごとせにゃあ大事ぞい。
そうじゃけぇ山に行くときゃあ針を持って行かにゃならんとわい。もし女に蛇が夫婦になっておったなら、何ぼ蛇が切れるほど引っ張っても抜けないから。必ず蛇のくるりを、針で刺したほどずつ《（それだけずつ）》でないと抜けないちゅうわい。もうそれはそればっかり。

（聞き手　境　恒徳）

［1］よびゃあひゃあ＝よばい男
［2］いとこじょう＝真からの恋人
［3］なじょみ＝なじみの女（いとこじょうほどの関係ではない）
［4］男＝相手の男
［5］わっども＝お前たち（数人に言うとき）。こんたどまぁ、とも。一人に向かって言うときは、こんた・わっやぁ。

雲の通い路

クニ子さんに『桃の花酒と菖蒲酒の話』がある。残念ながら翻字《ほんじ》できなかったが、椎葉喜蔵氏の『平家落人内膳殿の話（三輪山型蛇婿入り）』と同内容の民話だが、本稿はそれに付随する娘のたしなみについての話。これによると、椎葉山の娘は、山に行くとき、必ず針を一本襟の裏に刺して行ったものだ、という。クニ子さんももちろんそうしていたそうだ。
問題の「ムキ」というのは、蛇が夜ばいをするために男に化けたものをいうのだ、という。そして、蛇が娘と夫婦しているときは、どんなに尻尾を引っ張っても鱗を逆さまにして抵抗し、裾から容易に抜けるものではない。しかし、蛇の胴のぐるりに針を刺すと、その分だけ抜ける。ズッと抜いて抜けなくなったら、また針を刺すのだという。もしも男女が外で逢う約束をすると、必ず蛇が聞いていて、ムキになって、その娘に引っ付く。引っ付くと、娘が、山でお昼を食べたころ、どうしても眠くなってしまって、いくら「寝らんどこう」と頑張っても、堪らなくなって、ついウトウトと寝てしまう。そこを蛇はムキになって襲う。だから娘は、戸より外で男と約束するものではない。山に行くときには、必ず針を襟の裏に刺して行くものだ、と両親に教えられてきた。クニ子さんの話は、貴重な民俗資料そのもので、いつも感心する。

49　蒟蒻《こんにゃく》のよびゃあひゃあの話

［語り手］椎葉　クニ子
（不土野・向山日添　大正13年3月11日生）

この昔《むかあし》、蒟蒻がよびゃあひゃあ［1］に来たちゅうわい、毎晩。来たら女子《おなご》に、「俺《おれ》が来たときにゃ、必ず水の用意をしておいてくれぇ」ちて、言うたそうな。そして、毎晩そうしておいとったら、やっぱ親たちが、「何して、そぎゃあ、その水の用意をせにゃあいかんか」ち言うから、「知らん。何でちゅうことは知らんけど、『足が汚《よご》れとるけ、外に水を置いといてくれ』ちて、いつも言うけぇ」ちて、言うたそうな。

そして、足洗うときに、必ずその男が、「これは灰汁水《あくみず》じゃにゃあか？」ち言いおったげな。そしたら、「灰汁水じゃにゃあよ」ち言うて、まあ最初はね、言いおって。ずうっと、その真水を置きおったが。そしたら、そのよびゃあひゃあは、毎晩、「灰汁水じゃあにゃあか？」と聞くもんじゃけぇ、親に、そん灰汁水の話をすると、「そんなら、今晩は灰汁水を置いてみろ」ち言うた。女の子が、灰汁水をそうしとったら、その晩、男は夜這《よば》いに入って来《こ》だったげな。

そして、その明けの朝、女の子が起きて見たら、その灰汁水は、蒟蒻になっておったげな。それが蒟蒻のよびゃあひゃあの話。そればっかり。

（聞き手　境　恒徳）

雲の通い路

［1］よびゃあひゃあ＝夜這い・夜這いに来た人

この昔話の主人公は蒟蒻で、話の筋は蒟蒻の『夜這い』だが、分類は「蛇婿入り」になる。問題は『夜這い』である。どの地方でも、昔は、親の承諾なしに、若い息子・娘二人が合意さえすれば、結婚できた、と思っている向きが多いようだが、それは誤解。第一、娘たちはムラのもの。だから庄屋クラスならいざ知らず、村外婚は容易でなかった。村内婚でも、まず、若者たちの同意なしでは許されなかった。特に父親の同意は絶対要件で、もし娘の親の同意が得られないとなると、若者組が動き出す。皆で『嫁盗み』をするのである。

例えば、息子から「実は」と相談を受けた場合、若者組合議の上、娘組とよく相談し、娘本人の気持ちも確かめ、まずその娘に身の回り品を持って家出させ、ふしだらな行為は後々の評判になるので、ことさら二人を隔離し、そうして俊敏な若者を選んで、娘の家に通告にやる。通告役を引き受けた若者は、さっそく娘の家に出かけ、その玄関の敷居に半歩だけ足を入れて、「お前の家の○○ちゃんを、××の嫁にもらっていくぞ！」と怒鳴って、言い終わるか否や、すぐ逃げ帰る。もしも捕まるようなことがあれば、捕虜の交換よろしく、娘は返すことになってしまう。親はむろん、若者組・娘組など所属社会の承認がなくては、結婚できないのが通例だった。

結婚も、原則としては婿入りが本当で、椎葉の隣村の五家荘（熊本県）の場合だと、婿は、三年間は毎晩、嫁の家に通わなくてはならなかった。それを聞いて深い谷底を見ながら私たち東京から来た学生は、思わず嘆息をついたものである。もちろん日中は、それぞれの実家で働くのである。娘と言っても重要な働き手だから、結婚したからといって、おいそれと婿方にやってしまうことができなかったのである。

しかし、娘の親とて、堅いばかりではなかった。娘が年頃になれば、その寝所は、男が通いやすいように、親・兄弟の寝所からは離れた場所に設けたものだった。夜神楽の晩など、一見、自由恋愛が許されるように誤解する向きが多いが、男としっかり約束を取り付けて来ないような娘は、我が子とは認めない、という厳格な気風があったことは事実である。この『蒟蒻のよびゃあひゃあ』の話でも、親の管理は行き届いている。気まぐれの恋など、とんでもない話であった。また、別れることは、恥ずかしいことであった。

さて、『夜這い』だが、語源は『呼ばわる』である。娘の部屋の前で、若者が、外から結婚を申し込むのである。その際は、娘はどんなにうれしくても、すぐには応じてはいけないのが娘のたしなみだったし、古代だったら、最初の晩は、神を祭らなくてはならないし、披露宴は三日目の夜だった。その間、親は通って来た婿の草履を、自分の布団で温めて寝て、「婿が娘を捨てることがないように」と呪う習慣もあったという。

両親も知らない『夜這い』など、週刊誌的な不埒な男の夢である。実際にやったら一生一代、他人の話題にされなければならない。それは、現代も同じことである。私自身、昭和五十七年のことだが、福岡県での野外民俗調査で、姻習俗を尋ねていたとき、あるお婆さんから、「実はあのお爺さんが、それだ」と教えられ、びっくりしたことがある。生涯、噂され続けるのである。ムラ社会では、軽はずみな結婚など決してなかったのである。

椎葉あれこれ

椎葉の食文化

椎葉ソバ

菜豆腐

四方を深い山々に囲まれた椎葉は、道路網が整備されるまでは多くの家庭で自給自足による生活が中心であった。地形的な条件から農地が少なかったが、豊富な自然から得られる山の幸には恵まれ、そこから様々な郷土料理が生まれた。さらに、このような環境であるが故に、工夫された保存方法や料理方法などが考えられ、椎葉独特の食文化が伝承されてきた。

椎葉の代表的な食文化の一つに、焼畑農法で栽培されるソバがあげられる。椎葉のソバはつなぎを使わない素材百パーセントのものがほとんどで、風味や味もよく栄養価も高い。

ほかにも、同じ焼畑農法で栽培されるヒエやアワを使った料理、狩猟による猪や鹿の肉、ニホンミツバチが椎葉の山にある多種多様な植物から集める天然蜂蜜、さらに、春の山野草や初夏の釜煎り茶、そして、大豆を節約するため季節の野菜や花を混ぜて作られた菜豆腐などがある。とくに春の菜豆腐は藤や菜の花を入れて作られ、その彩りは奥ゆかしい美しさである。

国道三二七号沿いにある椎葉村観光協会運営の椎葉村物産センター「平家本陣」では、こうした椎葉の郷土料理が季節ごとに味わえる。とくに「椎葉ソバ定食」はおすすめ。椎葉産の貴重なそば粉で毎日手打ちしている。ほかにも、季節の野菜や花を混ぜた菜豆腐、高菜に似た食感で地元で慣れ親しまれている「くさぎな」の焼き飯など、椎葉の食材を使ったメニューを揃えている。

50　狩り自慢の男

［語り手］椎葉　均
（不土野・尾手納　大正6年11月20日生）

　ある所《とけ》ぇ、狩り自慢の若《わき》ゃあ者《もん》がおったちゅうわお。山《やみ》ぁ狩り行くと、いっつも猪やら鹿んちようをば、ずんびゃあ《（たくさん）》獲って、戻ってきたちゅうわお。獲物をば獲らじぃ戻った日はなかったちゅうわお。

　ところがちゅうわお。ある時ぃわお、山ぁ狩りぃ行ったその若ゃあ者は、どぎゃあしたことか、その日ゃあ、獲物が獲《と》れんかったちゅうわお。これじゃあおかしゅう《（恥かしくて）》して村《むり》ゃあ戻れんわい。若ゃあ者《もな》ぁどぎゃあかして《（どうにかして）》獲物をば探そうと思ぅて、ドンドン山の奥ぃい入って行ったどもが、兎の子一匹見付けんかったちゅうわお。

　そのうちぃ暗《くろ》うはなるし、足ゃあだるるし《（疲れる）》、ひだるぅはなるし[1]、しようがなかったちゅうわお。諦めて去《い（帰ろう）》のうとした時ぃ、向こうの木の陰をば歩《あり》ぃとる一匹の太《ふて》ぇ鹿んちょうをば見付けたちゅうわお。

「やった！」。若ゃあ者ぁ、弓矢を握りしめて、足音をば立てじぃ、忍うで近付ぃたちゅうわお。

　せっかく見付けたちゅうてぇ、気付かれて、逃げられたちゅうなら、どぎゃあもこぎゃあも、しゅうようはにゃあけぇ、と思うて……。太ぇ鹿んちょうは、辺りをば見回ぁて、山の奥ぃいゆ《（ゆ》

ゆら《(つくり)》入って行ったちゅうわお。「いったい、どけぇ行くとじゃろうか？」。若ゃあ者ぁ太ぇ鹿んちょうをば、追《う》え駆《か》くるてぇ何もかにも分からじぃ、そのうちぃ木の中ぁ抜けて、人の高さ位《くり》ゃあもある草むりゃあ入って行たちゅうわお。「ええ《(なるほど)》、あの太ぇ鹿んちょうは、この草をば食いに来たっちゃな」。若ゃあ者ぁ、草ん中ゃあ見え隠れしとる太ぇ鹿んちょうをば、追うて草むりゃあ入って行たちゅうわお。なれども、太ぇ鹿んちょうはおらんごとなってしもうた。「あの奴あ、どげぇ隠れたどうか？」。若ゃあ者が、背をば伸《のび》ゃあて見たなりゃあ、おった、おった、太ぇ鹿んちょうは、こっちをば振り見ぃて、立っちょったちゅうわお。ちょうど、「ここまで来ぇ」と言うたあんび《(塩梅)》ゃあで、若ゃあ者が、弓に矢をば掛けて、構えて、そっちの方へそろそろと寄って行たなりゃあ、太ぇ鹿んちょうは、また、ひょくっと姿をば隠《かき》ぃたちゅうわお。

そぎゃあして三遍《べん》も四遍も続ぃとったどもが、こん奴ぁ、今度こさぁ仕留めてやる。若《わけ》ぇ者ぁ、たぎりながら《(カッカしながら)》草むらをば押し分けて、追うて行くと、「あっ！」。いきなり目の前がギラッと光って、若ぇ者ぁ思うがけものう目をばつむり、「ヤチ眼じゃ」。そう気付ぃたときゃあ、もう遅かったちゅう。若ゃあ者の足ゃあ、泥ぇ取られて、ズブズブと沈うでしもうたちゅうわお。ヤチの罠《わに》ゃあ掛かったとじゃった。もう身動きもでけじゃったちゅうわお。若ゃあ者ぁ「助けてくれい！　助けてくれい！」と声の限りぃおろうだ《(叫んだ)》ちゅうわお。なれども、こぎゃあの山奥じゃるけえ、誰《だれ》も助けぇ来るはずがにゃあわお。

若ゃあ者ぁ、足から腰、腰から胸ぇ、胸から首ぃ、ズブズブと沈うでいったちゅうわお。「助けてくれい！　助けてくれい！」どぎゃあおろうでも聞こえてくるたぁ、山彦ばっかりじゃったちゅうわお。そんときじゃったちゅうわお。「ウワッハッハ」山彦に混じって気味の悪ぃ笑《わり》ゃあ声が聞こえてきたちゅうわお。そらあ、ヤチの笑い声じゃったちゅうわお。

若ゃあ者の姿は、泥ん中ぁ沈うで、ヒョクッとのうなってしもうたちゅうわお。後《あた》ぁシーンとおとなしゅうなって、もう音《おた》ぁ、いっちょもせんし、草むらん中ゃあのヤチの眼だけが薄気味悪う光っとるだけじゃった。

（聞き手　甲斐眞后、林由季子・池田紀美子・大部志保）

雲の通い路

［1］ひだるぅはなるし＝腹は減るし

ヤチは、古語では山の神霊のことである。均さんは山姥のようなものと考えられていた。椎葉の人々は、昔から山で狩りをする時には、事前にその山の神様をお祀りしてある聖地で供物し、狩りをするお願いをし、併せて獲物の霊も丁重に弔っている。右の民話では、「狩り自慢」の男が、必要以上にというか、分に過ぎた狩をしてきたので、山の神の怒りを買ったのである。「資源は大切に」と、椎葉では昔から若者たちに教えていたのである。

それにしても、不気味。椎葉の人の文章力は凄い。椎葉文化には脱帽のほかはない。

51　おこんが割《わ》り崩《く》え

［語り手］黒木カネ
（大河内・小崎　明治35年1月1日生）

馬口岳《ばくちだけ》［1］ちゅう椎葉村と熊本県水上村との間に、屏風を立てたごたる太《ふて》ぇ山があるとよなぁ。そしたりゃ《（そうして）》あ、その山が三角なりぃなっとってのう。

昔、延岡［2］ちゅう所《とけ》ぇ米屋があったちゅうたい。そこの大将は、こまじろう［3］で、米をば買《け》ぇに来るお客共《どめ》ぇ、「米、一升《いっしょう》くれんや」ちゅうて言うて来りゃあ、一升枡《ます》で、米をば一升量って置《う》えとって、その中《うち》をば、こせぇじゃあ《（すくいとっては）》奪《と》り、こせぇじゃあ奪りして、また別《べち》ぃ脇の者《（他の人）》が「米、一升くれんや」ちゅうて来ても、一つごとして、一升量っちゃあ、こせぇで奪っちゃあやりして、入れくって《（ごまかして）》、分限者《ぶげんしゃ》になったっちゃけんどもが、その米屋に、おこんちゅう娘ん子と、ま一人娘ん子と、二人おったとたい。

買ぇに行く者は、せっかきぃ《（せっかく）》がま出ぇた《（頑張った）》銭《ぜに》をば、やりとぅはねぇんどもが、別ぃに米屋はねぇもんじゃから、仕様《しよう》ねぇもんじゃから、手に合《あ》わじぃ、そけぇ買ぇに行ったとたい。むげぇことよのう［4］。そっじゃから、そういう者の、しょのみ［5］があって、罰《ばち》きり被《かぶ》ってのう。二人の娘ん子は、大蛇になったとたい。

そのおこんちゅう娘ん子とま一人の娘ん子の大蛇が、延岡から耳川をば上《のんぼ》りあがって来てたい。

馬口岳にうち当たったちゅうたい。それから上にゃ川はねぇ。大蛇は何遍《なんべん》も何遍も馬口岳にうち当たったちゅう。そうしたりゃあ七日七晩ちゅうもなぁ大時化《ううしけ》（大嵐）がして、崩《く》えを引いた［6］もんじゃから、三角なりぃなっとった馬口岳が、うち崩えて、川水が、一方は熊本県の湯前町の古屋敷の方さねぇ流れて球磨川に入り、ま一方は小崎の川ノ口さねぇ流れて耳川に入ったちゅうたい。そういう崩えが引いたときゃあ、どげぇかおぞかっちろう［7］と思うとよのう。

その大時化の中をば、おこんは竜巻に乗って天に昇って、竜になったちゅうたい。昔の話伝《はなしづた》えじゃから、風狂《ふうきゃあ》はねぇ［8］けんどもが、おっど《（私は）》まこげぇな話をば聞いたことがあったとたい。大崩えがしたあと、俺《おれ》が住んどるこの川ノ口も平《でぃ》ら［9］なムラになったとよのう。今でも「平」、「平谷」ちゅう地名があるし、「平」ちゅう屋号の家もあるけんども、そのとき出来たいわれじゃねぇどうか、と俺ゃあ思うとよのう。それればぁっかり。

（聞き手　椎葉浪子、市浦亜希・吉田扶希子・大部志保・藤井由季・村岡良美）

［1］馬口岳＝宮崎県椎葉村と熊本県水上村との県境近くの山。標高一四三五メートル。頂上は平坦で沼《ぬた》がある。熊本県方面には、江代川が流れ出て、球磨川の源流の一つといわれる。また、宮崎県方面には小ヶ倉谷があり、小崎川となって流れ出て、本流の耳川に合流している。小ヶ倉谷は別名「平谷」とも言う。おこんの割り崩えた滝もある。グラビア参照。

［2］延岡＝宮崎県延岡市

［3］こまじろう＝ずるい男

［4］むげぇことよのう＝情けないことだなぁ

[5] しょのみ＝ひがみ・ねたみ
[6] 崩えを引いた＝山津波が起こった
[7] おぞかっちろう＝恐ろしかったろう
[8] 風狂ねぇ＝訳がわからない
[9] 平ら＝平坦地

雲の通い路

山岳地帯で見る地勢の自然説明伝説である。一例をあげると、山岳地帯で地形が平坦になっている所で、「平」、「坂梨（坂無し）」の地名がつけられている集落などあるが、こういう集落には、平家谷伝説が多い。

52 桝《ます》量りのいれくり

［語り手］椎葉　満
（大河内・小崎狩底　大正13年2月10日生）

昔、どこの酒屋かは分からんどもがぁ、なんさま《(まぁとにかく)》、一軒の酒屋があったちゅうたい。そしたりゃあ、その酒屋にのぅ、人が酒をば買《け》ぇに来りゃあ、昔から使《つこ》うとる柄《え》の付ぃとる桝量りで、酒をば汲んでは、売りよったけんどもが、桝をば水に浸け込んごと《(浸けないようにすると)》すりゃあ損するもんじゃから、わざと、水がめの中《なけ》ぇその桝をば水に浸けてたい、打ち振りぃもせじぃ、水がめの中ぇ水ごといっしょにかてて《(加えて)》、人に売りよったちゅうたい。

そうすりゃあ、一合の酒は八勺《しゃく》、一升の酒は八合ちゅうふうに桝目をいれくり《(ごまかして)》おったとたいのう。そしたりゃ、酒をば買ぇに来た客が、「こりゃあ、ずんべえ《(一升分全部は)》はねぇが」ちゅうと。酒屋の主人は、「んにゃあ、こりゃあ、桝で量って、入れたばかりじゃけぇ、あるとばい」ちゅうて、客が来たごっちぃ、いれぐろうでてしおったとたい。

そういうことが、やっぱし何年も続《つづ》ぃたなぁ。そしたりゃあ、そのうちぃ、その酒屋の主人の嫁女が、はろうで《(妊娠してね)》たい、子供が生まれたとよなぁ。その子が丈夫な女の赤ちゃんじゃったちゅうたい。

それから何カ月かしおったりゃあ、今度はたぃ。その赤ちゃんに、尻尾《しりお》が出てきてなぁ。

その尻尾ちゅうとが、蛇じゃった、ちゅうたい。蛇の尻尾ちゅうもんじゃから、しったまがって《（ひっ魂消って）》、「うぅごてぇ《（大変な事に）》なったばい。こうゆうものば、こけぇうぇえて《（置いて）》、見世物《もね》ぇしちゃあならん。人から評定されたりゃあ、商売はすったり立ちゃあああかん」ちゅうことで、カマゲ《（叺・かます）》の中ぇ隠《かき》いて、売いよったげなたい。

　そしたりゃあ、その子をば、あんまりやんだが《（三度三度）》やりぃ、食わせたもんじゃからカマゲの尻の方から引きゃあ破《ぶ》れてな、大蛇の尻尾が出てきたとたい。

「どうすっどう。こりゃあ、この子供をば、こけぇ置くこたぁでけん」ちゅうこてぇなったとたい。そしたりゃあ、その蛇が、こげぇ言うたちゅうたい。

「父《とと》と母《かか》よ。俺がこういうふうになったちゅうこたぁ、お前共《めぇどみ》ぇに罰があるとばい。もう俺も、こけぇおることは出来んたい。じゃけえよ、よぅと言うとくからのぅ」と言うたりゃあ、

「そんなら手にゃあわん《（仕方がない）》から、もうここで泣き別れせにゃあ、しようようがねぇたい」ちゅうて、その子を池の淵に連れてうぇえて、もうこれがいよいよ最後ぞちゅうときぃ、その蛇の娘が、

「父よ、母よ、今までどれだけ商売をば無理してぇ、桝の目をばいれくってしたやぁ。人がま《（頑張っ》てえて《て働ぃて）》一生懸命取った銭《ぜに》で、酒や焼酎をば買ぇに来てくれたてぇ、そげぇな量り方をばしたもんじゃから、罰が当たって、俺のような子が出来たとたい。もう決して、そういうことはやってくれめすな」。

　そして「これが別れじゃあ」ちゅうて、言い終わらんうちぃ、池の中へ、ザブーン、と一人飛

び込んで、その父と、母を、いれくりの商売から救うことが出来た。それが『桝量りのいれくり』ちゅう話じゃったとたい。

昔から言うように、人をば騙けぇて商売をばするとに、ろくなことぁねぇ、と思うよ。

（聞き手　椎葉浪子、中島理恵・小久保聖見・小山奈津美）

雲の通い路

前出の『おこんが割り崩え』の伝説はほんとうに価値ある昔話だった。凄みさえ感じた。右の『桝量りのいれくり』は同型の昔話。どちらも凄い。椎葉言葉の美しさも抜群。ぜひこの美しい言葉を残したいものである。人が頑張って稼いだ金を、欺き取るような卑劣なことは、天も許すまい。この国では昔から正直こそ第一とされていた。

罰が娘に当たって、親に当たらなかったことを不思議に思う人があるかも知れない。実は蛇の娘は、悪を行う両親を諫めた池の水神。とどのつまりは三十三に身を変じて人々を救う観音様だったのである。

いつもながら内容的にも、椎葉の昔語りは高度である。文学性の高さにはまったく脱帽の他はない。

53　爺はおるか？

［語り手］那須英一
（松尾・水越　昭和5年4月1日生）

昔、ある所に、仲の良え《え》、年寄り夫婦が住んじょった。爺さんの方は、思いやりのあるやさしい人じゃったが、婆さんの方は、寂しがり屋で、爺さんが仕事でおらんときには、寂しいもんじゃから、いつも外に出て、爺さんの山帰りを待っちょるふうじゃった。そして婆さんの言うことにゃ、「爺さん、どちらが先に死んでも、埋めんがちよ（決して埋めないで）」ちて言うて、そのように何度も約束をばして、暮らしておった。

ところが、ある年、流行病《はやりやまい》で、婆さんの方が、先に死んでしもうた。爺さんは、婆さんと約束したことじゃから、どじ（土間）の竈《かまど》の後ろに、死んだ婆さんを座らせ、赤土を捏《こ》ねて、粘土を作って、婆さんが倒れないように、塗《ぬ》りかちめた。そして、頭だけは、そのまま出しておいた。すると毎晩、暗くなると、死んだ婆さんが、竈の後ろから、「爺はおるか？」ちて聞く。それで爺さんは「おります。おります」と答える。婆さんは、そのまま安心したのか、眠ってしもうた。

このように毎晩、毎晩、婆さんは「爺はおるか？」、そう尋ねる。

ある晩のことじゃった。旅人がやって来て、「一晩、宿を貸して賜《たも》うれ」と頼んだ。それで爺さんは、「ここには、一人病人がおるが、今晩は、俺が、ムラの寄り合いに行くとじゃが、こん病人は、必ず『爺はおるか?』ちて、そのように尋ねるから、『おります。おります』言うて、返事をしてくれめせ」ちて言うて、爺さんは、ムラの寄り合いに出掛けた。

夜中、爺さんの言うた通り、竈の後ろの方から、婆さんの声がして、爺さんの言うた通り「爺はおるか?」と聞く。それで旅人は「おります。おります」と答えた。するとまた婆さんの声がして「爺はおるか?」と聞く。旅人は「おります。おります」と答えたが、また「爺はおるか?」と聞く。旅人はまた「おります。おります」と答える。するとまた、婆さんの声で「爺はおるか?」と聞く。もう止めどなしに、婆さんは「爺はおるか?」と聞く。その声は、どんどん近づいて来る。「こりゃ大変じゃ!」。旅人は、やっとの思いで、その家から逃げ出えた。婆さんは、一足のとこで噛《か》みそこのうた。そして柱にもたれて、うなだれて、立っておった。ちょうどそのとき、爺さんが、ムラの寄り合いから戻って来た。そうして婆さんから、ひっ噛まれた、というお話。それればぁっかり。

（聞き手　山中耕作）

雲の通い路

穏やかな椎葉村の民話としては、不気味な世間話。英一さんに、「この昔話は、聞く人に、どんな事柄を伝えたかったのでしょうか?」。そう聞くと、英一さんは真面目に「この昔話は、単なる怪談ではない。未練・こだわりはよくない、と教えた昔話だ。仲の良い夫婦で、好いて好かれて、どんなに別れ難くても、死別後は未練を持ったらいけない。死後は、きちんと葬儀・告別式を営んで別れ、後はしっかり供養し、互いに浄土を求める心が大事、ということだ」と答えられた。仏教を厳正に重んじる椎葉の暮らしの一端を見た思いだった。

54　年寄《としお》りをば山《やみ》ぁ捨《う》してた話

［語り手］椎葉　均
（不土野・向山日添　大正6年11月20日生）

昔《むかぁし》、ある所《とけ》ぇ年寄《としお》りの婆さんをば連れた一軒の家《え》があって、若《わきゃ》ぁあ夫婦《みょうと》が年寄りをば養《やしの》うとったちゅうわい。夫《べとう》は気持ちのやさしい男で、この婆さんをば、いっつもやさしゅうにして、むぞうがって《（いたわって）》世話しとったのなれども、嫁御は、この婆さんが好かんで、嫌で嫌でどうしょうもなかったちゅうわい。「あぎゃぁあな婆さんは、早う死ぬりゃぁええっちぇえーてぇえ」ち、いつも陰で言うとったちゅうわい。

ある年、秋が深うなったとき、その年ゃあ年中雨の降り続《つじ》いとって、米《こみ》ぁあいっちょも稔《みの》らじい、いつもの年の半分しきゃぁ穫《と》れじゃっちゅうわい。「あんたぁあ、この冬《ふゆ》ぁどぎゃぁして渡《と》世《せ》ぇすっつもりじゃっとじゃろう」ちゅうて嫁御《よめが》ぁあいっつもぐずっとった《（ぐちを言っていた）》ちゅうわい。しみぁにゃぁ「あぎゃぁあ励みもせじぃ《（あんなに仕事もせずに）》、寝て食うてばかりおる婆さんは、山の中《なき》ぁあ捨《う》してたらどうじゃろうか」と夫に言うたちゅうわい。そしてせっかくる《（せきたてる）》ことなったちゅうども、夫は、「俺ぁそぎゃのこたぁあでけん」ちゅうたちゅうわい。夫はきつう反対したどもが、毎日《めえひんび》ぃせっかくるもんじゃるけぇ、夫もどうしょうものうなって、とうとう決めたちゅうわい。

月が美しゅうに照り渡ったある晩のことちゅうわい。「婆さん、今夜《こんに》ぁ月見ぎぁ行かんかお。俺が連れて行くわお」。婆さんは、「そうかい、そうかい。わりゃあほんしゅう《(本当に)》気のむぞうなねええ《(優しいねぇ)》」。婆さんは大喜びして、男の背中ぁかるわれて、奥山深う登って行ったちゅうわい。この山の上ぇにゃあ萱《かや》がずんびゃぁ《(たくさん)》はえて、萱の穂が風に揺れて、美しい月がそれをば照らゃぁとったちゅうわい。男《おとか》ぁ、「婆さん、こらえてくれめせ」と心の中で詫《わ》びながら、隠るるごとして逃げて去《い》んだちゅうわい。

男ぁ、その晩、一晩中眠れんかったちゅうわい。「婆さんはどうしとるじゃろうか。寒《さみ》いじゃろうかなぁー。むぞうななぁあ《(かわいそうになぁ)》」。男ぁ、戸ば開けて、外をば見てみたちゅうわい。山の上からビュウビュウ風《かざ》ぁあ吹いて来るし、男ぁたまらんごとなって、「あっ、あれは、風の音《おて》ぇえ混じって、ちぃっとばかり聞こえて来る。あらぁあ間違《まちぎ》ゃぁにゃぁ、婆さんのシクシク泣《なき》ゃあとる声じゃもんなぁあ」。男ぁ、もうたまらじい辛抱《しんぼう》しきらんごとなって、「婆さん　俺が悪かった。婆さん」と外へ飛びじゃぁて、山《やみ》ゃあ向けて飛うで行ったちゅうわい。

なれどもが、婆さんはどげぇ行ってしもうたか、姿も見えんかったちゅうわい。男ぁ泣きながら、「婆さん。婆さん」と萱をば掻《か》き分け掻き分け、探《さぎゃ》ぁてみたれども、どぎゃぁ探ぁても居《お》らんかったちゅうわい。婆さんが座っとった萱の中《なきゃ》ぁ太《ふて》ぇ石が一ちょうあるばかりじゃったちゅうわい。

それからちゅうもの、晩になると、山の上からいっつもシクシクと、泣き声がするごとなっちゅうわい。この若ぁあ夫婦が死んだ後《あて》ぇも、その泣き声《ごや》ぁ止まらんかったちゅうわい。村の者《もな》ぁ、あのむぞうな婆さんは、婆捨山の石ぃなって、泣ゃあとっちゃろうちゅう話ぃなりおったちゅうわい。
それから一時《いっとき》経ったある年のことちゅうわい。その村ゃあえらい法師坊さんが立ち寄って、この夜泣き石のことを聞いたちゅうわい。「むぞうげぇーかお《（かわいそうになぁ）》。俺がその石をば弔《とむろ》うてやろう」。ちゅうて、村の者へ言い付けて、山の奥《おき》ぃある寺ぁあ持って来させて、その前でお経をあげて、年中弔うたちゅうわい。そうしたなりゃあ、その石ゃあ真っ二《ふた》ちぃ割れながら、血のごたっとやら、水のごたっとが流れ出たちゅうわい。「あっ、こらぁ山《やみ》ゃあ捨てられた婆さんの血の涙ばい」と村の者ぁそぎゃぁ言うて、手をば合わせて合掌したちゅうわい。それから夜泣き石ゃあ無《の》うなったちゅうわい。そればぁっかり。

（聞き手　甲斐眞后）

雲の通い路

『姥捨山』は、実は歴史的に日本にはなかった、という。高野山下にある女人堂のような女性の行場が伝説化したものという。いずれにせよ、親孝行をすすめた話である。均さんも、子供が両親を大切にすれば、必ず先祖の加護が得られると付け加えておられた。これが昔からの椎葉村の教育である。月明かりの中に萱が秋風に吹かれる古雅な味わい深い口調もすばらしい。

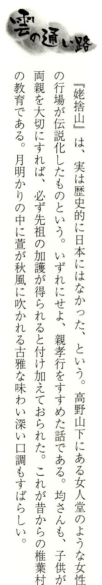

55　姥《おば》捨て山

［語り手］椎葉　トラケサ
（大河内・臼杵俣　明治35年10月19日生）

昔ゃあ、姥《おば》捨て山ていうてあっちろうたいのう。それで、昔ゃあ持って行きよったちゅうばい。それがのう、姥捨て山に行く時にゃ、柴をばつんもって（木の枝を途中から折って）、行きよったちゅうたい。そんでわかりよったっちゅう、姥捨て山ちゅうとから戻りにゃ、それをしるしぃで戻ったがいいがなあ。そればぁっかり。

（聞き手　椎葉壮市、林　文香・吉田扶希子・宮本真子・森山苑子・大部志保）

雲の通い路

今の椎葉と違って、古風な時代に育《お》いたったトラケサさんは、私たちが訪れたとき、ちょうど、ムシロに生椎タケを並べて、日に乾かしておられた。椎タケ一枚ずつを乾くとひっくり返す作業だが、私たちが何を言っても返事なさらなかった。

私たちが帰った後、息子の壮市さんに、「気の毒なことをした」ともらされ、この昔話を壮市さんに語って書きとらせ、郵便で送ってくださった。後日、再び訪れた私たちに、ようやく右の「姥捨て山」を一生懸命話してくださった。詳しい話はご存じと思うが、直接村外の他人と話すときは、恥ずかしいからか、これが精一杯なのであろう。やさしい目をした貴婦人だったと、学生たちは今も懐かしげにうわさをする。

56　紫の豆

〔語り手〕黒木　フサエ
（大河内・栂尾　昭和6年8月19日生）

昔《むかあし》むかし、父《とん》ちゃんと、おっ母《かん》と、娘と、息子がおったげな。

ある日、息子は山《やめ》ぇ山芋《やまいも》掘ぃ一人で行ったげな。息子は、山芋をば見付け出ぇて、がま出ぇて《（頑張って）》、掘ったげな。じゃけんど掘るけんど掘るけんど、よう《（うまく）》掘りつけずぅおったげな。そけへ山男〔1〕が出て来て、「汝《わが》ぁ、何しょっとかい？」ちて、息子に言うげな。息子が、「山芋掘りぃしよっと」ちて言うと、山男は、また「汝《わ》が家《や》ぁ、何人おっとかい？」ちて、息子に言うげな。息子は、「父ちゃんと、おっ母と、姉《あんね》と四人」ちて言うたげな。すると山男は、また「姉は何歳《なんぼう》かい？」ちて言うげな。息子が、「十五」ちて言うと、山男は、「俺へ姉をやらんかぁ？　やるっち言うなら、俺が山芋をば掘ってやっど。どげするかい？」ちて言うたげな。息子は、山芋が欲しいもんじゃから、「姉をやるから、山芋をば掘ってくれぇ」ちて言うたげな。

山男は、がま出ぇてワーンと掘って、息子と、家ぇ戻《もど》ったげな。そして、父ちゃんとおっ母に、山芋をば見せびらかしながら、言うたげな。「山芋をば掘ってやった代《か》わりぃ、娘をば貰《もろ》うて行くぞ。息子と約束したっちゃっから」ちて言うたげな。父ちゃんとおっ母は、ひっ魂消《たまげ》って、「娘をば、連れて行かんでくれぇ」ちて、泣《ね》ぇて頼んだけんど、山男は聞かずぅ。「連れて行くどう。

連れて行くどう」ちて聞かんかったげな。父ちゃんとおっ母が、どげぇ言うて頼《たの》うでも、聞かんもんじゃから、「そらぁ、手にゃ合《あ》わん。嫁《い》くごとするから、待っとってくれぇ」ちて、おっ母が言うて、紫の豆[2]をば袋《ふくれ》ぇ入れて、娘に持たせながら、言うたげな。「この紫の豆をば、一つずつ落《お》てぇて行け。そげぇして行きゃあ、豆の芽《め》が出て、行った道の目印ぃなって分かるから」、ちて教《おそ》えたげな。

娘は、山男の後ば、泣きながら、紫の豆をば、おっ母が言うたごと、一つずつぁ落《おて》ぇて行ったげな。

山男ん家《かた》は、山奥の奥の、また山奥じゃったげな。山男ん家の庭にゃ、蓮華がワーンと咲《せ》ぇとったげな。その蓮華は、男が来りゃあ、白ぇ蓮華の花が咲ぇて、女子《おなご》が来りゃあ赤ぇ蓮華の花が咲くごとなっとったげな。

何日か経《た》って、紫の豆の芽が出てきたげな。父ちゃんが紫の豆の芽をば辿《たど》って、娘の所《とけ》ぇ行ったげな。山男は、山ぇ行って、おらんかったげな。娘は「父ちゃんが、連れぇ来てくれた」ちて、泣ぇて喜んだげな。娘は、父ちゃんを山男に見つからんごと、隠したげな。山男が山から戻って来て、「今日は男が来たどぉが？」ちて言うけんど、娘は、「誰もござらん」ちて言うけんど、山男は、「騙《だま》かすな。白ぇ蓮華の花が咲いとるじゃねぇか。男が来たどうが！」ちて、娘に怒ったげな。

娘は、父ちゃんが来た、ち言うたら、ぼくじゃ《(大失敗)》から、ち思うて、「白ぇ蓮華の花が咲ぇとったなら、俺が孕《はろ》うだからじゃろう。そらぁ男の子じゃが。そっで、白ぇ蓮華の花が咲ぇたとじゃが」ちて、山男を騙かしたげな。山男は、えれぇ喜うで、「今夜は祝いじゃ。祝いじゃ」ちて言うて、焼酎をワーンと呑《の》んで、酔い倒れたげな。山男が酔い倒れた隙《すき》ぃ、父ちゃんは娘をば連れて、おっ母と息子の待っとる家へ、無事ぃ戻って、皆で涙を出ぇて喜びおったげな。

今でも山ぇある紫の豆は、この娘が蒔《ま》いて行った豆じゃげな、と申すかっちり。

（聞き手　黒木光太郎、江島真由美・今泉朋子）

［1］山男＝不明。奥山で働く荒っぽい男のことか。ことによると行者みたいなものか。山女とは対応しないようだ。

［2］紫の豆＝一般的には花豆・紫白花・フロマメ。普通の豆と違って三度茹でて煮こぼして炊く。懐石に使うくらい美味。高原性で、平地では栽培できない。スジナシマメ・シカマメともいう。

57 牡丹餅《ぼたもち》よ　嫁が見たなら ドンクウ〔1〕になれ

［語り手］那須英一
（松尾・水越　昭和5年4月1日生）

昔ある所に、あまり仲の良くない嫁女《よめじょ》と姑《ばばあ》とがおった。ある日、嫁女が親の命日で里帰りをすることになった。嫁女が里帰りに行った後で、姑は、

「久しぶりに、こりゃあ一人になったばい。何か美味《うみゃ》あ物《もん》を作って食わにゃあいかん。昔から牡丹餅〔2〕が好きじゃったから、今日牡丹餅を作ることにしよう」。

それから、姑は餅米を一升と、小豆を三合ばかり炊き始めた。そうして、瞬《また》く間に一升で作った牡丹餅がでけた。

「昔の癖《くせ》〔3〕が失《う》しゃあせんぞ。一升で作った牡丹餅がもうでけた。嫁にでも作らするものなら、一日掛かりせにゃよう作らんとじゃが」

それから、お茶を沸かして、「咽喉《のど》に詰まったらいかんから」。そう言うて、牡丹餅を食い始めた。一升で作った牡丹餅じゃから、年寄《としよ》り姑には、よう食って仕舞わんかった。

「年を取ると、つまらんもんじゃ。若《わき》ゃあ時なら一升で作った牡丹餅ぐらいは、たった一遍《いっぺん》に食《く》て仕舞いよったとじゃが。こりゃあ残ったから、重箱に入れて、嫁女の見らん所《とこ》に隠しておかに

ゃあいかん。そうして腹が減ったなら、嫁女の見らん所で、食わにゃあいかん」

そう独り言を言うて、重箱を抱えて歩きよった。

「どこに隠したらええか知らんが。そうじゃ、嫁女が嫁ぇで来てから、たった一遍でも仏さんの棚[4]に掌《て》を合わしたことがねえ。仏さんの棚にあげて、隠しておこう。待て待て、今日は親の命日ちゅうて、里帰りをしたとじゃから、ちょっとそれは棚を見るかも知れん。もう他《ほか》には隠す所がねえから、呪《まじな》いを掛けておこう」

それから、重箱の蓋《ふた》を取って、

「牡丹餅よ、牡丹餅よ。嫁女が見たなら、ドンクウになれ」。

ちょうどその時に、嫁女が家の木戸[5]まで帰って来ちょった。その嫁女が、姑が呪い言を家の木戸から聞いちょった。嫁女が、そこ辺を見回したところが、ちょうど、ドンクウがおった。そのドンクウを袋の中に詰《つ》めて、「今もどったが」。そう言うて、家に入って、姑が見らん時に、重箱の牡丹餅とドンクウとを入れ替えた。そうして入れ替えた牡丹餅は、嫁女がうっ食《く》た。

しばらくたって、姑が「腹が減った。仏さんの棚に行て、重箱の牡丹餅を食わにゃあいかん」。そうして、重箱の蓋を取ってみた。ところが、ドンクウが頭を差し上げた。姑が言うことにゃ、「嫁女じゃねぇが、姑じゃが。牡丹餅よ牡丹餅よ、嫁女じゃねぇが、姑じゃが」。

そう言うて、ドンクウの頭をゴツンと小突いた、というお話。


（聞き手　大部志保）

[1] ドンクウ＝大きなガマガエル
[2] 牡丹餅＝正月に牡丹餅を作ることが多い。餅米もしくは餅粟を蒸し、小豆はどこの家でも数斗は穫っていたから餅米（餅粟）とほぼ同量もしくはそれより多めに煮て一緒に混ぜて搗き、昔は塩味（その後黒砂糖、現在は白砂糖）で味をつけて小判型に丸めて作った。一升の餅米なら四十～五十個は出来た。この昔話で小豆三合は少ないので貧しい家庭らしい。
[3] 癖＝身についた調理法
[4] 仏さんの棚＝そこの家のいちばん奥の小座の間にある。
[5] 家の木戸＝道路から石段をのぼって家の庭に入る所。必ずしも門があるわけではない。

雲の通い路

ちょっと意地悪な姑と、小才の利く嫁女の笑い話。話の詰めに至って、嫁女に計られたとも知らず自ら掛けた呪文を信じて、牡丹餅が、嫁女と姑とを間違えたと思い込んでドンクウをいらだって小突く姑の様子がおかしい。

58　うめぇ物を食うて油断するな

［語り手］那須　保（下福良・村椎　大正9年10月26日生）

昔々の大昔にのう、仕事をばすることが大変《ていへん》のうして《（めんどうくさくて）》、仕事をばせんちたっちゃ、うめぇ物がいっぺぇ食えるとなりゃ、これにこしたこたぁねぇ《（まさるものはない）》、ちゅう極道者の男がおったとよのう。

それが若《わけ》ぇ男でたい。その男は神様に拝めば、なんでもかなわんこたぁねぇ。そうして、「ただおって《（何もしないでいて）》、うめぇ物がうんと食えるように」ちゅうて朝も晩も、氏神さんのお宮に行っちゃあ拝み、そしてひんびぃ《（毎日毎日）》も続けておったちゅうわい。

そうしたことが、なんさま半年も経《た》とうとしたときぃ、いつものごと、そこの氏神さんに行ってたい、神様に手をば合わせて拝《おご》うとったとよのう。「どうか、ただおって、うめぇ物がいっぺぇ食えるようにしてくれんどうかー」。こういうことをば、拝うておったところがたい、そこの氏神さんのねきから《（そばから）》、白髭《しらひげ》の爺《じい》さんがいきなり出て来てよのう、「俺にお前は、ほんとうに真剣に物乞いをばする男じゃのう。お前ほど、真剣にものをば拝む者は、そうはおらんばい。そうじゃるけぇ《（だから）》、今からお前が、ただおって、うめぇ物がいっぺぇ食える所をば話して聞かせるけぇ、そけぇ行って、うめぇ物をば腹いっぺぇ食わせてもろうて、むぞうがられた《（かわいがられた）》方がえぇばい」、ちゅうて言うたとよのう。極道者の若ぇ男は、「俺は、神様ちゅうものなぁ、ほんとうにありがてぇたいのう」ちて、両手を合わせて拝みよった。
ところがよぅ、「お前はよぅ。今から、この氏神さんの背戸《せど》に廻《(後ろに)》ってみらんの。そしてのう。真《ま》っすぎぃ行きよったりゃあ、立派な分限者《ぶげんしゃ》の家が見えるけぇ、そこの家へ行ってのう、玄関の戸をば叩《たて》ぇて、『御免』ちゅうて言うたりゃあ、若ぇ女子衆《おなごし》が出て来て、面倒みてくれるじゃろう。それから先は、その女子衆の言う通りにすれば、間違いはねぇどう。ゆっくりとうめぇ物をば食わせてもろうて、ゆっくり寝た方がええばい」、ちゅうて言うたとたい。

極道者の若ぇ男は、神様の言うようにすれば、間違いねぇじゃろうねと思うて、氏神さんの背戸に廻ってみたところがたい、今まで無かった道が一間先ぃ抜けとるじゃあねぇや。そうしてその道をば、言われたごと、真っすぐつっきった《(突き進んだ)》とたい。しばらく行きよったりゃあ、言うたごとえらい太《ふて》ぇな家が見えたたい。「この家じゃな。ここで俺《おり》ゃあうめぇ物をいっぺぇ食うて、休むっちゃなぁ」と匂いをばかざみ《(嗅ぎ)》ながら、玄関の戸をば叩いたところ、「よう来たなおう」と中から若い娘じゃねぇどもが、女子衆が出て来たたい。そうしてのう「一《ひと》くじぃ《(ちょっとの間)》待っとってくれんどおか。足をば濯《すす》ぐとをば持って来るからのう」ちゅうて、盥《たらい》にお湯をば持って来て、これで足やら手をば洗《あろ》うて、奥の方に通されてたい。そこでまた身体まで洗うてもろうて、着物までちゃんと着替えさせてくれたとよのう。

そうして、もうその晩から、今まで見たことがねぇ御馳走《ごちそう》が、かっとうしゅう《(次から次に)》出て来たたい。そうしてのう、「やっぱし神様に、一年かかって拝《おご》うた甲斐があったばい。神様、だんだんな《(ありがとうございます)》

おう《ます)》」ちゅうて、礼を言いながりゃあ食うたたい。それからちゅうもにゃあ、ひんびぃも御馳走が出て来たたい。

ところが、人間ちゅうもにゃあ、物事にゃ飽《あ》きやすいものたいのう。ものの七日も過ぎて十日も経《た》ったりゃあ、飽きがきた。「もううめぇ物はいらんばい」ちゅうて言うても、しゃっちい《(しっこく)》「食うてもらわにゃあ」ちゅうて、見張りがおるもんじゃから、どうしても食わにゃあならんごてぇなったとたい。さりゃあ《(それで)》、手にゃわんから《(抵抗できず)》、まぁ言うこと聞いてたい。食う方にゃもともと自信があったもんじゃから、若《わき》ゃもんまかせぇで、食うたたい。

食うておったりゃあ半月が経ち、そうして一カ月も過ぎたりゃあ、豚のごと太ってたい、それでも「まだぁ」と言って食わせよったたい。「もうてぇげぇにしてくれんや」。「もう腹いっぱい食うたけん、欲しゅうはねぇが」。「いんや、わさま《(あんた)》こけぇ来たからにゃあ、否応《いやおう》でも食うてもらわにゃあ困るとばい」。ということじゃったちゅうたい。

極道者の若ぇ男は、「俺《おり》ゃあ困ったとたい。うめぇ物を食うともいやじゃってぇ《(いやなのに)》、食うよりも、ちったぁ仕事をばしてみとうなった」となえども《(という程になったけれども)》、それも思うごたぁでけじぃ困ったときぃ、つい一《ひと》くじ《(一眠り)》寝て、目覚めたりゃあ、何か妙な音だけがしよるとよのう。

そりゃあ玄能《げんのう》[1]で叩《たた》く音がするとよのう。どうもその音が聞こえ始めてから、耳いすがって《(気にかかって)》、眠れん。何の音じゃろう？　と考えとったりゃあ、朝《あせ》ぇなってしもうたとたい。「目が覚めたやぁ？」ちゅうて、女子衆に三ツ指突《つ》いて、起こされたたい。そうしてさっそく、

「昨夜《ゆうべ》は一くじ寝てから、妙な音だけが聞こえ来たもんじゃから、どうも眠れんかったたい。ありゃあいったい、何《なん》をばする音が、あげぇなふうな音になるとやぁ？」ちゅうて女子衆に聞いたりゃあ、「あれはのう。ここで腹一杯食《いっぺぇく》ろうて、そうして、丸まる太《ふと》ってもらってのう、そうして、太うなったところで、油を出す機械にかけて、カネノヤ[2]で締《し》めて、油を絞るとたい。もうわさま《（貴方）》も、ここ二日、三日のうちにゃ、油を出してもらわにゃあならんたい」ちゅうて言うじゃあねぇや。

「やいや《（いや）》、そりゃあ話が、大事《でえじ》なこてぇ変わってきた。俺ゃあ、ただ働きてうめぇ物をば食わしてもらえば、ええ。ちゅうことじゃったどもが、油をば絞り取らるるちゅうなりゃあ、太《ふと》ごとくもねぇ《（大げさな）》。こりゃあ、大事なこてぇなった」ちゅうて、若《わけ》ぇ男は、泣き喚《わめ》き願い事を始めた。

「どげぇかして、助けてくるる者はおらんどおかぁ。俺をば、こっから出ぇてくるる者《もな》ぁおらんどおか」ちゅうて、あっちこっち目こんごうしたどもが《（見回したけれども）》、鉄の格子《こうし》で、ちゃんと囲ってあり、出るとこがねぇじゃあねぇや。みすみる《（もともと）》カネノヤを打ち込まれて、油をば絞り取られるなりゃあ、うめぇ物《もな》ぁ、食わん方がよかった、ちゅうて、後悔したどもが、しょうがねぇ、と思いよったりゃあ、一日たったとたい。

　それからというもなぁ、物音が日《ひん》びいも続いて、音が聞こえてくる。「ボチボチ俺の番が回って来るっちゃろうばい。嫌《いや》じゃのう」と思いよれば、御馳走が出ても「もういらん」ちゅうて言ったりゃあ、「飯が食えんごたるが、そげぇまでして悩《なや》んどっとや」ちゅうふうに聞かれたもんじゃから、「もうこれ以上の心配事が、あるものや」ちゅうて、「油を絞り取られて、俺がこの世におらんごとなるちゅうこてぇなりゃあ、もう何の望みも、何にもねぇ。うめぇ物も、一口もいらんけんどもが、ただ頼みてぇこたぁ、どげぇかして、こっから出ぇえてもらえることができるとなら、有り難ぇが。何とかならんじゃろうか」ちゅうて、氏神様に両手を突ぃて願うたとたい。

そしたりゃあ、

「わかったばお。こりゃわさまにだけぇたい。俺がさする《(授ける)》最後のことかも知れんばい。もしもたい。女子衆共《どめ》ぇこれが見付かったりゃあ、わさまは、捕《つか》まえられて、くびられて《(縛られて)》油をば絞られるこたぁ間違《まちげ》ぇねぇが。ちょうど丑《うし》の刻《こく》[3]じゃろうと、思うどもが、その時、音が止《や》んだ時ぃ、このノコで、格子戸をば切らんの。裏の格子戸の鉄の格子をば切ってたい、めんめいの五体《ごたい》の出る分だけ切ったりゃ、そっから這《は》い出して、後ろの道さねぇ逃げんの。だが、決して後ろから声をば掛けられたっちゃあ、振り向きやんな」ちゅうて言われたとたい。

「ほんしょうに有り難ぇことじゃが、わさまのような良《え》え人は、今まで会うたことがねぇ。もう会うこともねぇじゃろうけんどもが、何とか名前だけでも、教えてくれんどうか?」ちゅうて聞いたりゃあ、

「俺は何を隠そう、わさまが一生懸命お参りしてくれた氏神ぞ。じゃからもう、これでのう、ただおってうめぇ物を食うちゅうことは、もう考えんじゃろ。そういうふうに悔やんどるごたるから、今から助けてやるたい。じゃから、外へ出たならば、声をば掛けられても、後ろば振り向か

じぃ一目散《いちもくさん》に駆けて、家に戻れ。そういうふうにすれば、お前は助かるばい」ちゅうて、ノコギリを手渡してもらったとよのう。
それから丑の刻を待って、音が静まった時ぃ、その隠し与えてくれたノコでたい、鉄の格子を挽いてみると、すぐ切れる。そうして格子戸を切って、外へ出た。それから一目散に、我が家に向けて走っとった。そうして、走って戻った時ぃ、ようやく本人の目が覚めたとたい。長《なげ》ぇ夢をば見ておったようじゃった。
それで、うめぇ物食うて油断をするな。ただおって、うまいものを食う、など思うな、努力せよ、というふうなお話。

（聞き手　椎葉浪子、稲水真人・市浦亜希・山崎理英子・田籠聖子・小山奈津美・小久保聖見）

［1］玄能＝大型の金槌
［2］カネノヤ＝圧搾の工具でブローチのこと
［3］丑の刻＝午前二時

雲の通い路

「油断」とは、一般には、不注意の意とされるが、仏教では、努力する意である。『涅槃経《ねはんきょう》』によると、昔、ある王が、臣下の一人に、油をいっぱいに湛えた鉢を捧げ持って歩かせ、「もし一滴でも零《こぼ》したならば、お前の命は断つ！」と言い渡して、別の者に抜刀して後を付けさせたが、油鉢を持った臣下は、必死で耐えて歩き、一滴の油をも零さなかったという。何事も一生懸命に努めれば必ず成就する、という教えである。

保さんの昔話は、一見、美味しい物を食べて、浮かれて、注意を怠ると、恐ろしい目に遭うぞ、という筋のように聞こえるが、違う。確かにこの世で、ただ飯くらいうまい物はない。が、この昔話は、努力せずして豪勢な暮らしをしようと望むのはよくない、それは極道者の考えることである。と原典の『涅槃経』の字義通り、しっかり子供たちに教え、一生懸命努力して生きることを勧めた教訓話である。椎葉村民の、仏教理解が深く生活に根付いていたことがよく分かる昔話である。

59 酒癖《さけぐせ》の悪い長者のお話

〔語り手〕那須英一（松尾・水越　昭和5年4月1日生）

昔、ある所に、酒癖の悪い長者がおったそうじゃ。ある歳《とし》（大晦日の夜）の晩のことじゃった。いつものように酒を呑《の》うで、酔《え》ぇ狂いを始めた。あげくに、嫁御も、娘の子も、下男も、下女も、みんな家から追い出してしもうた。長者の嫁御は、金蔵の軒《のき》の下で、長者の酔ぇ狂いの治まるのを待っちょった。

ところが金蔵の中で、何か話し声がしちょった。耳を澄まして、聞いてみたところ、「いつものことじゃが、歳の晩に酔ぇ狂いをするような長者の所には、もう居《お》れんばい。どっか、宿替《やどが》えをせにゃあ」ちて言う声のした。しばらくして、金蔵の戸が開《あ》かった。見ると、黄色の着物を着た者《もん》と、白い着物を着た者と、黒い着物を着た者とが、三人出て来た。そうして、そん三人は、「これから、宿替えをしようや」ち、そう言いながら出て行き始めた。

そこで、長者の嫁御は、「こりゃあ、やっぱ、俺も付いて行かにゃあならん」、ち思うて、黄色い着物を着た者と、白い着物を着た者と、黒い着物を着た者の、跡《あと》をつけて、野を越え、山を越え、隣の村の外《はず》れまでやって来た。

そこには小さい小屋があった。黄色い着物を着た者と、白い着物を着た者と、黒い着物を着た者とは、「こりゃあ、ここがえぇばい」ち、そう言うて、その小屋の背戸（建物の裏）あいに入《ふ》ぇて行た。長者の嫁御も、三人連れの跡をつけて、入って行た。背戸あいに行て見たところが、軒下に、黄色い甕《かめ》と、白い甕と、黒い甕とが三つ、座っちょった。蓋を取ってみると、黄色い甕には小判が、いっぱい詰まっちょった。白い甕の蓋《ふた》を取ってみると、銀の棒が、いっぱい詰《つ》まっちょった。黒い甕の蓋を取って見ると、黒い色をした銭が、いっぱい詰まっちょった。

それで長者の嫁御は、その小屋の背戸あいから出て、表の入ぇ口に廻って行て、「今晩は」と声を掛けてみた。すると、小屋の中から若《わけ》ぇ者が出て来た。長者の嫁御は、「旅の者じゃが、今夜一晩泊めて賜《たも》うれ」ち、お願いをした。若ぇ者は、「こういう小屋でもよかったら、泊まってええどころじゃねえ。早う上がって、火に当たれ」ち。

長者の嫁御は、若ぇ者の言うままに、その小屋に入ぇってみた。囲炉裏《いろり》にはドンドン火を焚《た》いて、自在鉤《じざいかぎ》に鍋を掛けてあって、何か、炊《た》いちょった。若ぇ者の言うことにゃ、「どこの人か知らんけんど、まあこの寒いのに、女子《おなご》の身で、よう峠を越えて来たもんじゃ」。

しばらくすると若ぇ者は、鍋の蓋を取って、粟《あわ》の雑炊を茶椀に注《つ》いで、「歳の晩じゃけんど、こういう物しかねぇ。これを食て、温《ぬく》もってくれぇ」。長者の嫁御は、今まで食たこともない、粟雑炊をご馳走になって、冷えきっていた身体が温もってきた。二人で世間話をするうちに、長者の嫁御は、「私は、どこにも行く当てもない女子じゃが、私をどうか、お前の嫁御に貰《もろ》うてくれんか」。そう言うて、頼んでみた。若ぇ者の言う事にゃ、「一人《ひとり》口《ぐち》も、やっと過ぎちょるところだ。

嫁御を貰うても、養うていかにゃいかんが」。そう言うて断《ことわ》った。

そこで長者の嫁御は、「私は、自分で食うほどの銭は、持って来ちょる」ち、そう言うて、若ぇ者を連れて、小屋の背戸あいに行てみた。そして「お金はこれだけ持って来ちょる」。そうして、二人で甕を抱えて一つずつ小屋に、中に入れて、甕の蓋を取って、若ぇ者に見せた。若ぇ者は、びっくりした。黄色い甕には、小判が甕いっぱい詰まっちょる。白い甕には、銀の棒が甕いっぱい詰まっちょる。黒い甕には、黒い銭が甕いっぱい詰まっちょった。若ぇ者はそうで、夫婦になることに決めた。

夜が明けてみると、軒の下には、粟の穂やら、近くの人の田圃《たんぼ》で拾うて来た稲の穂やら、山で作った黍《きび》の穂やらが、下がっちょった。それを夫婦で、竿《さお》の上に上げて、実《み》を叩《たた》き落としてみた。それがまぁ、余計にあるのなんのって、稲の落ち穂が何十俵もあった。粟も、黍も、何十俵もあった。

嫁御の言うことにゃ、「これを収《い》れる蔵がねぇが、こりゃあ、蔵を造らにゃいかん」。さっそく大工を頼うで、蔵を建てた。そうして米やら粟やら黍やら、この蔵にいれた。「こりゃあ、居るところも悪い。屋敷も建てにゃあ」。ちて大けな門構えの屋敷をば建てた。そして、隣近所の田畑も買うた。こうして瞬《またた》く間にその付近の長者になった。

月日も流れて、五年ほど経《た》った。嫁御は、前の酔ぇ狂いの長者のところに、娘の子を一人持っておったが、「娘のことではあるし、女親《おんなおや》が居らん、ちていうことは、どんなにか寂しいことだろう。毎日、どうして暮らしておるか知らんが」ち、いつもそのことが、気に掛かって、心配しちょった。

ところが、ある日のこと、前の酔ぇ狂いの長者が、その娘の子を連れて、物貰いにやって来た。長者の嫁御は、娘の子が、もう、かわいそうで、かわいそうで。さりとて、今さら名乗るわけにもいかん。そこで白い米の握り飯を作って、その中に小判をつくね込うで《（まるめ込んで）》、大けな握り飯を作ってやった。

娘の子はよほど腹が減っちょったろうか、急いで、その握り飯を二つに割って、食おうとしたところが、せっかくの小判が、なんと黄色い蜂《はち》になって、這《ほ》うて、飛んで逃げて行てしもうた。酔ぇ狂いの元の長者は、その長者ばかりか、かわいそうに娘の子にまで、罰《ばち》が当たってしもうたとわい。

大事な歳の祝い晩に、一年の間、よう働いてくれた嫁御や、下男や、下女を、ようと労《ねぎら》うどころか、酔ぇ狂うて、冷たい夜空に追い出すようなことをするものじゃねぇ。家族でも、使用人でも、その家にとっては、福分を持った大事な宝じゃ、というお話。

（聞き手　藤井由季）

雲の通い路

椎葉では、大晦日の晩は、家族揃《そろ》って厳粛な中にも仲睦まじくお祝いの膳を囲む。神棚・仏壇には鏡餅を供え、お灯明を上げる。また仏壇には、仏飯器にお仏餉《ぶっしょう》として白いご飯も供える。

さて「歳飯」は、家中揃ってデエの間で食べる。家族一同お神酒《みき》を祝う。お膳は白ご飯に、吸い物・お煮しめ・白和《しらあ》え・酢の物・しめ鯖《さば》等々である。吸い物は蕎麦《そば》切りをして鶏でダシを取った汁。お煮しめは大根・人参・里芋・蒟蒻《こんにゃく》・昆布・豆腐。忘れていけないのは、鯨《くじら》。白和えは大根・人参を油で炒《いた》めて豆腐で和えた物。酢の物は大根・人参の酢の物に、しめ鯖を添えた物。また山で捕れた猪・兎・雉も炊いて祝う。白いご飯はお盆と正月だけだった。椎葉では大晦日は一年のうちでもことに厳粛な祭事が行われる日。主人は、先祖を正月様として手厚く祭るとともに、家人の一年間の協力についてもねんごろに労る日であった。

右の昔話は、家族・使用人を大切にせよ、家族も使用人もその家にとっては福をもたらす大切な宝だ、としっかり教えた椎葉らしい昔話である。すばらしい家族観である。

60　山芋おやし（その1）

［語り手］甲斐　馨
（不土野・向山日当　大正4年5月10日生）

ある所《とこ》ぅに、兄弟がおったそうな。兄貴は目が不自由で、仕事もでけだった《(できなかった)》。自分で用を達《たっ》すくりゃあの《(くらいの)》こたぁできおっちろうが、働くこたぁでけだった。弟がいつも働りゃあて、食わせておった。

秋口になっと、弟《おとと》は山芋ばかり掘って、兄貴に食わせおった。兄貴は目が悪《わ》りぃので、身体《からだ》が不自由なもんじゃから、家におり、弟は、山芋を掘って来ては、兄貴によかとこばかりを食わせておった。で、弟は、山芋の首の所ばかりを食うておった。

目の不自由な兄貴は、「弟はこんなよかとこを俺《おれ》ぇ食わするけんどもが、自分は、まぁだよかとこを、食うておるじゃろう」と思うて、弟を殺して、胃袋を開けて、見たそうじゃ。ところが、弟の胃袋の中にゃあ、山芋の首ばかりが入《ふえ》っとった。それで兄貴は、こりゃあ悪りぃことをした、「弟にすまん」ち言うて、弟を呼びながら、さるきまわった。

兄貴は悲しみのあげく鳥になって、「オトウトート、オトウトート」と鳴きながら飛び歩いている。春になって、この鳥が鳴くころになると、山芋が芽を出し始めるが、今ではこの鳥の鳴き声もあまり聞かないし、姿も見えない。

（聞き手　永田香織）

山芋おやしとは、馨さんによると、山芋が芽を出す五月ごろから鳴く鳥。この鳥は渡り鳥で、足は細長く、くちばしも長く青みがかった灰色の弱々しい感じの鳥で、細い山道や村里近くで鳴いているという。「おやし」は、芽を出す、または芽を出させるの意。

「時鳥《ほととぎす》と兄弟」の典型話。馨さんの伝承通り、兄思いの弟が、山芋を掘って来ては、目が悪く、働けないかわいそうな兄をいたわって、兄にはよい部分を与え、自分は山芋の首の部分だけで我慢していたが、皮肉なことに兄は、そうした弟の誠意を疑い、殺して胃の腑《ふ》を見ようとする。そのとき、兄の目がにわかに開き、兄の前に弟の真心が明らかにされる。悲しんだ兄は、弟を慕い、「弟恋し」と鳴きながらさまよい歩くうちに、時鳥になってしまった、という時鳥の前世譚《たん》である。

椎葉では、「オトウトート」と鳴くことになっているが、他所では、「テッペンカケタカ」「ホッチョンカケタカ」と鳴くとも伝える。一日に八千八回鳴かないと餌にありつけないので、血を吐きながら鳴く、ともいう。この話は、日本全国に散っているが、我々の大師匠柳田國男翁によると、この昔話は盲人によって流布された、という。編者はかつて対馬の昔話調査の際（日本放送出版協会刊『対馬の昔話』）、全島でかなりの伝承数があった。対馬も椎葉同様、山地ばかりで、耕作地に乏しい島である。

時鳥は、夏の鳥で五月に飛来し、八月、九月には南方へ帰る渡り鳥である。あの世とこの世との間を行き来するとも、田植えの時期を教えに来る勧農の神鳥ともされる。山芋は、旧五月の節句のハレの神饌で、山地なら比較的入手しやすく、しかも美味な食物である。他人の誠意を疑うことを厳重に戒めた昔話。

61　山芋おやし（その2）

［語り手］椎　葉　壮　市
（大河内・臼杵俣　昭和13年3月22日生）

兄弟がおった。弟は、「兄貴には親たちが、いいものばっかり食わする。俺にはうもうもねえ《おいしくない》もの食わせる」と、思うた。ひとつのしょのみ《ひがみ》があってえことで、山芋をもろうて来たが、「兄貴はよっぽどいいものを食たじゃろう。俺には山芋の首じゃから、兄貴を殺そう」と思って、殺してみたりゃあ、兄貴も同じものを食っとったが。それから、これはいけんちゅうことで、生き返らせようとして、弟の方が兄貴の死骸をちょこぐり《くすぐり》ながら、「オトトケサボーコセコセコセコセ」それをしたちゅうがな。

そのオトトケサボーコセコセコセていう鳥［1］がおるちゅうことを聞いたことがある。

（聞き手　椎葉ユキノ、林　文香・吉田扶希子・宮本真子・森山苑子・大部志保）

［1］オトトケサボーセコセコセコセコていう鳥＝山芋が出てくる時期に鳴く鳥の意で、ホトトギス

62　ニガヒメの話

［語り手］椎　葉　壮　市
（大河内・臼杵俣　昭和13年3月22日生）

昔なぁ、ある村にあった話じゃがなぁ。

昔、ヒメ［1］を作っておった百姓の家に、通りがかりの勧進《くわんじん》［2］みたいな男が来て、ヒメを見て、「食わしてくれんかのぅ」と言うたりゃ、家の者が、「これは食わせるもんじゃねぇ。苦《にげ》ぇもんじゃ」と言うて食わせんかった、ちゅうわい。

そうしたりゃあ、そのヒメが苦《にご》うなって、人が食われんようになった、ちゅうがな。後で聞いたら、その男は、弘法大師であったちゅうぞ。それで、そのニガヒメは、山の中にいっぺぇ生《は》えておる、ちゅうぞ。

（聞き手　椎葉ユキノ、林　文香・宮本真子・森山苑子・大部志保・吉田扶希子）

［1］ヒメ＝カシュウイモ。ヤマイモの一種。食用はマヒメ。苦くて食べられないものをニガヒメという。椎葉クニ子さんによると、マヒメは、出産後これを食べると産後の肥立ちがよい、という。

［2］勧進＝諸国諸山の名刹を巡拝修行する廻国の修験者・修行僧。修行意識は熾烈で、本山に巣くっての営利栄達を望まず、険峻困難を厭わず各地の霊山・霊峰また名刹を巡って修行を続ける。こうした僧侶にとって、托鉢は修行の一つ。ムラ・町に出れば、家々を廻ってその門前で経文を唱えて喜捨を乞い、頂戴できてもできなくても、感謝・祝福して去る。乞食のことだ、という人もいるが、それは乞食の中に、こうした修験者・修行僧を真似て、人の袂にすがる不届き者がいたためにおこった全くの誤解。

昔から、「聖人」「上人」と呼ばれる僧侶は、皆、これと同じ修行形態だった。自己のみの修行に満足せず、布教をこととした名僧も多い。例えば、法然上人で説明すれば、本山を嫌って一人、黒谷の別所に移り住んで修行しているうちに、風を慕って来る弟子も多く、親鸞上人などもその一人。僧侶として当然あるべき国家の礼遇は受けず、多くの信徒にささえられながら教団を経営、国家が見捨てた一般民衆のために民衆とともに仏道を説いた。筑後善導寺の聖光上人なども法然の弟子の一人だが、彼の信者・弟子も多く、人々に「踊り念仏」を勧めて廻り、その仏心を強め、布教し、期せずして、多くの郷土芸能を遺した。善導寺は、筑後川べりの平家谷伝説の拠点の一つだが、『平家物語』にはこの派の教えが多く取り入れられている。

中世、荘園を失った各宗各派の本山は、この廻国の修験者・修行僧に対する認識を変え、廻国の僧侶たちも、本山を支える義理はよく心得ていて、ムラ人が喜捨した品は、貴んで一紙・半銭たりといえども、大切にして本山に届け、依頼者の供養を助ける。場合によっては先祖の霊骨を家族に代わって本山に納めに行くこともあった。高野山の広大な墓原がそれである。

こうした廻国の僧侶は、途中、ムラの人々の悩みごとの相談に預かることが多かった。ムラの運営の悩み、親類・縁者の揉め事、尼さんであれば、ムラの女たちの、女でなくては分からない悩み事まで聞いてやった。徳の高い僧侶は乞われて留錫する。滞在中の衣食の世話は、慕う信者がした。祈念・祈禱に手厚く、医療技術にも心得があり、世間をよく知っているから、もの知りで、諸事何事につけても詳細。時流をよく読んだ親切な指導で、占いはもとより、上は天文、下は地理、至らざるはなく、農事の教えも的確。結果としてムラ人から徳を慕われ、宗教的に尊敬を一身に集めて、人徳次第のことだが、晩年は「指導者」として、ムラに迎えられて、留まることになる僧侶・修験者が多かった。椎葉村の『験者』は、実はその末である。この昔話はその有徳の高僧をほんとの乞食と見誤った話。

63 継子菜《ままこな》の話

［語り手］椎葉　クニ子
（不土野・向山日添　大正13年3月11日生）

むかぁし昔。めんめぇの子と継子と肥《ふと》らかしとって[1]、「わがども。豆やるけぇ、手をすけぇ《（出せ）》」ちゅうて言うて、めんめぇの子どもが手を出ぁたりゃあ、冷《つめ》てゃあ豆をくれ、継子にはたぎった《（沸騰した）》豆をくれた。

そしたりゃあ、継子の手の腹にゃあ焼《や》ぁ冷《び》え[2]が出来て、痛がって、植物になったちゅう。

それが、「継子菜[3]」ちゅうわい。

それで、やっぱり継子いじめをしたのが、植物になって、人のために食べられるようになったそうなぁ。「継子菜」の話もまたそればっかり。

（聞き手　境　恒徳・大部志保・藤井由季）

［1］肥らかしとって＝育てていて
［2］焼ぁ冷え＝火傷からできた水ぶくれ
［3］継子菜＝クニ子さんの『おばあさんの「植物図鑑」』によると、学名ハナイカダ。みずき科の植物。椎葉クニ子さんによると、背丈ほどの低い木で、杉造林・竹山に生えている。日当たりのよい平地には生えない。葉は卵形ないし楕円形で長さ十センチ、幅五センチ位。葉の真ん中に青紫のサクランボのような実がつく。六月頃黒く熟すると香りのよい甘い実になる。クニ子さんはよくおやつにしたという。朝食

前の作業時にはちょっと腹の足しにした。枝は山でお箸にも使った。葉は持ち帰って、お浸し、和え物、てんぷらにした。おいしく、畑地の少ない椎葉では、とても便利な野生植物であった。なお、『おばあさんの「植物図鑑」』は文・斎藤政美、語り・椎葉クニ子。葦書房刊。

雲の通い路

昔の国定教科書だったかと思うが、ある夜、居間で針仕事を巧みにする妻に対して、夫が妻の裁縫上手を褒めてやるくだりがあった。夫に褒められた妻は、「実は娘時代に、継母が家事一切を厳しく仕付けてくれた」と話し出す。そして打ち明けて言うことには、「余りの厳しさに見かねた周囲の者がいて、継母に対して『これでは継母継子の親子仲がうまくいかなくなる』と忠告してくれたが、継母は聞き入れず『まことにもっともなご忠告だが、将来この娘を他家に嫁がせた時、姑から《継子だから実家の継母が教育の手を抜いていた》と批判されるようなことがあったら残念だから』と言って、それからは一層家事一切にわたって何事にもしっかり仕付けてくれました。その当時こそ継母を恨んでいたが、今では心から感謝している」と述べたという。昔話はともかく、これが人としての真面目な生活だと思う。

さて、今回の「継子菜」の昔話は、例えば、岡山などに継母が実子には熱い粟粥をお椀に入れて渡し、継子には継子の手のひらによそってやり、継子は死んで「継子菜」になったという型で伝わっている。ただし、これはあまりおいしくないらしい。

「継子菜」も、たくさんある『継子話』の一話型だが、型も数も多い。『継子話』はシンデレラをはじめ、世界各地に散っていて我が国でも平安朝の『落窪物語』以来実に多い。

先に本書55話「姥捨て山」で、この話は『大和物語』に始まる伝説だが、原初は、高野山の女人堂のような、巫女の行場の話を伝説化したものではあるまいか、と述べた。

『継子の話』も、それと同じで、古代の成年戒・成女戒を伝説化したものの一つではないか、といわれている。これも先述したことであるが、出雲神話で、根の国に来た大己貴神に対して、須佐之男神は数々の試練を与える。しかし、一旦合格した暁には、娘の須勢理毘売との結婚を許し、大国主たれと祝福する。娘たちもムラや自家の神を祭る巫女の資格を得るためには、沖縄のイザイホーのような厳重な物忌み期間が成女戒として必要だった。

さなきだに家庭に於ける主婦の役割は大きい。一家庭だけで考えれば、うっかりすると戸主権など小さい小さい。一家を切って廻しているのは主婦である。まして、本家の主婦ともなると、一族の冠婚葬祭のすべてにわたって、陰で牛耳っている。私どもが、民俗採訪でいろいろお尋ねしているとき、お爺さんよりもお婆さんの方が、遥かに正確で詳しかった。側で聞いていたお孫さんが、「あのお婆さんが生きている間は、今お婆さんが言っている通りにやるが、後は知らんばい」と溜め息をついているのを聞いて、学生の肘を突っ突いたことがある。といっても、このお婆さんにも若いお嫁さん時代があったはずである。このお婆さんとて、そのお姑さんに、しっかりと鍛え上げられて、その合格の暁には、姑は戸主のお爺さんともよくよく相談の上、夜、一家の者を囲炉裏傍に集めて、『シャモジ渡し』とて、シャモジでもって自在鉤をトンと叩いて『姉さ、今日から家のこと仕切れ』と厳かに言い渡して、そのシャモジを嫁、いや新しい主婦に渡す。囲炉裏のカカ座ももちろん譲るのである。シャモジはまさに主婦の象徴。

以後は、戸主たりといえども、ご飯は主婦のよそってくれるに満足していなければならない。だから先の国定教科書の継母の発言はもっともなことであったのである。たとえ義理の親子であっても、継母は、親としての責任をはたさなくてはならない。実子であろうと継子であろうと、別け隔てなく愛情いっぱいに育てなくてはならない。

私事で恐縮だが、私も実は父山中義教の養子であったが、先妻との間の子、それに後妻で山中家に入った私の母の連れ子の私を、合わせて兄弟全部で八人を、全く公平に育てた。いったい人間と人間の関係は自然、成り行きまかせで育つものではない。相互に温かい配慮・誠意を尽くさねば喜びには程遠い。私など、生意気盛りの中学時代、賢く育ててくれる義父を、一度怒らせてみようと、あれこれやってみたが、全く相手にもしなかった。前後五十年の付き合いの間、ただ一回、私が大学教員になってからのことだったが、私のふとした怠惰と、認識不足を叱って、私の手の甲をバシと叩いただけであったが、さすがの私も、いつまでも心配してくれる父に、シュンとなった。ヒトの躾は、難しい。何も義理の間だけのことではない。たとえ実子たりとも、師弟の間柄であっても、心からの愛情なくしてはできない。私の今日あるのは、義父山中義教のお蔭である。大恩には感謝の他はない。

64 継子《ままこ》の樫《かし》の実拾ぇ

［語り手］椎葉　クニ子
（不土野・向山日添　大正13年3月11日生）

むかぁし昔。めんめぇ《（自分の）》の子と継子がおったそうな。それから山に樫の実拾ぇにやったそうな。継子には破れた袋を持たせて、めんめぇの子には、よか袋を持たせたそうな。そしたりゃもう、めんめぇの子の袋にはずんびゃあ《（たくさん・いっぱい）》溜まったもんじゃるけぇ、めんめぇの子は、家に帰ったそうな。継子の方は、袋が破れとるもんじゃるけぇ、どしこでも〔1〕拾うたけど溜まらんかったそうな。暗うなったもんじゃるけぇ、困ってしもうたそうな。

そしたらその樫の木のねきぃ《（側に）》小屋があって、行てみたりゃあ、婆さんがおった。そうしたりゃ継子は「婆さん。今夜泊めてくれめせ。樫の実拾いに来たども、暗うなったけぇ戻りきらんけぇ」ちて言うたら、そしたりゃあ、婆さんは、「ここは鬼の宿じゃけぇ、泊まらせられんぞい」ちて言うたそうな。継子は、「俺ゃあ戻りきらんけぇ、婆さん泊めてくれめせ」ちて頼うだそうな。

そしたりゃあ婆さんは、「そんなら、このバッチョウ笠と棒をば握らするけぇ、そん戸棚ん中に入て、鬼の博打《ばくち》打ちに来たら『カッパ　カッパ　カッケロウコウ』ちて鳴《ね》ぇて、バッチョウ笠をば棒で叩け」ちて言うて教えたそうな。

そしたら、ほんしょう《（本当に）》に夜中に鬼が博打打ちに来て、「これは人間の匂いがするぞぉ」ちて言うたとき、継子は、婆さんに習《なろ》うた通りぃ、「カッパ　カッパ　カッケロウコウ」ちて、鶏のおらぶ声の真似をばして、バタバタと、棒でバッチョウ笠を叩《たて》えたら、鬼は「もう夜が明けた。こりゃ大事なこと[2]」ちて言うて、戻って行たちゅうわい。
それが昔のやっぱり昔話で、継子いじめの話はここでそればっかり。

（聞き手　境　恒徳・村岡良子）

[1] どしこでも＝幾らでも、どれだけでも、数え切れないほど
[2] 大事なこと＝大変だぁ

雲の通い路

『継子の椎拾い』が、椎葉では樫の実拾いになっていた。珍しいことに椎葉の郷土食に「樫の実ごんにゃく」がある。山中和子さんによると、樫の実をよく乾燥させ、唐臼でよく搗いて、目の細かい篩《ふるい》でふるって、カスを取り除き、一斗ほど木綿の袋に入れて、二昼夜水に浸してアクを抜いた後、清水に澱粉を沈澱させて取り、片栗粉のように煮詰めて型に入れて冷やす。酢醤油・酢味噌で食べるのだが、酒の肴によい、という。ただ樫の木は岩石の多い土壌によく育ち、桑ノ木原周辺に多く、樫の実ごんにゃくもこの地区の特産。ちなみに樫の木は、鍬の柄など農家にとっては必需品である。

右の「継子の椎拾い」型は全国的にも多く、継子がお婆さんの入れ知恵で鶏の鳴き真似をして鬼を逃げ帰らせるところまでは同じだが、全国的には、その際鬼は宝物を忘れて逃げ、継子はそれをお婆さんから貰って帰宅する。これを羨ましがった継母は、実子に破れた袋を持たせて鬼の宿にやるのだが、鬼に見破られて、散々の目にあってしまう。教訓話が多いわりには、椎葉には陰惨な懲悪話が少

ない。これも穏やかな椎葉人気質のゆえであろう。

ところで、右の昔話を教えていただいた時に、クニ子さんは、一つ大切な事を教えてくださった。それは、聞く側の相槌のことである。

いったい昔話・伝説というものは、とかく虚構、つまり「ゲナゲナ話は嘘だげな」とウソと思われている。しかし、クニ子さんによると、昔話を聞く時、それを聞く子供たちは、「ウーン」と要所要所で相槌を打つものだ、という。

例えば、「むかぁし、昔、めんめいの子と継子がおったそうな」と語り出すと、聞き手の子供たちは「ウーン」と相槌を打つ。この「ウーン」は、肯定・承知の意味。時には催促だという。

つまり昔話・伝説は決して虚構ではなく、事実・現実にあったこととして、信じなくてはならぬものであった。だからこの「ウーン」は、「ウソか本当か知らないけれども、僕は信じます」という意味、あるいは、「そうだろそうだろ」「それからそれから」という肯定・催促の意味。聞き手には聞き手の話し手に対する礼儀というものがあった。それは話し手の話に、大いに乗っていることを示すことである。

だから『継子の樫の実拾ぇ』の結末句「それが昔のやっぱり昔話で」という言葉は、「昔から聞いてきた先祖以来の事実に基づくおもしろい伝承であって」という意味なのである。目を輝かしながら「ウーン」と、おもしろがる聞き手を前にして、「○○の話はそればっかり」とかつは満足、かつは得意そうに話し終わる話し手の顔が目に浮かんでくる。

臼太鼓踊り（大河内神社）

的射

椎葉
あれこれ

椎葉の四季の祭事

椎葉では年間を通して、季節ごとの祭事が行われている。椎葉神楽が代表的なものであるが、ほかにも民俗芸能や行事などが伝承され、村内各地で受け継がれている。

春祭りとして行われている「的射」は、奉射神事のことで、一年間の災厄を避けることを目的として村内各地で行われている。椎葉では「神の的」という特別に作られた的を用いることが特徴であるが、それぞれの地域で的を射る作法や儀式が異なる。参加者は、厳格な中にも、訪れた春を喜び一年の安全を祈願しながら、民謡や口上を交えて的射を楽しむ。「春節」や「的射節」などもこのときに歌われる。

夏には祇園祭りのあと、焼畑に火を入れてソバの種子を蒔いて盆を迎える。精霊棚を立てて、先祖を迎える。初盆の家では、「無常念仏」が唱えられる。秋には、鳥毛で作られた華美な衣装などを身につけ、太鼓や鉦を打ちながら踊る「臼太鼓踊り」が各地で行われている。臼太鼓踊りは、その中の一つの項目が独立した「山法師踊り」や、旧暦八月十五日の満月の日に演じられる「十五夜踊り」などと広がっている。

そして収穫が終わった冬には神楽が演じられて一年が締めくくられる。

これらの行事はこれまで各地域でしか見ることができなかったが、現在では村の一大イベントである椎葉平家まつりでも披露されるようになった。さらに、椎葉民俗芸能博物館では年間を通して行事の紹介や衣装の展示なども行われており、保存伝承に努めている。

65 極道息子の渡世の話

［語り手］那須英一（松尾・水越　昭和5年4月1日生）

昔ある所に、極道息子がおった。親は困ってしもうて、その息子にこう言うた。「もうお前も、ええ年齢《とし》になったから、やっぱ、親の世話ばっかし、なっちゃいかん。だから早う、どっかへ行て、渡世をせい」ち言うた。すると息子は、「もう、そりゃあ、俺《おれ》も出て行くけんども……。明日から行くが。けんど、俺ぁ、餅が好きじゃから、餅を一《ひと》くぼ［1］搗《つ》いて、担《かろ》わしてくれぇ」。親は喜うで、餅を搗いてやった。

明くる日、勘当《かんどう》された極道息子は、出て行きよった。ヤッサヤッサ行きよったところが、途中の村で、疱瘡子《ほうそうご》が「痛てぃ。痛てぃ」と泣いておった。――ありゃあ身体《からだ》いっぱい、あちらこちらに水膨《みずぶく》れが出来て、それが破くると痛《いと》うして、たまらんもんじゃから――疱瘡子は、泣いて痛がる。そうして「あぁ餅が食いてぇ」。「あぁ餅が食いてぇ」ち、やけ言うて［2］甘えて泣きよる。そういうても、ひょっと出て来るものじゃなし、親は困っとる。

そこへ極道息子が通りかかった。それを聞いて、「餅は俺が持っちょるが、俺が」。そうして餅を、疱瘡子に食わしてやった。疱瘡子の親は、喜うで、「こりゃあ、まあ、何をお礼にやろうか？」ち言うた。極道息子は「何も礼はいらん。礼はいらんが」ち言うたが、見ると、囲炉裏の隅《くろ》に腐れ脇差《わきざし》があった。そこで、極道息子は「そんなら、その脇差が欲しい。峠越しやらすっときに、山の者から襲わるるかもしれんから。俺に、その脇差くれぇ」。

疱瘡子の親は「これでよけりゃあ、持って行け」ち言うて、その脇差をくれた。息子は、その腐れ脇差を貰《もろ》うて、腰に差し、そうして峠を越えて行きよった。そうしたところが、そこに大けな池があった。その池には、大けな大蛇が棲《す》んじょった。そんげなこととは知らんで、極道息子は「景色《けしき》もえぇし、ちょっと、この池の端《ばた》で休んで行かにゃ」と、道端に座って、休んどった。ところが、何やら眠とうなって、そしたら、ほんとに眠りが来て、もうひん眠ってしもうた。

したところが、その池の大蛇が出て来て、鎌首《かまくび》をもたげて、その極道息子をば、呑《の》み込《こ》もうした。ところが、今さっき貰うた腐れ脇差が、独りでに、ソロリと極道息子の腰から抜けて、バカ バカァッと光り、ソロリと元の鞘《さや》に納まった。腐れ脇差は、りっぱな名刀じゃった。大蛇が鎌首をもたぐると、独りでに腰からソロリと抜けて、バカ バカァッと光る。光っちゃあ、大蛇を追い返す。そしてまた、またソロリと元の鞘に納まる。じゃから腐れ脇差は、ほんとは、名刀じゃった。

そこに通り掛かったのが、薩摩《さつま》の飛脚《ひきゃく》。――馬に乗って、文箱《ふばこ》を持って、鹿児島表に届くるのが、薩摩の飛脚――その飛脚が通り掛かった。馬から見ておると、池から大蛇が出て来て、居眠りしておる極道息子をば、呑み込もうと、鎌首をもたぐる。そうすると極道息子の腰の刀が、独りでにソロリと抜けて、バカ バカァッと光る。光ると、大蛇は魂消《たまが》って、逃ぐる。逃ぐるとまた元の鞘に納まる。じゃが、また大蛇が鎌首をもたげて、極道息子をば呑み込もうすると、腰の刀がソロリと抜けて、バカ バカァッと光る。

「こりゃあ、この男、名刀を持っちょるばい」と思うて、「これ。起きてみよ」と極道息子を起こした。そんなこととは知らず息子は、薩摩の飛脚だから驚いた。道の下に這《ほ》うて入り、「命だけは助けてくれめせ」と拝んだ。薩摩の飛脚は「お前は、よい脇差を持っちょる。それを俺にくれぇ」ち言うた。極道息子は「腐れ脇差など、やるどころじゃない。どうか命だけは、助けてくれめせ」と拝んだ。薩摩の飛脚は「お前の命を取るとじゃない。脇差は貰《もろ》たが、代わりに、この馬を遣《つか》わす。ついては私の代わりにこの文箱をば、鹿児島表に届けてくれぃ」。

そうして「こりゃ竜の駒《こま》じゃ。さて、お前は、馬に乗ったことがあるか?」ち聞いたから、息子は「乗ったこともねぇ」と答えると、「では、乗せてやる」と、抱《かか》え乗せてくれて、極道息子が手綱《たづな》を握ると、鞭《むち》をば、ビシャッと当てた。と、竜の駒というから、速い、速い。極道息子は、これまで乗ったこともなかったから、恐《おと》ろしい。鬣《たてがみ》に、必死でしがみついて、ウォウ ウォウ ヨソ ヨソ泣いて乗って行きよった。

ところが何も知らない町の人々は、「速い速い。やっぱ、薩摩の飛脚だけのごとはある。鼻歌で、飛ばして行きよる」ち噂《うわさ》をばしよる。馬は、竜の駒ち言うだけのごとあって、何なく飛脚宿に駆《か》けて行た。馬の方が、道をよう知っちょったわけ。飛脚宿では、薩摩の飛脚じゃから、それ相当に格があった。極道息子は、それで二階のいい部屋に泊めて貰うて、御馳走して貰いよった。

ところが、その部屋の床の間には、大けな弓と矢とが飾ってあった。極道息子は、「ははぁ。これは大したもんじゃ」ち思うて、その弓を手に取って、引いてみるけんど、なかなか息子では、引けそうなもんじゃあない。けんど、矢もあったもんじゃから、番《つが》えて、引っ張っちょったところが、何かの弾《はず》みで、放ってしもうた。その矢は壁を破って、飛うで行てしもうた。

ところが、誰かを射《い》り込《こ》うだらしい。「ギャー！」と言う声。極道息子は魂消ってしもうた。

「こりゃあ、隣の部屋の者を、打ち殺してしもうたに間違いにゃあが、大変なこと。明日は、朝飯食わんうちぃ、逃げないかんが」ち思うて、夜の明くるを、じいっと待っちょった。

ところが、その明くる朝早く、隣の部屋で、驚く声のする。「こりゃあ、隣の薩摩の飛脚が、打ち殺しちょうに、間違ぁはない」。息子は、もう恐ろしゅうなって、じっと聞き耳を立てておった。すると宿の旦那の声のして、「隣の部屋には、薩摩の飛脚が泊まっちょう。あの人は弓の名人じゃ！」。息子が「――はて？」と、じっと耳を澄まして聞いていると、また宿の旦那の声のして、「昨夜、家に泥棒が入《へ》ぇった。千両箱を抱《かか》えて、逃げようとしたところをば、薩摩の飛脚じゃろう、弓を使うて、泥棒を尻から射り込うで、そん矢の根が、口から出ておる。早うお礼を言わにゃ」ち言うておる。

極道息子は、「そんなら、俺が打ち殺したのは、お客ではのうして、ほんとの泥棒じゃったことわい。こりゃあ、えぇこと聞いたわい」ち思うて、澄ました顔して、宿の旦那を待っちょった。宿の旦那は、そんなこととは知らず、二階に昇って来て、息子に、「昨夜《ゆうべ》の泥棒は、貴方《あなた》に仕留めて貰うたそうじゃが」ち、お礼を言うた。

息子は何食わぬ顔で、「そうじゃ。昨夜、憚《はばか》りに行て、ほうして戻《もど》りよったところが、隣の部屋に千両箱を持った泥棒が出て来よった。それで、ここから、矢を射たりゃあ、矢は泥棒の尻に射り込うじゃったが、どうじゃたかい?」と聞いた。宿の旦那は、「その矢の根は、泥棒の尻から口に射り込うじょる。貴方は弓の名人じゃ。御陰《おかげ》で千両箱も、取り返せた」。それで息子は、宿の旦那から、お礼をいっぱい貰うたそうじゃ。

その飛脚宿《ひきゃくやど》のねっきに、侍屋敷があったそうな。したところが、そこの家の旦那が死んでしもうて、若ぇ後家さんが独《ひと》りおった。後家さんが、その侍屋敷の親戚《しんせき》の人どもが、極道息子が泥棒を射《い》り殺した噂《うわさ》を聞いて、感心して、「これは弓の名人じゃから、ぜひとも、この家の婿《むこ》に取らにゃならん」ち思うて、なんのかんのの末、極道息子は思い掛けないことに、その侍屋敷に婿に入って、その後家さんを嫁女《よめじょ》にして、侍屋敷に住むこととなった。

極道息子は、俄《にわか》なことじゃが運のえぇこてぇ、お侍になってしもうた。じゃが、極道息子のことじゃから、そのぅ――何かこう、おかしげな男に見えて、嫁女は、極道息子を嫌《きろ》うとったとわい。

そんなときぃ、薩摩の殿様が、極道息子の噂を聞いた。「この男、大泥棒をば射り殺した。それも我が身は、隣の部屋におって、千両箱を盗んで隠れた大泥棒を射て、何とその大泥棒の、尻《しり》から口まで、大けな矢を射り込《こ》うで、串刺《くしざ》しにしてしもうた」ち聞いた。そこで、薩摩の殿様は、極道息子をばお城に呼うで、「何とかいう山の大けな池に、大けな大蛇がおって、通行人を脅《おど》かして困るから、その大蛇を退治して来い」ち言うた。

それで、極道息子は、嫁女に、「俺《おら》ぁ、麦の粉《こ》つき〔3〕が好きじゃ。じゃから、麦の粉つきを七日《なのか》分挽《ひ》いて、袋に入れて持たせてくれぃ」ち言うて頼んだ。嫁女は、この極道息子が好かじゃった。品の悪うして、することなすこと、気にいらん。それで、麦の粉つきに毒を入れて、その麦の粉つきを、極道息子に担《かろ》わした。

極道息子はそれを担うて、弓と矢を担うて、遠くに逃げよう、と考えた。「とてもじゃないが、大蛇を、俺ぁよう退治ゃせん。俺は弓の名人じゃない。じゃから逃げにゃいかん」ち思うて行きよったところが、「待て、待て。同じ逃ぐるでも、その大蛇の池をば、見るだけでん、見て行こう」ち思うて、ほうして、その大蛇が出る池に行てみた。行て見ると、その池の水がササアッと割れて、大けな大けな大蛇が出て来て、極道息子をば、呑《の》もうと！　極道息子は、担うちょった麦の粉つきも、弓も、矢も、うち失《う》ぇえて、逃げた。逃げて、木陰《こかげ》に隠れて見よったところが――。

水から浮いて来た大蛇は、池の端に落ちておった麦の粉つきをば、バクッと食て仕舞うた。極道息子は「アッチャア、失敗《しも》うた。大蛇の奴《やた》ぁ、俺の大事な麦の粉つきをば、食て仕舞うたが」ち思うて、見ちょった。ところが、池の中で七転八倒の苦しみをして、倒《こ》けて歩ぃた。「アァ麦の粉つきは、噎《むす》るもんじゃが、あの大蛇の奴ぁ、噎《むせ》んだもんじゃわい」ち思うて見よった。そうしよったところが、大蛇が動かんようになって仕舞うた。

アァ、大蛇の奴ぁ、麦の粉つきを食うて、噎んで死んだわい」ち思うて、それから、極道息子は、恐る恐る大蛇の側に行て、突くじってみたところが、やっぱ死んじょる。それから極道息子は、嫁女の侍屋敷から持って来ちょった矢をば、あるだけ全部、大蛇の身体に、突っ込うだ、身体中に。大蛇の目ん玉にもグイッと突っ込んだ。ほうして、薩摩の殿様の所に行て、「大蛇は退治して来ました、見てくれ」ち言うたから、殿様が行てみたところが、まっこと、蛇の目やら、もう大蛇の身体中、矢が射り込うじょったから、「こりゃあ、いよいよ日本一の弓の名人じゃ。この家は、いい婿を養子にとったもんじゃ」と。

そこまではよかったが、その頃《ころ》、峠《とうげ》の岩屋に、七十五人の手下を連れた盗賊がおってから、峠を通る旅人を殺したり、物を盗《と》ったりしちょった。それで薩摩の殿様は、「今度は、峠の岩屋に行て、七十五人の手下を連れた盗賊をば退治して来い」ち言うた。それで、極道息子は、嫁女に「俺ぁ握り飯が好きじゃから、今度は握り飯をば、七日分、捏《つく》ねて(握って)くれぇ」ち言うた。嫁女はまた、婿さん殺そうと思うて、毒もいっしょに握り飯をば捏ねて、極道息子に担わせた。

極道息子は、やっぱ弓を矢も担うて、侍屋敷を出た。ほうして、「今度こそ逃げねば。こりゃあ、こないだは、大蛇の奴ぁ麦の粉つきぃ食うて、噎んで死んだけんど、今度は七十五人もいる、とてもじゃない」ち思うて、逃げて行きよったが、「待て待て。同じ逃ぐるにしても、峠にあるちいう、七十五人の手下を連れた盗賊の岩屋をば、見るだけでん、見て行こう」ち思うて、「どっが盗賊の岩屋じゃろうか」ち思うて、探《さが》し探し行きよったりゃあ、もうそこの上の方から、人の話し声の聞こえてきて、ワァッと、盗賊の手下が、四、五人して、下りて来た。

下りて来たもんじゃから、極道息子はひっ魂消《たまが》って仕舞うて、担《かろ》ておった握り飯も失っちぇて、大けな木があったもんじゃから、その木のとっぺんへ登って、見ちょったところが、盗賊の手下の出て来て、「アァ、近ごろのお頭《かしら》の嫁さんに来た女子《おなご》は、気が利いちょう。俺どもが腹を空《す》かして来る、ち思うて、ここに握り飯を持って来ておいちょるばい」ち言うて、「担うて行かにゃ」ち言うて、岩屋に担うて戻《もど》って行た。戻って行てみたところが、盗賊の頭の言うことにゃ、「いんや、俺の嫁女は、この握り飯、持って行てない。こりゃあ山の神様がくれたもんじゃ。こりゃあ山の神様の護符《ごふ》〔4〕じゃわい。皆で分けて、食わにゃあ」ち言うて、「護符になる」ち言うて、摘《つ》んまり合うて、皆で皆《みんな》食うて仕舞うた、毒の入った握り飯。

そんなこととは知らぬ極道息子は、もう腹が減《へ》って、ひもじゅうして堪《たま》らんもんじゃから、「俺も、一つなりとも貰《もろ》うて、食わにゃいかん」ち思うてよ。木のとっぺんから下りて来て、どっかこっか後をつけて行たわけじゃ。ほうして七十五人の手下を連れた盗賊の岩屋に来た。じゃが、風の音の聞こゆるだけで、ひっそりしちょう。「それにしても、七十五人も手下のおる盗賊の岩屋にしちゃあ静かなもんじゃ」ち思うて、遠くからじっと見てみたところ、皆寝伏《ねぶ》せて仕舞うとる。恐る恐る側に行て、コツコツ突くじってみると、死んでしもうちょる。

それから、「こりゃあ、うまいことしたとわい」ち思うて、一人一人担《かた》げて、山いっぱいに担げ散らかして、七十五人皆に、矢をば一本ずつ突っ込うで、ほうしてまた、お城に行て、薩摩の殿様に「七十五人の盗賊をば、皆退治して来ました。見てくれ」ちて言うた。薩摩の殿様が峠に行て、見ると、まっことその通り。

それからちいうもの、嫁女は極道息子を殺そうとせんようになった。ほうして極道息子は、いい渡世をした、というお話。かっちり。

(聞き手　清田裕子)

［1］くぼ＝蒸籠一重ね。もち米二升分

［2］やけ言うて＝わがまま(無理なこと)を言って

［3］麦の粉つき＝ハッタイコ。六月ごろ収穫したばかりの麦を釜で炒って臼で粉に挽いたもの。竹の皮でくって食べた。

［4］護符＝椎葉神楽を例にすれば、夜神楽の「おだりあめ」「たいどの」のとき、「てあどんの飯」が配布される。

66　性判《しょうはん》の鏡

［語り手］那須英一
（松尾・水越　昭和5年4月1日生）

昔、ある所ぇ《とけ》に、朝は、暗いうちから、晩は、星の出るまで、よく働く若ぇ男がおったそうじゃ。いつも貧乏で、どうしたことか、なんぼう一生懸命働いても、暮らしが、楽にならんかった。

それである日ぃ、とうとう村の氏神様に、三、七、二十一日の丑《うし》の刻参りをして、氏神様に、「どうすれば暮らしがようなるか」ち、教えて貰《もら》うことにした。

若ぇ男は、氏神様に、「俺は、朝から晩まで、一生懸命仕事をするとじゃが、暮らしがちっとも楽にならん。どうすれば、暮らしが楽になるか、教えて賜うれ」。そうして、毎晩、毎晩、丑の刻参りを続けておった。

そうしてちょうど、二十一日めの晩に、お宮の拝殿で拝みをしておる間に、昼の疲れでウトウトと寝てしもうた。その時ぃ、氏神様が出て来て、「これは『性判の鏡』というものじゃ。これをお前に授ける。これで、お前の嫁御が働く様子を、覗《のぞ》いてみよ」。そしてそのとき、天井の方から、何か落ちてきた。

若ぇ男が目を覚まして、拾い上げてみると、それは、鎌の胴金［1］みたいな物じゃった。そこで若ぇ男は、それを大切に持ち帰って、「それじゃあ、明日にも、さっそく嫁御の仕事をするところをば、見にゃあならんが」ち、そう思って、帰って来て、その晩は、寝た。

明けの日、日が照ってきた。嫁御が、庭に筵《むしろ》を持って来て、それに米の籾を広げて、乾し始めた。そこで若ぇ男は、氏神様から貰うた、『性判の鐘』で、嫁御をば覗《のぞ》いて見た。ところが、嫁御は、鶏になって、米の籾をば後ろ足で、外の方に、掻《か》き出しよった。それを見た若ぇ男は、「こりゃあ、俺が一生懸命辛抱《しんぼう》して働いても、嫁御がこうして、俺の稼ぎを、後ろ足で掻き出してしまうから、ちっとも暮らしがようならん筈《はず》。じゃが、嫁御を追い出すことにもいかんから、自分の方から出て行こう」ちて、古い楊行李《やなぎこうり》の中に、着替えを二、三枚。それに『性判の鏡』を入れて、嫁御に分からんようにして、逃げて行きよった。

野を越え、山を越え、隣の村までやって来た。そうして長者どんの屋敷のある所に来た。若ぇ男は、長者どんに「俺を使うてたもれ」ちて、頼うだ。長者どんは喜うで、「今、人手が足らんところじゃった。さっそく、明日から仕事をしてくれ。お前の寝所《ねどこ》は、納屋《なや》の二階に、一部屋が空《あ》いちょう」。そう言うて、納屋の二階に案内してくれた。

明くる日から、若ぇ男は、朝は暗いうちから、晩は星の出るまで、一生懸命働いた。長者どんは、「こりゃあ、えらい働き者が来てくれたわい」。そう言うて喜うじょった。

ところで、この若ぇ男は、他の下男・下女よりも、飯を食う時が、違うとった。若ぇ男は、よく働いた分、それだけ他の下男・下女よりも、腹が減る。腹が減るというと、遠慮無《の》う、他の下男共よりも、早う昼飯をば食いよった。そうして昼飯を食うたなら、納屋の二階に、急いで上がって行きよった。そうして、氏神様から貰うた『性判の鏡』で、二階の窓から、外で仕事をしている下男・下女の働く様子を覗いて見ておった。

そんな若ぇ男のすることを、長者どんが、見よって、「ありゃあ。あの若ぇ男は、妙なことをするわい。目のそばに、何かうっ立てて、見よるごとあるが……」ち。

そこである日、長者どんは、その若ぇ男が、仕事に出て行くのを待って、納屋の二階に上がってみた。見てみると、古い楊行李が、一つあった。そこで長者どんは、その楊行李を開けてみると、鎌の胴金のような物があった。長者どんは、「あぁ、これこれ、これじゃあ」ちて言うて、その鎌の胴金のような、『性判の鏡』を拾い上げて、「若ぇ男が、覗いてたのは、これじゃろう」ちて、自分も外の方を覗いて見た。

長者どんが、下男・下女の仕事ぶりを見てみると、可愛《かわい》らしい兎やら、敏捷《びんしょう》そうな鹿やら、いかにも力持ちの熊やら、忠実そうな猟犬やら、頼もしそうな牛やら、馬やら。かと思うと、腹の出た狸やら、小利口そうな狐やら、喧嘩ばかりしている鶏やら。その中には、他の動物たちをしっかり指図している唐獅子《からしし》もいた。もう、ありとあらゆるものが、仕事をしておる。「こりゃあ、えらい物を、持っておるわいー」。

それから今度は、二階に住まわせている若ぇ男を覗いて見た。驚いたことにその若ぇ男は、汗びっしょりだが、福々しい恵比寿《えびす》さんじゃった。ちょうどその時ぃ、庭の端に、自分の娘が出て来よって、庭木に水をやりよった。それを『性判の鏡』で覗いて見ると、なんと、弁天さんじゃった。それですぐ娘を呼んで、納屋の二階に連れて来て、「これで、あの一生懸命仕事をしよる、近ごろ来た若ぇ男を覗いてみよ」。そう言って娘に、その鏡の胴金のような、『性判の鏡』を渡した。

娘が覗いてみると、福々しい恵比寿さんが一生懸命働いておる。他の下男・下女を覗いてみると、とてもそんなには見えない。それに比べると、近ごろ来た若ぇ男は、福々しい恵比寿さんで、汗びっしょりになって仕事をしておる。

それで、長者どんの言うことにゃ、「これでお前の働いておるところを見てみると、お前が弁天さんのごと、見ゆるわい。近ごろ来た働き者の若ぇ男を、ぜひとも養子に貰わにゃいかんぞ」ちて、娘と相談して、近ごろ来た働き者の若ぇ男を、娘の婿に取ることにした。そして若ぇ男に、「お前はここの養子になってくれんか」ち。

若ぇ男は「俺のような者でよかったら、末永うよろしく頼みます」。そうして長者の屋敷の養子になって、いい暮らしをした、というお話。

（聞き手　米満　泉）

［1］鎌の胴金＝鎌の刃が動かないように柄の所をきつく締めている輪金

雲の通い路

「性判の鏡」とは、人間の本当の根性を見分ける鏡である。もともと、この世の中にはたくさんの人がいて、それぞれに自分なりに暮らしを立てている。愛らしい人、敏捷な人、何事にも忠実な人、力持ちの人もいれば、賢い人もいようし、指導的な役割を果たす人もいる。ただ、英一さんのこの昔話によれば、椎葉の教育では、いちばん尊敬されるのは、汗かいて人を幸福にする人だということだろうか。だいたい、この若い男は、心根の優しい人だ。自分の稼ぎを浪費する嫁御を、追い出すどころか、苦労は承知の上で、自分の方から家を出て行く。そして新天地で骨身惜しまず働き、自分なりの生きざまを確立しようとしている。

この昔話、いかにも椎葉の昔話だな、と思うのは、世間というものは、知らぬ顔をして、絶えず何処かで、しっかり見ていて、評価しているものだから、気を付けるものだよ、と教えていることだ。今、こういうことを教えてくれる人はあまりいない。椎葉の人は幸せだ、と思う。関連していうならば、黒住宗忠に「立ち向かふ人の心は鏡なり　己が姿を移してや見む」という御詠歌がある。「映す」というのではなくて「移す」という。「人の振り見て、我が振り直せ」というのであろうか。

67 誰にも言うな、ここだけの話

［語り手］那須英一
（松尾・水越　昭和5年4月1日生）

昔、ある所に、一軒の質屋さんがあった。したところが、ある日、隣の村の男がやって来て、「こりゃあ、南蛮《なんばん》渡来の宝の壺じゃ。これで百両貸してくれぃ」ち言うて頼んだ。

質屋の旦那は、隣の村の男の言う通り、百両のお金を貸してやった。じゃが、質屋の旦那は、余りに高い宝の壺じゃから、心配になって、隣の村の男が帰った後、明かりに持って来て[1]、確かめて見よった。ところが、それは偽物《にせもの》じゃった。

「こりゃあ詐欺《さぎ》にあった。困ったことになったわい。隣の村の男、とてもこの壺を請《う》け戻《もど》しには来んが」。そう思うて、毎日毎日、心配をしておった。そしたら、その質屋の奥さん、旦那の嫁女が、「貴方、近ごろ顔色がよくないが。何か心配事があるとじゃねえか？」ちて聞いた。そしたらその旦那の、一思案《ひとしあん》して言うことにゃ、「この間、隣の村の男が持って来た宝の壺を、明かりに持って来て確かめて見よったところ、過《あやま》って俺が取り落として打ち割ってしもうたわい。期限は一カ月ということじゃったから、もう余すところ十日も経って、もし請け戻しに来たときなゃ、倍額の二百両払わにゃいかんが。それが心配で心配で。それで、毎日毎日心配しとっとじゃ。後、もう後、十日経ったなら、請け戻しの日が来る。それで、何とかして質流れになるように神さまに祈っとったところじゃ」ち言うて、細《こま》い声で、そっと「じゃが、このことは、誰にも言うな。ここだけの話じゃから、誰にも言うな」ち言うた。

それを聞いた質屋の奥さん、たちまち、顔色が悪うなった。その奥さんの顔色が悪うなってしもうたのを見て、一《いち》の女中が心配して、「奥様、近ごろえらい顔色が悪いが。何か、心配事かあるとじゃねぇか?」。聞かれた奥さんの言うことにゃ。「この間、旦那が、質草に取った宝の壺を、打ち割ってしもうた。これが相手に分かったなら、倍額のお金を払わにゃならん。後十日もしたら、壺は質流れになるから、だからそれまで、誰にも言うな。もし相手に分かったら、大変じゃから」。

今度は、それを聞いた一の女中の顔色が、悪うなった。すると今度は次の番の女中が、それを心配して、「近ごろ姉さま女中の顔色が優《すぐ》れんが。何か、心配事があるとじゃねぇか?」。聞かれた一の女中は、奥さんから言われた話を二の女中に、全部話した。ただ「誰にも言うな。ここだけの話」と注意はしたけれど、それからその話は、次から次にと広まっていったそうじゃ。とうとう、隣近所でそういう噂《うわさ》が立った。して次から次へと、「誰にも言うな。ここだけの話」と言われながら、それがとうとう七日め、つまり期限切れ三日前に、隣の村の偽物の壺を質入れした男の所まで、伝わってしもうた。

隣の村の偽物の壺を質入れした男は、「これはええ塩梅《あんばい》じゃ」ち思うて、「早う百両作って壺を請け戻しに行かにゃいかん。後、三日しかないから」と隣近所を走り回って、お金を借り集めて、百両作った。そうして壺を請け戻しにやってきた。

「この間、質に入れた宝の壺を、請け戻しに来た！　さあ返してくれ。借りた百両はこれこの通り。利子もそろえた」

ところが、質屋の旦那は、奥の座敷に大切に仕舞っておいた偽の宝の壺を持って出て来て、隣の村の男に渡し、貸した百両のお金を、利子もつけて無事に取り戻した、というお話。


（聞き手　平野江里子）

［1］明かりに持って来て＝明るい所に持って来て。

雲の通い路

『見るなの座敷』という昔話がある。「開けてはなりませぬ」と厳重に止められると、逆に見たくて、見たくてたまらなくなって、つい禁を破ってしまうという昔話である。「見るな」と言われると、つい見たくなるのは人情。右の英一さんの昔話は、「誰にも言うな、ここだけの話」である。この口封じも、『見るなの座敷』と同じこと。「誰にも言うな。ここだけの話」と言われると、聞いた方は、もう言いたくて言いたくてたまらなくなってしまう、これまた人情。守秘義務も企業秘密もあったものではない。噂は風のごとく伝わっていった。

もちろん質屋の旦那は、質草の「南蛮渡来の宝の壺」を割ったわけではない。隣村の男から騙《だま》された、と分かった途端、機敏にも、誰しもが持つ「誰にも言うな。ここだけの話」と聞けば、つい喋《しゃべ》りたくなる妙な癖を思い付いて、まず手始めに奥さんから騙したのである。奥さんだから絶対的な味方の筈《はず》である。秘密は守ってくれる筈。ところが、その最も信頼できる筈の奥さんが、軽率にもと言うべきか、うまうまと嵌《は》まってくれて、一の女中に漏らしてしまう。一の女中だから、主家の為なら秘密を厳守してくれる筈。ところが一番忠実な使用人の筈なのに、これまた簡単に二の女中に漏らしてしまう。商売上の重大な秘密情報の筈だが、なんと僅か七日間の間に隣の村の詐欺男の所まで伝わってしまった。まさに電光石火である。こうして質屋の旦那は、隣の村の男の仕掛けた詐欺行為を、うまく防いだばかりか、この欲深の詐欺男に、期せずして強烈な竹篦《しっぺい》返しをしたわけである。

もともと秘密は、隠すそばからたちまち露見するものである。お互いに注意したいもの、という世間話。このように椎葉村には、現実に即した昔話が多いのだが、明るく笑って教えているのがよい。

68 長者の娘も求婚《い》うてみにゃ分からん

［語り手］那須英一（松尾・水越　昭和5年4月1日生）

昔、ある貧乏な村に、足袋屋《たびや》の喜八という若者と、一銭屋《いっせんや》の利兵衛という若者とが住んでおった。二人は幼馴染《おさななじ》みで、仲の良ぇ《え》友達じゃった。喜八は足袋を作って、それを売って渡世《とせい》をしておった。利兵衛は箸《はし》を削って、それを売って渡世をしておった。

ある日のこと、利兵衛はふと思いついて、「喜八どん。俺は、喜八どんに頼みてぇことがある。聞いてくるるか？」。人の好い喜八は、「利兵衛どんの言うことなら、何でも聞くが。言うてみよ」ちて答えた。

利兵衛は、「十歳のときから、これまで二十年もかかって、ここに三十両という銭が溜まった。喜八どん。この三十両を持って大阪の鴻池《こうのいけ》の長者どんの所に行《い》て、そこの旦那《だんな》から庭を借《か》って、利兵衛の花庭築《はなにわつ》きしてくれんか？」。喜八は、「そりゃあ、利兵衛どんの言うことなら、聞かんわけにゃいかんじゃろうな」。

そして喜八は、利兵衛から、その三十両の銭を預かって、大阪の鴻池の旦那から、庭を借って、花庭築きをすることになった。腕の良ぇ庭師ゃ、人足をたくさん頼んで、一カ月かかって花庭を築いた。鴻池の長者どんは、その花庭を見て、「こりゃ見事なもんじゃ。帰ったら、利兵衛どんによろしゅう伝えてくれぇ」。そう喜び《（お礼）》を言われて、喜八は村に戻って来た。

そうして、利兵衛の所に行て、「鴻池の旦那が、えらい喜びようで、『利兵衛どんに、よろしゅう伝えてくれ』ということじゃった」ちて言うた。すると、利兵衛の言うことにゃ、「鴻池には、良ぇ娘はおらんだったか？」ち聞いた。喜八は、「そりゃあ綺麗な娘が一人おったわい」。利兵衛の言うことにゃ、「ものはついでじゃ。鴻池の娘を、俺の嫁御に貰うて来てくれんか？」。

喜八の言うことにゃ、俺がもし、貰い出さんでも、利兵衛どんが、恨まんなら、貰いに行てみよう」。そして喜八は、また利兵衛のために大阪に、娘を貰いに出掛けた。そして鴻池の旦那に、利兵衛の頼んだことを申し上げてみた。鴻池の旦那の言うことにゃ、「利兵衛どんはえらい金持ちじゃろうな？」。

そこで喜八は「そりゃあ村一番の大金持ちで、家のぐるりには、米俵を積んで、それを壁にしておるほどの物持ちじゃ」ちて大法螺《おおぼら》を吹いた。鴻池の旦那の言うことにゃ「一応これは、娘に聞いてみらにゃならん。親だけで、決めるわけにもいくめぇから」。

鴻池の旦那が、娘に聞くと、娘は、「私のような者を、貰ってくれる人がおるのなら、行てもえぇが。私は利兵衛どんの心意気に惚《ほ》れてしもうた」ちて答えた。

こうして縁談はどんどん進んで、船を一艘《そう》借って、嫁入り道具を載せて行かにゃあいかん。が、ここにきて心配になったのは、大法螺を吹いた喜八じゃった。いくらなんでも、責任がある。それで娘を呼んで、正直な話を聞かせることにした。「あのなぁ、利兵衛どんの家は、ほんとは掘っ建て小屋で、『米の俵を積んで、壁にしている』ちて言うたとは、実は米俵を広げて、吊り下げて壁にしよっておるとじゃ。嫁入り道具も、何も入るる所もねぇ」。

それを聞いた鴻池の長者どんの娘は、「それでよう分かった」ちて言うて、しばらく考えておったが、父親の鴻池の旦那に、「急々のことで、先方は、まだ準備ができておらんそうじゃ。私がこの喜八どんと、手のうて《(連れだって)》、利兵衛どんの所を行て見て来るから」。

そういう話にして、鴻池の長者どんの娘は、喜八に連れられて、利兵衛の村に来てみた。鴻池の長者どんの娘の言うことにゃ、「どこか私を、一晩泊めてくれる家はないじゃろうか？」。喜八の言うことにゃ、「この村には、十軒ほど家のあるが、皆貧乏で、掘っ建て小屋ばかりじゃ。じゃが、半年ほど前あったとじゃが、死に絶えた長者の屋敷ならある」ちて言うた。「じゃが、その屋敷にゃ、毎晩化け物が出るので、村人は近づかん。夜になったら、皆戸を締めて、寝てしまう」。

鴻池の長者どんの娘は、喜八に、「それじゃあ、そのお化けの出る長者屋敷に、私を案内してくれ」ちて言うた。そこで喜八は、化け物の出る長者屋敷に娘を案内した。

鴻池の娘は、喜八が教えてくれた化け物屋敷に、泊まることにした。明かりを点《つ》けて、化け物屋敷の広間に憩《よこ》うた《(休んだ)》が、夜中過ぎるころ、評判通りのことが起こった。

正面の門から、山吹色の着物を着た三人連れが入って来た。また、次に東門から、白い着物を着た三人連れが入って来た。それから、西の門から、黒い着物を着た三人連れが入って来た。最後に裏の門の方から、綺麗な女が入って来た。十人揃《そろ》うた。山吹色の着物を着た一人が、「今日はお客も来ちょるようだ。じゃが、いつもの通り、始めようか」。そうして、歌を歌うやら、踊るやら、大騒ぎになった。

しばらく経って「ここらで一憩いしょうか」ちて言うて、十人の者共は、床の間の前に座った。そこで鴻池の娘は「最初に正面の門から入って来た者は、何者じゃ？」ちて尋ねた。すると、山吹色の着物を着た一人が「私たちは、正面の門の門柱の横に埋もれておる、大判・小判の壺じゃ。誰か私たちを掘り上げて、使うてくるる人の来るのを待っちょった」。鴻池の娘は「そりゃあ明日《あした》から私が掘り上げて、大切に使うてやるから、もう明日の晩から、化けて出てはならんぞ」ちて言うた。そして今度は、「東門から入って来た、白い着物を着た者は、何者じゃ？」ちて尋ねた。すると、白い着物を着た一人が「私たちは、東門の門柱の横に埋められておる白銀《しろがね》の壺じゃ。誰か私たちを掘り上げて、使うてくるる人の来るのを待っちょった」。鴻池の娘は「そりゃ明日から私が掘り上げて、大切に使うてやるから、もう化けて出てはならんぞ」ちて言うた。そして今度は、西の門の方から入って来た黒い着物を着た一人が「私たちは、西の門の門柱の横に埋められておる銭の壺じゃ。誰か私たちを掘り上げて、使うてくるる人の来るのを待っちょった」。そこで鴻池の娘は、「そりゃ明日から私が掘り上げて、大切に使うてやるから、もう化けて出てはならんぞ」ちて言うた。そして最後に「では、裏の門から入って来た女は、いったい何者じゃ」ちて尋ねた。すると女は「私は、無実の罪で、井戸の中に切り込まれた女中じゃ。私の骨をば、井戸から拾い上げて、弔ってくれる人があれば、もう、明日の晩からは、化けては出ません」ちて答えた。鴻池の娘は、「しっかりと分かった。早速、明日になったら、井戸から骨をば拾い上げて、弔ってやる。皆の者、そのように話は決まった。早々に立ち去れ！」ちて言うた。すると十人連れは、「有り難や。有り難や」ちて口々に言いながら、そこから消えて去《い》った。

　夜が明けて鴻池の娘は、喜八の所に行た。そして「喜八どん、この村の人を全部、ここに集めてくれんか」ちて言うた。喜八は村の人を皆《みんな》集めた。鴻池の娘の言うことにゃ、「私は大阪から利兵衛どんの嫁御にもらわれて来た女子《おなご》じゃ。昨晩《ゆうべ》から、化け物屋敷に泊まっておったが、あの化け物屋敷を、私に譲ってくだされ。無料《ただ》とは言わん、このようなこともあろうかと、百両用意して来ておる。このお金を皆で分けて、あの化け物屋敷は、私に譲ってくだされ」。村人は皆喜んで承知してくれた。

　それから娘は、婿の利兵衛に、「あの屋敷をば綺麗に掃除をせにゃあいかん。半年前に死に絶えた屋敷じゃから、掃除もなかなかやおういかん《（たやすくいかない）》。私と力を合わせて、掃除しよう」。そしてまず最初に金蔵を綺麗に掃除して、それから、正面の門柱の元から、大判・小判の壺を掘り上げて、金蔵に納めた。次に、東門の門柱の元から、白銀の壺を掘り上げて、金蔵に納めた。それから今度は、西の門の門柱の元から、銭の壺を掘り上げて、これも金蔵に納めた。そして最後に、井戸の中から女中の骨をば拾い上げて、丁寧に葬ってやった。

　屋敷の掃除が終わって、鴻池の娘は、大阪に戻り、改めて嫁入り道具を船に積んで、利兵衛のもとに嫁いで来て、めでたく結婚式を挙げて、幸せに一生を過ごした。「長者の娘も求婚うてみにゃ分からん」、というお話。何事も遠慮しておったら、いかん、ちていうことじゃ。

（聞き手　井上芳子）

雲の通い路

世間話として、どんなことでも交渉してみないことには、結果は分からないものだ、だから勇気を出し、知恵を絞って当たってみよ、というのが結末句とおりの話の狙いであろう。が、話の運びは実におもしろく、後半部など不気味でさえあるが、子供たちに教えようとする内容も大変多い。

いったい鴻池は、今も続く江戸時代の大阪の大財閥。そこの娘を、嫁に貰うなど容易なことではない。まして田舎者の利兵衛では、いかに勤勉でも、提灯と釣鐘。でも、挑戦してみなければ結果は分からないのだが、ただ条件がある。物事は、何事であっても誠実な友人がいなくては成就しない、ということであろう。また財閥の娘なら美人であればそれでよい、というだけではすまない。大財閥の娘なら、他家に嫁しても主婦として、内証をしっかり仕切っていくだけの器量が必要だ、ということである。そのためには、これくらいの気の強さ、心の強さ、また、たとえ身分が低くても、事情が分かれば丁重に弔ってやるような慈悲心が必要だ、ということ。

使用人に無慈悲を働けば、家は死に絶えるしかない。さらにお金である。埋めたままでは利子もつかない。まさに死に金である。動かして活かす力量も必要。それができなければ、いかに長者であっても、家は衰退する、ということをも教えているのであろうか。椎葉は僻村かもしれないが、大変な教育村だった、と改めて思う。

69　早いことをした者を養子にする話

［語り手］那須英一（松尾・水越　昭和5年4月1日生）

昔、ある所に長者がおったそうじゃ。なんでも、素早くすることが好きな長者じゃった。それで、立て札を立てて、「なんでもよい。早いことをした者を、我が家の養子に取ることにする」ちて触《ふ》れ出した。

それを見た三人の兄弟が、連れ立って長者の屋敷に行たそうじゃ。

長男は、村一番の働き者で、田の畔《あぜ》を塗る仕事が早かった。長者の田圃《たんぼ》は、三町ほどあった。その田圃の畔を塗ることになった。次男は、村一番の大工じゃった。「俺は家を早いこと建てるのが得意な大工じゃ」。それで、次男は家を建てることになった。一番弟《おとと》は、「俺《おり》ゃあ、竹細工が好きじゃ。大けなショオケ［1］を作ることが好きじゃ」。それで一番弟は、ショオケを作ることになった。

長者の合図で、ヨーイ　ドン　の手が鳴った。長男は平鍬《ひらぐわ》を持って、田圃に入り、畦を塗り始めた。次男は、丸太を運んで来て、それを手斧《ちょうな》や斧《よき》で削り始め、家を建てる段取りをしよった。一番弟は、長男と次男のする仕事を、じーっと見ちょった。長男と次男とが、半分ほど仕事のでけたころ、一番弟は、竹山に行て、竹を伐《き》って来て、その竹を割り、ショオケを作り始めた。

三人とも、ドンドン　ドンドン　仕事がはかどって、長男の田の畔塗りが早いか、次男の家の棟《むね》上《あ》げが早いか、長者はよく見ておった。

さぁて、長男の畔塗りがもう終わりに近づいておった。じゃが、次男の棟を上げるのも、どっちとも言えん早さじゃった。ところが次男坊が、棟を上げて急いで下に降りようとしたときぃ、誤って棟の天辺《とっぺん》から落て始めた。したら、一番弟のショオケ作りが、落て始めた次男坊をそのショオケでチョイと掬《すく》うた。落てて来んうちぃ掬うたわけ。長男は田の畔塗りで腰が痛かったばかりに、次男を助けられなかったが、一番弟は、自分の作ったショオケでチョイと掬うて助けた。

じゃから長者は、いちばん素早い仕事をした一番弟を婿養子《むこようし》にした、というお話。

（聞き手　粟谷千衣子）

［1］ショオケ＝竹で編んだ塵取り型の籠

70 長者になる道を習った市兵衛の話

［語り手］那須英一（松尾・水越　昭和5年4月1日生）

昔、ある所に、市兵衛という若者が住んでおった。その若者の家の隣には、長者殿《ちょうじゃどん》の屋敷があって、長者殿が住んでおった。市兵衛は、いつも長者殿のようになりたいもんじゃ、そう思うておった。

そこで長者殿の所に行き、「長者殿。俺も長者殿のようになりたいもんじゃが、長者になる道を教えて賜《たも》うれ」。長者殿の言うことにゃ、「それは市兵衛、いいところに気が付いた。俺は、市兵衛のように若いときには、メンコウヅラ（額）から、汗の出止《でや》めたことはないぞ。何でもえぇから、メンコウヅラから、汗の出止めんように働いてみよ。米蔵の二つ三つは、すぐ建てるようになる」。とまあ、そのように教えてくれた。

市兵衛は、長者殿の言うた通りに仕事しても、何をしてみても、メンコウヅラから汗が出らんかった。何か汗の出るようなことはないものか、考えておるうちぃ、「そうじゃ。下の河原から、団子石《だごいし》を担《かる》うて登ってみろう」。そう思うて、河原に行き、団子石を担うて、坂道を登って来てみた。そしたところ、メンコウヅラから、汗が出止めんかった。「こりゃぁ、この仕事をすりゃあ、長者殿の言うたごと、長者になるかもしれん」。

　それから市兵衛は、毎日まいにち、河原に下りて、団子石を担うて屋敷八丁[1]、足の踏み場もないほど、担い集めた。長者殿は、「市兵衛の奴は、足の踏み場もないように、家のぐるりぃ団子石を担うて集めたが、妙な奴じゃ」。そう思うて、市兵衛が河原に下りていた間に、市兵衛の担うた団子石を、見て廻りよった。すると驚いたことに、市兵衛の担うた団子石の中に、金の塊の石が三つ、かたっちょった《（入っていた）》。

「こりゃあ、市兵衛はえらい物を担うて来ておるわい。この石と、うちの米蔵を換えてもらうことにしよう」。そういう間に、市兵衛は、汗《あせ》垂《だ》れになって、団子石を担うて登って来た。長者殿は、「市兵衛や。えらい精が出るじゃねぇか。物は相談じゃが、お前の担うて来た団子石と、俺の米蔵と換えんか。俺は米蔵を六つ持っちゃおるが、三つ蔵を出すから、この団子石と換えてくれぇ。米蔵を四ノ蔵から、五ノ蔵、六ノ蔵……これが市兵衛の家に近いから、この三つを、市兵衛にやることにする」。長者殿は、受け渡しを急いで、さっそく市兵衛を連れて、まず四ノ蔵に来た。「これをお前にやる。ただ、今日は「大安」じゃ。この蔵の米の中から一俵だけ、初穂[2]として、俺がもらうことにする」。五ノ蔵も長者殿は、「初穂」だと、一俵だけ抜いて取った。六ノ蔵からも「初穂」ちて言うて、一俵取った。

　今後は市兵衛が、「俺の担うて来た団子石をば、長者殿に受け渡すことにする」ちて言うて、市兵衛は長者殿を連れて、家まで来て、「長者殿が一つの蔵から一俵ずつ三俵取ったから、俺もこの団子石の中から、三つ初穂をもらう」ちて言うて、金の塊の石を三つ除《の》けた。

長者殿は、その金の塊の石が欲しかったために、「米蔵を三つやるから」ちて、言い出したことじゃった。「初穂」も自分がつい言い出したことじゃったが、仕方がない、約束通り、市兵衛に三つの米蔵をやることにした。

市兵衛は、その金の塊の石をば、えらい値段で売って、長者殿に肩を並べるような長者になったという。市兵衛のメンコウヅラから汗の出止めんごと働いて長者になった、というお話。


（聞き手　天野千振）


［1］屋敷八丁＝家の周囲の意。この場合市兵衛の家のぐるり。長者屋敷の周囲ではない。

［2］初穂＝最初に収穫した生り《な》物。最初に収穫する生り物は、後にできる生り物よりも大きく美しい。だから最初に収穫した物は、まず感謝して神・仏に供える習慣があった。椎葉では、どんな作物でも、初めて収穫した物は、「初穂」と言って、吉日を選んで神仏に供えた後、家中でいただいた。従って初穂にすべき生り物を、他家に与えることはなかった。さらに言えば、この場合の初穂は、契約成立時に下位の者が、上位の者にさしあげる「祝儀」である。

雲の通い路

この笑い話の面白いところは、長者になる心得を学びたいという市兵衛が、ほんとうは、天性長者になる心得をよく身につけていて、逆に教える立場だったはずの長者殿に長者の徳なく、肝心なところで欲をかいて市兵衛に出し抜かれるところにある。

ほんとうの長者は、額に汗してよく働くのはもちろんのことだが、人格に悖《もと》るようなことはしない。また、市兵衛のように気働きが利く人でなくてはならないのだ。つまり、長者になる道を尋ねられた長者殿が、額に汗して働け、と教えたところまではよかったが、市兵衛の見付け出した金の塊の石を騙《だま》し取ろうと、長者にあるまじきことを考え、自らの所有する米蔵六つのうち、三つの蔵と換えよう、と提案する。そうして、最初の四ノ蔵の一俵を契約成立のお祝儀として初穂名目で要求するのはよいとしても、後の五ノ蔵、六ノ蔵の分は、全く市兵衛を馬鹿にした、長者の欲からでたことである。しかし、市兵衛は長者の欲をよく見抜いて、その手に乗らなかったのみか、金の塊の石はちゃんと確保して長者に渡さず、まんまと長者を出し抜いて、当の長者よりずっと金持ちになってしまった。

長者の心得は、市兵衛の方が通じていて、長者はかえって半可通だった。おかしいのはいつも通と思われていた者が実は、半可通。ここぞというときに失敗してしまい、逆に半可通と思われていた者がほんとの通だったのである。通は、どうも面白くないようだ。これは江戸文学のネライの一つ。よくできた世間話である。

十五夜の供え物

茶摘み

椎葉　あれこれ

椎葉の四季の暮らし

椎葉では暮らしは四季とともにある。新春正月のことは別項で紹介しているので、ここでは春から冬にかけての椎葉の暮らしを紹介したい。

春になると、椎葉では山野草摘みが忙しくなる。ワラビ、ゼンマイを摘み、乾燥させて保存食とする。フキノトウやタラの芽も収穫期に入り、シイタケも収穫の最盛期。椎葉の食文化を代表する菜豆腐もつくられる。藤や菜の花を豆腐に入れて作るもので、春祭りの的射にも振るまわれる。

初夏は茶摘みから始まる。人々は、急斜面にある茶畑にテゴ（手籠）を腰に下げて入り、新芽を丁寧に摘み取る。椎葉ではまだ手もみによる、釜煎り茶の製法が生きている。端午の節句では「ホウノキダゴ」（朴《ほお》の木団子）がつくられる。

七月の夏祭りが終わり盆行事を迎える間は、焼畑に火を入れる。火入れをした後、まだ火が燻《くすぶ》っている間に、ソバの種を蒔く。初盆の家では「無常念仏」の唱和がつづく。

旧歴八月十五には各地で臼太鼓踊りが奉納され、いよいよ収穫の秋。焼畑で栽培した作物を収穫し、脱穀などの作業をする頃は晩秋。この季節になると「稗搗き節」が歌われる。焼畑の収穫が終わると、翌年の焼畑を作る準備として、木おろしの作業が行われる。

すぐに厳しい寒さの冬である。猪や鹿の狩猟が始まり、村の食料が確保される。村内各集落では集落総出による神楽が始まる。「トシ祭り」とも言われるように、神楽の奉納は椎葉の人々の一年のしめでもあった。

71　タビナ息子

〔語り手〕那須英一
（松尾・水越　昭和5年4月1日生）

昔、ある所に爺さんと婆さんがおったそうな。「今日は天気もえぇから、田んぼに行って、田の草取りをしょうや」と、田んぼに行て、草取りしょったところが、婆さんが、タビナ《（タニシ）》を見付けた。婆さんの言うことには、

「爺さん。タビナがおるが。ワシたちには子供がおらん。これを持って帰って、懸《か》かり子[1]にしょうや」て、持って帰ったそうじゃ。そしてかわいがって、育てておったそうじゃ。

タビナはどんどん大きくなったそうじゃ。そのタビナが言うことには、「今日から爺さんの代わりに、俺《おれ》が駄賃付けをするから、馬に荷を付けて、俺を鞍の上に上《あ》げてくれ」。爺さんと婆さんは、タビナの言うとおりに、馬に荷を付けて、タビナをその荷の上に乗せたそうじゃ。タビナは、「ホイ、ホイ」と馬に声を掛けながら、駄賃付けをするようになったそうじゃ。

そうした親孝行のタビナを見ながら、爺さんと婆さんは、「もうタビナは、年頃になったが、嫁女《よめじょ》を見付けてやらにゃあ」と相談して、嫁女を貰《もろ》うてくれた。

晴れて嫁女を貰うたタビナが、嫁女に言うたそうじゃ。

「この藁《わら》打ち石の上に俺を上げて、このテンコロ[2]で、『美女美男これ一《いち》[3]』と言うて、打ち

砕け」。

嫁女は恐る恐るタビナの言うとおりに、タビナを藁打ち石の上に上げて、テンコロで、「美女美男これ一！」ち言うて打ち砕いたそうな。そうしたところが、タビナは、絵にも描けないような美男子に生まれ変わったそうな。

それからもタビナは駄賃付けをして、爺さんと婆さんに親孝行をしたというお話。


（聞き手　吉田扶希子）

［1］懸かり子＝跡継ぎ。老後を見てくれる子
［2］テンコロ＝藁を打つ木槌
［3］美女美男これ一＝美女美男と言われる人の中でもこれが最高

雲の通い路

新妻が、夫のタビナに頼まれて、「美女美男これ一！」と唱えてテンコロで打ち砕こうとするところは、まことにスリリングだが、絵にも描けないほどの美男子に復活するのだから嬉しい。話型は「田螺長者」だが、他村の伝承のように、田螺が悪賢く立ち回って長者になるのではなくて、椎葉の場合は、息子のタビナが、かわいがってくれた爺さんと婆さんに恩返しするのに、駄賃付けして生活を立てることにする。そのタビナに爺さんと婆さんが嫁女を世話してやるのだが、タビナはその嫁女のお蔭で、美男子に復活する果報話にまとめられていて、気持ちがよい。

駄賃付けは、昔の椎葉村の、他村との唯一の交易手段であった。黒木アイ子さんその他の皆さんによると、男女とも十五歳前後から参加したという。牛・馬に木炭・楮皮・のり樽（卯木の皮）・お茶などを付け、各自午前四時頃家を出て、提灯を灯して三々五々峠に集まる。峠あたりで夜が明ける。そ

こからは仲間と一緒に尾根道をたどって行く。途中、水の湧く「水のもと」で休みながら、先方の村を目指す。行くこと五、六里、現地には午前十時頃に到着。そこには商店の手代がいて、荷を受け取る。若い娘さんが困っていれば荷を下ろしてくれたり、また、その処理をしてくれたり、馬繋ぎ場の世話をしてくれたりした。

早々に昼食を済ませ、ムラで頼まれた砂糖・醤油・塩・素麺・焼酎・衣料品などを買い整え、若い娘さんなら若い娘さんらしく小間物屋を覗いて化粧品や装身具を物色したりした。そして午前十一時頃か遅くとも午後一時くらいには出発する。ムラに帰るのは早ければ夕方、たいていは真っ暗になってからだった。二、三日おきに従事したという。

駄賃は木炭一俵で六十銭から五十銭くらいだったという。現在なら一俵五千円くらいだろうか。いずれにせよ駄賃付けは辛い仕事だったかもしれないが、椎葉村の有力な収入源で家々の生活を支え、引いては、ムラの繁栄を支えていた、実は誇らしい仕事だった。

72 猫の恩返し

［語り手］ 那須英一
（松尾・水越　昭和5年4月1日生）

昔、山奥に一軒のお寺があったそうじゃ。和尚《おしょう》さんが大変な猫好きで、寺の前の小川に釣竿をかついで行て、魚を釣っては、猫にやりよった。誰言うともなく、「魚坊主《さかなぼうず》じゃ。魚坊主じゃ」と言うて、門徒が一人減り、二人減り、誰もおらんようになってしもうた。ところが、坊さんの養《やしの》うちょった、猫もおらんようになった。どこ行たろうか。

何日かたって、その山寺に、いい娘が来たそうじゃ。

「俺《おれ》はここに養われちょった猫じゃが、俺のせいで門徒も何も皆《みんな》離れてしもうて、お寺が立ち行かんようになってしもうた。今から十日ばかりすると、隣の村の長者どんが死ぬる。死んだなら、葬式がある。そのとき、俺が葬式に行て、野辺送りをするときに、天竺《てんじく》の方しな棺桶《かんおけ》を吊《つ》り上ぐる。どこの偉い坊さんが来てお経を唱えても、もとには戻さん。ここの坊さんが来てお経を誦《よ》うだなら、棺桶をもとに戻す」ちゅうて、行てしもうた。

娘の言うとおり、十日ばかりしたところが、長者どんが死んでしもうた。ほうして葬式もして、野辺送りしたところが、その猫の言うたとおり、長者どんを入れた棺桶が、ひらひら、ひらひら、すぅっと上の方、天竺の方に、かすかに見ゆる所まで、吊り上げられてしもうた。それからあたり近傍《きんぼう》の偉い坊さんを皆雇《やと》うて、お経を上げてみたけれども、その棺桶は降りて来んかった。「どっかもう坊さんはおらんかあ」。ところが、山寺の魚坊主よりほかには、もう坊さんがおらん。「そりゃあ魚坊主でも何でもいいから、雇うて来て、お経を上げて貰《もら》わにゃならん」ちゅうて、山寺の魚坊さんを雇いに来た。ところが坊さんの言うことには、「そりゃあ偉い坊さんがお経を上げても、降りて来んもんなら、俺のような坊主が行てお経を上げても、駄目《だめ》じゃろう」ちゅうて言うたそうじゃ。ところが、「もうお前よりほかにゃ、近傍にゃ坊さんはおらんから、何が何でも、行て、お経を上げてくれぃ」ちゅうもんじゃから、仕方なく坊さんは、頼まれて行たそうじゃ。

ほしたら、その山寺の魚坊主がお経を唱え始めたところが、天竺のかすかに見ゆるところから、棺桶が降りて来て、野辺送りの元の場所に着いたそうじゃ。

それからは、今まで離れておった門徒の人たちも、皆が、「こりゃあ山寺の魚坊主でなけらにゃいかん」ちゅうて、今度は元よりも多くの人が門徒になって、山寺も元よりりっぱなお寺になったそうじゃ。

（聞き手　今泉明子）

猫檀家。東北地方、中・四国地方に多い昔話。九州では珍しい。中・四国の昔話では、猫が和尚と示しあわせて暴風雨を起こして檀家の葬式をはばみ、困っているところにつけこんで、和尚が熱禱して天候を回復させ、無事に葬式を出させてやる型が多い。右の昔話は東北型で、九州では貴重な伝承。

ここで、棺桶が、天竺の方へ空高く引き上げられたことについて、それはむしろよいことではないか、と思う人があるかもしれない。しかし、謡曲『実盛』にも「われは実盛の幽霊なるが、魂は善所（浄土）にありながら、魄はこの世にとどまりて」とあることでも分かるように、日本では古来、死後霊は一人の人に「魂」と「魄」と二つあるものと考えられていた。諸説あるが「魂」は陽・神気で死後は天（浄土・極楽でも）と考え、「魄」は陰・形骸で死後は土に帰るものと考えられていた。従って長者どんの棺桶は丁重に地下に葬られてしかるべきであって、いかに天竺の方といえども、宙に浮くなどとんでもないことだったのである。この点でも椎葉村の昔話は、昔話といえどもよく葬送儀礼の本質が守られている。

なお、余談ながら椎葉では、納棺前、死者のシリモトに箒《ほうき》をあげておいた。猫は魔物で、もし猫が死体を越えたら死体が起き上がる。そんなことがあると箒で打ちこかさんといかん、という。納棺後も棺桶の側に箒をあげておいて、猫を避けたものだ、という。

73　大蛇の恩返し

〔語り手〕那須英一（松尾・水越　昭和5年4月1日生）

昔ある所に、爺さんと婆さんが住んじょった。爺さんと婆さんは、毎日毎日、畑に出て、畑仕事をしておった。ある日、畑を耕しているうちぃ、蛇の卵を見つけた。爺さんと婆さんは「こりゃあ、俺どもには子がおらんが、持って戻って、懸かり子〔1〕にしようや」。

そうして、その蛇の卵を持って戻って、囲炉裏の片隅において、卵の孵《か》えるのを、待っちょった。しばらくすると、卵から一匹の小さな蛇が生まれてきた。そこで、爺さんと婆さんは、その蛇の子に、太郎という名を付けて、大切に育てよった。

爺さんと婆さんが、山に行っても、畑に行っても、太郎は、よく慣れて、爺さんと婆さんが仕事する所について来ては、爺さんと婆さんとが仲良く一緒におることを、嬉しそうに見いみいしながら、その側で、遊んじょった。

月日の流れは早いもので、太郎は、ドンドン　ドンドン　大きゅうなって、大蛇のような大けな蛇になった。すると、隣近所の人たちは、誰《だれ》一人として、爺さんと婆さんの家に寄りつかんようになった。来る者も、おらんようなってしまった。

そこで太郎の言うことにゃ、「隣近所の人たちも、誰も、来んから、俺は下の小谷の大けな淵のある所に住み込んで、そこの主になるから、俺に用事があるときは、『太郎！』と我が名を呼べば、出て来て、何でもしてやるから」。そう言うて、太郎は前の淵に去《い》んでしまった。

ところが、その土地を治めておった殿様が、病気になった。占い師〔2〕の言うことにゃ、「こりゃあ、爺さんと婆さんの養《やしの》うちょる太郎のベロを取って来て、煎じて飲ませにゃあ、殿様の病気は治らん」。それで、殿様は、家来に申し付けて、太郎のベロを貰いに寄越した。

そこで爺さんと婆さんは、仕方なく太郎のおる淵に行て、太郎の名を呼んだ。すると、太郎は、知ってか知らずか、大けな口を開けて、ベロを長く出してきた。爺さんと婆さんは、泣く泣く太郎のベロを、持って来た包丁で切った。そうして、太郎のベロを殿様の家来に渡した。

殿様の家来は、喜うで太郎のベロを持って、お城に帰った。そうして、殿様に、太郎のベロを煎じて飲ませた。おかげで殿様の病気は日増しによくなっていった。

病気の良くなった殿様は、爺さんと婆さんが、一生涯、何不自由のないように、お金やら褒美やらをたくさんやった。それからは、太郎の住み込んでいる淵をば、誰言うとなく「太郎淵」と言うようになった。

一匹の蛇でも、懸かり子と思って可愛がって育てれば、爺さんや婆さんに親孝行はするものだ、というお話。


（聞き手　林　由季子）

［1］懸かり子＝跡取り。（71話の注参照）
［2］占い師＝椎葉では験者のようだ。

雲の通い路

柳田国男監修の『日本昔話名彙』の「蛇息子」の項には、典型話として、熊本県鹿本郡の昔話が紹介されている。前半は、ほぼ同じ筋だが、懸かり子の大蛇が身を引く場所は、淵ではなくて、田圃《たんぼ》に自ら掘った池ということになっている。そしてその後、いつの間にか、その池は子供たちの遊び場になってしまった。とあって、あるとき、その池に長者の愛娘が転落してしまう。その転落した娘を救いあげたのが、今ではその池の主になっていた蛇で、長者は蛇に宝物を与え、また爺さん婆さんを引き取って、安楽な老後を送らせた、という筋である。

椎葉の英一さんの「蛇の恩返し」の昔話は、この熊本県の「蛇息子」とよく通ずるものがある。ただ英一さんの昔話は、いつもそうだが、教訓的で、今回も「恩返し」が強調されていて、蛇さえ恩を忘れない、いわんや人間においてをや、という教えで終わっている。

74　狐《きつね》の子持たせ

［語り手］椎葉頼参
（大河内・小崎竹の枝尾　大正13年2月5日生）

昔のことじゃから、あまりお医者がいなかったわけですが、一人のお医者がおったとですわ。そのお医者の名前の病院は今でもあるはずです。多良木《たらき》［1］ですわ、熊本県の。そのお医者さんの所に、「うちの家内が子持ち（お産）にかかっとっが、来てくれんじゃろか！」ちて言うて、呼びに来たそうですわ。

それで、鞄《かばん》を持って、どっちがどっち、言うたら、こっちこっち、言うて、山の中に誘い込んで行ってえ。そこは一軒家だったが、御殿のようなりっぱな家だったそうです。入《い》ってみたら、もう、お産にかかって、ウンウン言うて唸《うな》りよる。それから、親父が、「医者どんを雇うて来たから、もう心配《しんぱい》ぁはいらんぞ。がま出して（頑張って）、ええ子ば持たなぞ」ちて言うて、励ましたそうですわ。そしたら、なんとしたところが、取り上《あ》ぐれば、持ち、取り上ぐれば、また持ち。もう出来るも出来るも（どんどん生まれたものだが）、七人持ったそうです。

「ええ、こら、不思議なこともある。双子《ふたご》ちゅうたぁ、今まで、見たこと、聞いたことあれども、七つの子ちゅうたところは、初めてのことじゃが」ちて、お医者は言うたそうです。親父は、「あぁ、お蔭《かげ》で、子供がこげぇでけて、お医者どんのお蔭でございました。何もねぇんどもが、まぁ召し上がってくれめせ」ちて言うた。

座敷《ざしき》に行てみたところが、立派なお膳で、上等の酒肴《さけさかな》じゃったそうですな。酒は徳利《とっくり》に入れて、タカトッポ〔2〕に酌《く》んで飲ませたところじゃが、それがおかしなことになぁ、一合か二合しか入らんごたる徳利じゃったそうですが、それがその、注《つ》いでも注いでも、出て来《く》っとだそうですな、酒が。医者どんは子持たせして、そうとう腹も減っとったじゃろうから、肴を食ては、酒を一合か二合か、と思うて飲みよったらば、酔《え》え食ろうて《（酔いつぶれて）》しまって、そして、もういきなり《（そのまま）》そけぇ寝とったそうです。

そしたら、明くる朝方、寒いもんじゃ。「えらいいい家じゃったが」ちて言うて、目を覚まして、辺りを見たところ、野っ原だった。「あいやぁ、こらぁ、狐から騙《だま》された！　しょうはねぇが」ちて言うことで、昨夜、お礼の銭《ぜに》を貰《もろ》うたが、その銭はどうか？　と思うて、鞄の中の財布を開けてみたところがですな。財布の中に銭は入っておって、本物だった。それが、えらいこと入っとったそうです、昔の銭で。

出されたお膳も、どうしたものか、と思っておったところ、近くのムラで、昨夜《よべ》、婚礼があったそうじゃが、それがその時、お膳が一つ、なんぼしても足らなかったそうじゃった。それでそのお膳も、狐が盗んで来て、お医者に食わせたとじゃないか、ちて言うことじゃった。

そしてその子持たせしたお医者どんは、その後非常に繁盛してですよ、今でも確かありますよ。

（聞き手　中島理恵）

［1］多良木＝熊本県球磨郡多良木町
［2］タカトッポ＝竹の杯

雲の通い路

昔、椎葉村には神門口《みかどぐち》・馬見原口・球磨口等々の交易ルートがあった。大河内の小崎では、球磨口を使い、湯山峠を越えて水上村湯山を通って岩野・湯前・多良木へ出る道と、小崎峠を越えて水上村古屋敷を通って岩野・湯前・多良木へ出る道と二つの道があって、昭和二十年代までは、交流も盛んだった。重病人が出ればタゴシで担いで峠越しに運んだ。大変だったが、決して孤立していたわけではない。

それにしても椎葉村の狐は義理堅い。難産を助けてもらったお礼には、当座の謝礼ばかりか、後々の病院の繁盛まで、神通力でもって保証している。お礼の銭が木の葉だった、という伝承地区は結構ある。椎葉村はそこが違う。椎葉村は、村民ばかりか、狐まで義理堅いところだったわけである。いくら飲んでも酒が減らない徳利は、飲ん兵衛垂涎の夢の徳利だが、お膳を盗んだところは、大目に見てやってほしい。

75 帰《かえ》らん寺《じ》

［語り手］那須英一
（松尾・水越　昭和5年4月1日生）

昔、ある所に、親孝行の娘の子がおった。身体の弱いお父《とう》といっしょに住んでおった。親孝行の娘の子は、なんとかして、お父の病気を治《なお》してやらないかん、と思うて村外《はず》れの氏神様に、三、七、二十一日の丑《うし》の刻《とき》参り［1］をして、お父の病気の治るようにお願いしておった。して、三、七、二十一日の満願［2］の晩に、氏神様から、「この山の頂上の池［3］に帰らん寺というお寺がある。そこにお参りして来れば、お父の病気は治るじゃろう」。そのようなお告げがあった。

それから娘の子は、山の頂上のお寺にお参りに行くことにした。曲《まが》りくねった山道を登ってゆく途中、小さな柴壁《しばかべ》の山小屋があった。そこに真っ白な白い鬚《ひげ》を生《は》やした爺《じい》さんが住んでおった。「娘御。お前は何処《どこ》に行くのか?」。娘の子の言うことにゃ、「俺《おれ》は帰らん寺というお寺にお参りに行くとじゃ」。ところが爺さんの言うことにゃ、「帰らん寺にお参りに行て、戻《もど》って来た者は、一人もおらんぞ。もうこれから帰った方がええわい」。爺さんはそう言うたが、娘の子は、「何がなんでもお参りをして、お父の病気を治さにゃいかん」。爺さんの言うのを振り切って、登って行きよった。

八合め程《ほど》の所に、相《あい》も変わらぬ柴小屋があって、そこにも白い髪を生やした爺さんが、住んじょった。「娘御。何処にいくのか？」。「俺はお父の病気を治すために、帰らん寺にお参りに行くとじゃ」。ところが、その爺さんも、「帰らん寺に行て、戻って来た者は、一人もおらんぞ。これから戻った方が、えぇぞ」。娘の子は、その爺さんの言うのも振り切って、頂上の帰らん寺に登って行た。

そこには、りっぱなお寺が建っとった。お寺の周《まわ》りには、大けな池があった。「こりゃ、どっから渡ったらよかろうか。橋も何にもねぇ」。ところが、そけぇ（そこへ）、大けな大けな大蛇《だいじゃ》が池に浮かび上がってぇ、娘の子は、ここぞと、その大蛇の背を橋の代わりにして、トッ、トッ、トッ、トッち渡って行た。

そして、今夜はもう日も暮れるから、このお寺で、念仏を唱えながら泊まることにした。すると、寺の奥の方から、蠟燭《ろうそく》の火の灯《とも》った、そうして水の滴《したた》るお姫さまが出て来た。そして「たいていの者は大蛇を見たとたん、ひっ魂《たま》消《が》って池に入り込《こ》うでしまうが、お父のためとはいえ、お前のように勇気のある心の清い娘の子はおらん。実は、お前のような者が来るのを、今日か、明日か、と待ちわびちょった。俺は、この池に棲《す》む大蛇じゃ。海に一千年。川に一千年。山に一千年。都合三千年の時を修行し、これから、龍立《ようだち》になって、天に昇らにゃいかん。天に昇るためには、念仏の声を聞かんと、昇ることができんとじゃ。明日の朝、俺が天に昇るから、念仏を唱えてくれ。そうすれば御恩返しに、お前のお父の病気を治してやろう」。そう言いながら、お寺の奥に消えた。

夜が明けて、朝が来た。池には、火柱が、天の遙《はる》かに続いて行っちょる。その火柱を、大蛇が、懸命に昇り始めた。娘の子も一生懸命に、念仏をして、唱えてやった。大蛇は「ありがとう」「ありがとう」と言いながら、龍立になって、天に昇って行た。

それから娘の子は、お参りを済《す》ませ、帰ることにした。八合めの柴小屋の所まで降りてきた。爺さんの言うことには「お前は、親孝行じゃから」と、そう言うて宝物の入った大けな葛籠《つづら》をくれた。そしてまた、降りよったところが、もう一軒の柴小屋の爺さんの所に行た。と、そこのお爺さんも「お前は親孝行じゃから」と、こんどは小判の入った壺《つぼ》をくれた。そして娘の子は、二人のくれた宝物を持って、自分の家へ帰り着いた。すると大蛇の言うように、お父はスッカリ元気になって、親子幸せに暮らした、というお話。

（聞き手　米満　泉）

［1］丑の刻参り＝午前二時ごろ寺社参りをすること
［2］満願＝神仏に日数を限って願いを立て、その日数の満ちること
［3］山の頂上の池＝不土野の御池のような聖地に、お寺があるのであろうか。

雲の通い路

仏教では「祈る」とは言わない。「念ずる」という。娘は我が身を捨てて顧《かえり》みず、一心にお父のために仏を念じている。これは菩薩《ぼさつ》（修行者）が、仏を行じている姿である。我を忘れた尊い姿は行仏そのもの。たとえ凡夫であっても、真剣に仏を行ずれば周囲は変わる。蛇も成仏する。お父も健康になる。あたりは仏国土になる。すべての世界が好転していく。椎葉にはよい話が多い。

76　孝行娘乙鶴《おとづる》じょうの話

［語り手］　那須英一
（松尾・水越　昭和5年4月1日生）

昔、ある所に、女子《おなご》の子ばっかり、三人育てておる、お父《とう》がおったそうじゃ。一番妹は、乙鶴というて、可愛いらしい娘じゃった。乙鶴が二つになったころ、お母《かあ》は、流行病《はやりやまい》で、死んでしもうた。それでお父は、男手一つで、三人の女子の子を育てておったそうじゃ。

一番姉娘《あねご》が十八歳、中娘《なかご》が十六歳、乙鶴が十四歳になったころのことじゃった。お父は裏《うら》の山に行て、薪《たきぎ》を拾いに行て、あまり余計《よけい》に取ってしもうたもんじゃから、縄《なわ》で背中に担《かろ》うようにしたけんど、あんまり重うして、担うて、さあ起きろう、としたが、よう起きらんかった。困ったお父は、「俺は、女子の子を、三人持っちょるが、誰かぁ起こしてくるる者はおらんかぁ。起こしてくれた者にゃ、嫁御にやるがぁ」ちて言うて、独り言《ごし》、言いよったそうじゃ。すると猿が一匹出て来て、お父を引き起こしてくれた。お父は、「こりゃあ猿どん。有り難ぇことじゃ。娘の子どもに頼うでみらにゃあ分からんが、この月尻《つきじり》（げつまつ）に、家《うち》まで来てみよ。嫁御に、一つやる」ちて言うて、約束した。

日《ひ》にちの経つのは早いもので、猿と約束の日が近付いてきた。その時ぃなって、お父は、急に心配になって、寝込うでしもうた。それで、一番姉娘が、「お父は、近ごろ、顔色が悪いが、何か心配事があるとじゃねぇか?」ちて言うて、ご機嫌伺《きげんうかが》いに、枕元に来た。お父の言うことにゃぁ、「裏山に行て、薪を余計に拾うて、担うてみたけんど、よう起きらんかった。それで、『俺《おれ》は女子の子を三つ持っちょるが、誰か来て、起こしてくれんかぁ!』そう言うて独り言を言いよったりゃあ、山から猿が出て来て、起こしてくれた。お前が、猿の嫁御になって、行てくれんか?」ちて言うて、頼うでみた。したら姉娘の言うことにゃあ、「なんぼう親の言うことでも、猿の嫁御にゃようならん」ちて言うて、断《こと》わってしもうた。

今度は、中娘が、「近ごろお父の顔色が優《すぐ》れんが、どこか悪ぃとじゃねぇか?」ちて言うて、ご機嫌伺いに、枕元に来た。お父は、一番姉娘に言うたように、中娘に頼うでみた。したら中娘の言うことにゃあ、「なンぼう親の言うことでも、猿の嫁御にゃようならん」ちて言うて、断わられてしもうた。

今度は一番妹の乙鶴が、「このごろ、お父の顔色がようないが、どこか、悪ぃとじゃねぇか?」ちて言うて、ご機嫌伺いに、枕元に来た。お父は、それでまた、二人の姉娘に言うたように言うて、乙鶴に、猿の嫁御に行てくるるように、頼うでみた。すると、孝行者の乙鶴は、「お父。何も心配せんでもえぇ。私が、猿どんの嫁御になって行くから、早う元気ぃなって賜うれ」。それでお父は、ようやく安心して、元気になった。

約束の日がやって来て、猿が、嫁御を迎えに来た。乙鶴は、猿の嫁御になって、お父や、二人の姉娘とお別れをして、山の方に行てしもうた。

猿と乙鶴とは、それから、野を越え、山を越え、大けな谷のあるところへ出た。猿は乙鶴を連れて、その大けな谷を、上手の方へ、ドンドン ドンドン 登って行た。その大けな谷が、だんだん険しゅう、深うなってきた。大けな流れも、速うなってきた。そン谷端に、大けな木が立っておった。その木には、見事な藤の花が咲き乱れて、いっぱいに這《へ》ぇ掛かっておったそうじゃ。それを見た乙鶴は、「猿どん。あの藤の花が欲しい」ちて甘えた。

猿は、もともと木に登るとが得意じゃから、嬉《うれ》しげに藤の這ぇ掛かっておった木の、とっぺんに登って行た。そして猿は、「嫁御。どの花がえぇか?」ちて聞いた。見ると、谷に差し掛かった方の枝の、一番先の方に、えぇ花が咲いちょった。乙鶴は、「その花が欲しい」ちて答えた。猿は乙鶴の言うままに、枝のいちばん先の方に行て、藤の花を採ろうとした。じゃが、枯れ枝を、ひき折ってしもうて、深い谷川の真ん中に落てて、川下の方へ、流れて行てしもうた。

（厚かましい猿の魔の手から）危うく助かった乙鶴は、どこか宿を、借《か》らんといかん、ち思うて、ドンドン川上の方に登って行くと、森の中《なけ》ぇ一軒の家があった。そこには、山姥《やまんば》が住んじょった。山姥の言うことにゃ、「どうして、こんな所《とけ》ぇまで来たのかぁ？　ここは、鬼子《おにこ》ども[1]がいっぱいおる住処《すみか》じゃが」。

それで乙鶴は、今までのことを話《はなし》ゃあて聞かせた。すると山姥は、「お前は、えらい親孝行者じゃのう。名は何と言う?」。

そこで乙鶴は、「俺《わしゃ》ぁは、乙鶴と申します。今晩、宿を貸して賜うれ」。そう言うて、お願いをした。すると山姥は、「晩飯の用意が出来ちょる。お前は、鬼子どもの戻って来んうちに、早う晩飯を食て、二階に上がって、寝ちょれ。それから鬼子どもが、戻って来たなら、二階に昇って来るかも知れんから、そん時には、この猫袋《ねこぶくろ》〔2〕を着て、鬼子どもがゾロゾロ昇って来たら、『ニャーングルグル　ニャーングルグル　ニャーングルグル』ちて言うて、転《こ》け回《まわ》れ。鬼子どもは、猫又《ねこ》〔3〕がいちばん嫌いじゃから、逃げて下の方に降りて来るに決まっちょる」。

日が暮れて、鬼子どもがいっぱい戻って来た。「腹が減ったぁ！」ちて言うて、山姥が、晩飯を用意してやると、ワイワイ言うて、食《く》てしもうた。そうして、「何処《どこ》に寝ろうか。地炉《じろ》〔4〕の土間で、土のある所に寝ると蚤《のみ》が食う。二階に寝ると鼠《ねずみ》がごとつく。蚤に食わるるよりゃ、二階に上がって寝ろう」ちて相談して、鬼子どもがドンドン二階に上がって来た。

乙鶴は、山姥の言うたように、猫袋を着て、「ニャーングルグル　ニャーングルグル　ニャーングルグル」。そう言うて、転げ回った。

すると鬼子どもは、「あら恐ろしや。猫又がおる！」。そうして下の方にドドッと降りて来た。そして「猫又に嚙《か》まるるよりも、蚤に食わるる方がえぇから、地炉に寝ろう」。そう言うて、鬼子どもは、皆、土間に来て、囲炉裏を囲《かこ》うで寝てしもうた。

夜が明けて、朝飯を食た鬼子どもは、いつものとおり、ワイワイ言うて山に行てしもうた。山姥が二階に昇って来て、「鬼子どもは、山に行てしもうたから、乙鶴も起きて、朝飯を食え」。

乙鶴は朝飯を御馳走《ごちそう》になって、門送り（お別れ）をしようとした。ところが、山姥は、「近頃、頭が痒《かゆ》うして、もてんが、虱《しらみ》を取ってやらんか」ちて言うて、櫛《くし》と鋏《はさみ》とを、乙鶴に渡した。乙鶴が、櫛で山姥の頭ん髪を、掻《か》き分け、掻き分け、虱を取り出したが、山姥の頭にゃ、虱ではのうして、百足《むかで》やら、小さい蛇やらがいっぱい、集まっておった。乙鶴が、それを鋏で切て、山姥に差し遣《や》ると、山姥は、それを旨そうに、打ち食ろうてしもうた。

そうして「俺ゃあ、乙鶴の御蔭《おかげ》で、痒みが取れたわい。何か、お礼をせにゃあいかんが」ちて言うて、押し入れから、葛籠《つづらかご》を持って来て、乙鶴に渡した。そして「これはのう。珍しい宝の葛籠じゃ。乙鶴が、欲《ほ》しい物の、その名を言うて、この葛籠を三遍《べん》、掌《てのひら》で叩《たた》けば、葛籠の中から、何でん、その欲しい物の出て来る。これは珍しい宝の葛籠じゃ。これをば、乙鶴にお礼にやるから。これから、川下の方に下って行け。途中で、鬼子どもが、川遊びをしておるかも知れんから、そこを通る時には、あの猫袋を着て、転けて通れ」。

山姥に言われたように、乙鶴が川下の方に下って行くと、途中に、山姥の言うたように、やっぱ鬼子どもは、水浴びをして遊んじょった。そこで乙鶴は、猫袋を着て、「ニャーングルグルニャーングルグル　ニャーングルグル」ちて鬼子どもの方に転け回って行た。

鬼子どもは、「あら怖ろしや。昨夜《ゆうべ》の猫又が、来た！」ちて言うて、山の方に逃げて行てしもうた。

鬼子どもを追い払った乙鶴は、山姥に教えられたように、谷をドンドン　ドンドン下って行った。下って行ったら、とある村に出た。乙鶴は、山姥から「村に着いたら、長者殿《どん》の屋敷を探して、そこで雇《やと》って貰《もら》え」と教えられていたことを思い出し、早速《さっそく》、長者屋敷を探した。

長者屋敷は、すぐに見付かった。乙鶴は山姥が言うて聞かせた通りに、長者殿に、「何でもしますから、使うて賜うれ」と言うてお願いをした。すると長者殿は、「ちょうど今、手が足りんで困っておったところじゃが。ええ塩梅《あんばい》じゃ。お前は、箒《はわ》き掃除やら、洗濯、風呂沸かしをせい。お前の寝る所は、馬屋《まや》の隅に一部屋ある」。そう言うて長者殿は、乙鶴を部屋に案内してくれた。

それからの乙鶴は、朝早くから、晩遅くまで、一生懸命、働いた。箒き掃除も励んだし、大けな釜や煤《すす》けたヘグロ[5]も構《かま》わず洗うし、風呂沸かしも長者殿の家族や、大勢の下男・女中のために、灰まみれになって沸かしたので、皆《みんな》から、灰娘と呼ばれちょった。

そうして半年ほど過ぎて、村の氏神さまのお祭りの日がきた。氏神さまのお祭りの時にゃ、下男も女中も仕事を休んで、皆でお詣りに行くことになっちょった。姉さん女中どもが、「灰娘よ。お前も俺《わし》らといっしょに、お祭りに行かんか」、ちて言て誘うてくれたけれどもが、乙鶴は「俺ゃあ、まだ仕事が余計に残っちょるから、その仕事を済《す》まして、暇《ひま》があったらお祭りに行かしてもらうかもしれん」ちて言うて、後に残った。

じゃが、乙鶴は、俺も、お父《とう》が元気なように、乙鶴も幸せになりますように、拝んで来にゃならん。ちて思うて、急いで箒き掃除から、洗濯、風呂沸かしを済まして、それから風呂に入って綺麗に体を濯いでから、山姥から貰うた葛籠を取り出して、山姥が言うた通り、「奇麗な着物が欲しい。帯も欲しい。草履《ぞうり》も欲しい。お化粧道具も欲しい」ちて言うて、葛籠を三遍叩いた。そしたりゃあ、見たこともないような着物や帯やらが、いっぱい出てきた。乙鶴は、その着物を着て、お化粧をして、お祭りに出掛けて行た。

ところが、その様子を、長者殿の若息子《わかむすこ》が、チラッと見てしもうた。「あの娘は、いつも風呂沸かしで、灰を被《かぶ》っておる灰娘じゃが、見たこともないような、よか女子《おなご》になっちょる」ちて、一目惚《ぼ》れ。そのまんま、寝込うでしもうた。

それとは知らない乙鶴は、お祭りに出て行た。そうして、一の鳥居の所まで行たところで、手を合わせて「お父が元気でおりますように。乙鶴にも、ええ運が向いて来ますように」ちて、氏神さまにお願いをした。お祭りに集まっておった者が、その様子を見ておって、「ありゃ見たこともねぇ女子じゃが、どこの子供じゃろ。日照り神[6]のごとある、ええ女子じゃが」ちて言うちょった。

お詣りに行った乙鶴は、すぐに長者屋敷に戻《もど》って、いつものように、仕事着に着替えて、せっせと働いちょった。お祭りに行っておった姉さん女中やら、下男たちが戻ってきて、「灰娘よ。お前、氏神さまのお祭りに行てみりゃあよかったとじゃが。見たこともねぇ日照り神が、お祭りに来ておったぞ」。

そうした姉さん女中たちや下男たちの騒ぎをよそに、長者殿の若息子の病気はだんだん重くなってしもうた。何も知らん長者殿は心配して、お医者殿《いしゃどん》を呼んでみたけれども、お医者殿の言うことにゃ「どっこも悪いとこはねぇ」ちて言う。長者殿は困ってしもうて、今度は占い師［7］を雇うてみた。占い師の言うことにゃあ、「もう若息子も年頃じゃ。この長者屋敷で使うておる女中のうちに、好きな者が出来ちょるごとある。それを貰うてくれりゃあ、すぐに治《なお》る。これは、恋患《わずら》いじゃ」。

そこで長者殿は、女中たちを集めて、若息子のご機嫌伺《きげんうかが》いをして貰うことにした。一の女中から一人ひとり、お茶を持って二階座敷に寝ておる若息子の、ご機嫌伺いするとじゃが、十四、五人おる女中が、一人ひとり良《え》ぇ支度《したく》をして、ご機嫌伺いしてみるとじゃが、長者殿の若息子は、起き上がらんかった。「もうおらんか?」。「半年ほど前から来た灰娘よりほかに、もうおらん」。長者殿は「灰娘でも何でもえぇから」ちて、乙鶴に若息子のご機嫌伺いをするように頼うだ。乙鶴は「私のような者が、ご機嫌伺いをしても……」ちて言うて断《ことわ》ったが、「まぁそう言わずに、ご機嫌伺いしてみてくれぇい」ちて言われて、乙鶴もご機嫌伺いをすることにした。

風呂に入って、へグロや灰やら落とし、山姥から貰った葛籠の中から見たこともないような着物やら帯やら、お化粧道具を取り出して、日照り神のようになって、お茶を持って二階座敷に上がって行た。長者殿の若息子は、ゴソッと起き上がって、乙鶴に「俺の嫁になってくれ」、そう言うて膝《ひざ》を曲げてお願いをした。長者殿も喜うで、若息子といっしょに乙鶴にお願いをした。

乙鶴の言うことにゃ、「私のような者《もん》に、もったいないお話じゃけんど、俺《わし》ゃあ里に残して来たお父に、親孝行せにゃあならん。このお屋敷で、一生懸命働いて、お金を蓄《た》めて、里に残して来たお父に楽をさせにゃならん」ちて言うて、断った。長者殿の言うことにゃ、「今まで馬屋の隅に住まわせて、こき使うた俺を許してくれぃ。早速、乙鶴の里に行て、乙鶴のお父に、乙鶴を貰いに行こう。乙鶴のお父には、この屋敷に来て、俺の話し相手になって貰うことにするから、乙鶴はこの屋敷で、お父に精一杯、親孝行して貰う」。

そう言うて、長者殿と若息子は、出向いて行て、乙鶴を嫁に貰い受け、乙鶴のお父も、長者屋敷に迎えられて、親子共ども、幸せな渡世を送った、という親孝行娘乙鶴じょうのお話。

（聞き手　三宅好久）

［1］鬼子ども＝山姥の子。山姥は、椎葉に限らず子沢山である。父親の鬼は、通い婚なのであろう、話に出て来ない。
［2］猫袋＝猫の着ぐるみ
［3］猫又＝『徒然草』にも見える化け猫。山猫が年老いて尾が二つに分かれ、よく化けるというが、英一さんからは、そこまでの説明は聞けなかった。
［4］地炉＝囲炉裏。客間にあたるデイでは炭火。居間にあたるウチネィでは焚き物。台所への通路で、土間にあたるドウジでは、やはり焚き物を焚いて暖をとった。ここは、ドウジの囲炉裏らしい。
［5］ヘグロ＝鍋や釜についた煤のこと
［6］日照り神＝太陽神のような美女
［7］占い師＝験者

「乙鶴じょう」の「じょう」は尊称。前出。

右の昔話は、椎葉村に多い娘の親行譚の一つであるが、構成が凝っていて、三つの昔話から成っており、初段は「猿婿入り」型である。うっかり猿に借りを作って、その代償に、三人の娘のうちの一人を、その猿の嫁に出すハメになった父親が、心痛のあまり病気になった。

二人の姉はいくら何でも猿の嫁は嫌で断るが、乙鶴は病気の父親のために、猿の嫁になることを承知し、猿に連れられてその住家のある奥山に連れていかれる。その途中の谷川で、乙鶴は機転で猿を川に転落させて、難を逃れる。

次の二段目は「牛方山姥」型である。里に逃げる途中、道に迷った乙鶴は、山姥の家に泊まることになる。ただ、通例の型と異なり、山姥は、乙鶴を鬼子から守ってくれたばかりか、不思議な葛籠を授けて、里に逃す。乙鶴はその里の長者屋敷に奉公することになるが、最後の結末の段は「灰坊太郎」型である。

乙鶴は長者屋敷で灰にまみれてよく働き、シンデレラのように「灰娘」と徒名されるが、ある祭りの晩、仲間の誘いも断り、一人屋敷に残って残余の仕事を片付け、さて、山姥に貰った葛籠から衣装・化粧道具を取り出して、変身する。これを垣間見ていた長者の息子は忽ち恋患いとなる。それも重患で、大騒ぎとなるが、占い師の勧めで、長者屋敷中の女中が一人ずつ恋息子の枕元にお茶を運んで「ご機嫌伺い」するが、全部不合格。最後に灰娘の乙鶴がご機嫌伺いすると、忽ち息子は全快し、乙鶴は息子の嫁になる。父親は長者の話し相手として、乙鶴とともに長者屋敷に引き取られる。

それにしても、聞く子供たちは、毎晩のことだからすぐ飽きて、話し手に「もっと。もっと」と面白い昔話をねだるのである。話上手はいくらでも昔話の筋を変えて聞き手のご機嫌を取り結ぶが、有名な昔話を三つも微塵の齟齬なく纏め上げた巧みさには驚くばかりである。

なお注目すべき点が幾つかある。まず言葉がよいことである。一、二その例を挙げてみると、まず、占い師の献言で、恋する息子の枕頭に、女中たちが一人ずつ見舞いに行くところ。右の昔話では、これを「ご機嫌伺い」といっているが、これはよほど教養の高い家でのこと。また、長者屋敷の息子のプロポーズするところだが、息子は、乙鶴に対して、「ひざを曲げてお願いをした」とある。一般の昔話にはない丁寧な言い回しと思う。昔話の中でもハイレベル。高度な物語のようである。だいたい結婚話は息子側の丁重な求婚に始まるものである。よい躾でもあると感心する。それに対して乙鶴は「わたしのような者に、もったいないお話じゃけんど……」と乙鶴の辞退の言葉も尋常。いったい言葉というものは、話す人の品格をよく表す。こうした大切な場面で遣うべききちんとした態度・言葉を教えている椎葉村のレベルはとても高いものと思われる。椎葉村の品格の高さは、一体どこからきているのだろうか。

77　孝行息子の話

［語り手］　那　須　英　一
（松尾・水越　昭和5年4月1日生）

昔、ある所《とけ》ぇ、親孝行の息子がおったげな。ところが、両親《りょうおや》が流行病《はやりやめぇ》で、いっぺんに死んでしもうたそうげな。それで、息子は途方に暮れて仕舞うて、村の氏神さまに三、七、二十一日、丑《うし》の刻《こく》参りをして、氏神さまに、「お父《とう》もお母《かあ》も、死んでしもうたが、俺ゃあ、これからどうしたらよかろうか」悲しんで悲しんで、一生懸命に氏神さまにすがったげな。したらな、その日から二十一日目の満願成就の晩に、氏神さまからお告げがあったげな。

「これからお前は、東の方に向こうて旅をするがえぇ。必ず、親孝行のお前によう向いた、えぇ運が授かることとじゃろう」

そういうお告げがあった。と、お宮の天井から、小さな金網《かなあみ》のような物が息子の膝許《ひざもて》ぇ落ちてきたげな。その氏神様の言わるることにゃ、「旅の途中で、『ここで生命の果《は》つる』と思うたとき、この小さな金網をば、頭に被《かぶ》れ」と、そういうお告げがあった。

息子が一月ほど、東の方に向こうて旅をしておったとき、ある小さな、寂しい村にたどり着いたとげな。息子は、どこかに宿《やど》をば借《か》らにゃいかんが、と思うて、宿を借ろうとしてみるけれども、だれも貸してくれん。だいたいが、その村は、ふだんから夕方になると、戸締《とじ》まりをして、人影もなかった村じゃった。

村の外《はず》れに老夫婦が暮らしておる一軒の家があったちゅうげな。その老夫婦の言うことにゃあ、「この村は、旅人にゃ宿は貸せんことになっちょる。旅人は、これから三丁ほど行た所ぇのお宮に泊まることになっちょる」。

そこで、息子はそのお宮に行たげな。そして、そのお宮に泊まっちょったところが、夜中ごろになってから、山の崩るるような唸《うな》り声がして、大けな化け物が出てきた。そして、息子に襲い掛かってきた。息子は、ここじゃ、思うて、氏神さまから貰うておった金網を被った。すると、その化け物は、息子の頭の金網のために、ドサッと境内に弾《はじ》き落とされて仕舞うて、動《いご》かんごとなってしもうた。

明くる朝、夜が明けてから、息子がよう見てみると、大けな、大けな牛鬼じゃった。そこで息子は、昨日の老夫婦の所に行た。老夫婦は驚いて、「庄屋の所に俺といっしょに行かにゃ」と言うて、息子を、庄屋の家に連れて行た。庄屋はたいへん喜うで、「あの牛鬼を退治してくれたなら、この村も安心して渡世《とせい》ができるごとなった。お前は、もうこの村に住み着いてくれんか。村の守護神じゃ」。

その庄屋の所ぇには年頃の娘がおった。ちょうど、婿《むこ》さんを探しよるとじゃった。が、庄屋は、「俺の家の養子になってくれんか」と頼んだ。息子は、「そりゃあえぇどころじゃねぇ。俺のような者でよかったなら、末永《なご》う娘婿として、よろしくお願いします」。そう言うて庄屋の養子になって、よい両親とよい娘といっしょに住んで、末永う幸せに暮らしたというお話。

親を大事に思う孝行の心は、大切に持ち続けにゃならん。氏神さまも大事に信心していかにゃならん。そうすれば、どげぇになっても運は必ず向いてくるものだ、と昔の人は言うとる。かっちり。

（聞き手　井上芳子）

雲の通い路

この昔話は、親孝行の息子の話である。親孝行の実際については、何一つ語られていないが、両親を急病で一度失って、生活のハリを失ってしまった孝行息子が、氏神さまに「これからどうしたらよかろうか」と訴えるのだが、氏神さまは「旅に行け」と勧める。そして「東に行け」とおっしゃる。だいたい東という方向は、縁起のよい方向だ。「旅」は舞台を変える。ただし、一つだけ試練が待っていた。牛鬼退治である。が、これとて、魔法の金網という強力な武器を与えてくださってのことである。

ところで、「氏神さま」は先祖神である。亡くなった両親はその子孫たる氏子だし、もちろん息子も同様である。両親を失って「これからどうしたらよかろうか」という息子を、やる瀬なく思うのは亡くなった両親ばかりではない、氏神さまとて全く同様の気持ちである。

今も言うように、「旅」は場面を変える。両親の祈りと、氏神さまの加護とで、孝行息子は、牛鬼を退治して、庄屋の娘婿に納まり、庄屋から「村の守護神」と崇められることになる。「守護神」は氏神さまとは少々違う。村人との血縁はない。遠つ祖ではないし、世々の祖でもない。これは「鎮守神」である。庄屋もたいそうこの親孝行息子を大切に扱ったものである。

氏神さま、鎮守さまを慕う気持ち、先祖を崇敬すること、両親を大切にすることは、椎葉人の美徳である。孝行とは親だけに限ったことではない。先祖に対する気持ちでもある。

椎葉あれこれ

椎葉平家まつり

椎葉平家まつり
武者行列のほかコンサートなども開かれ、村全体が県内外からの観光客で賑う。

椎葉平家まつりは、源平壇ノ浦合戦から八百年を迎えた昭和六十年に、鶴富姫の御霊を慰め、古来から語り継がれてきた平家伝説を後世に伝えていきたいという思いから始められたイベントである。毎年十一月第二週の金土日の三日間にわたり開催され、今では県内外から二万人以上の観光客で賑わう村最大のイベントとなった。

初日となる金曜日の夜は、前夜祭に位置づけられる。「鶴富姫法楽祭」が行われ、かがり火に照らされた幻想的な雰囲気の中、鶴富姫と那須大八郎の逢瀬の儀式のほか、椎葉厳島神社による神事や神楽の奉納、さらに琵琶演奏などの披露でまつりがスタートする。

まつりのメインである総勢三百人の大和絵巻武者行列は、土日の二日間にわたり、村役場前から鶴富屋敷の間を往復して行われる。馬に跨る勇壮な武者姿の那須大八郎が率いる源氏方と、艶やかな十二単姿の鶴富姫を中心とした平家方による、豪華絢爛な大和絵巻が、紅葉に彩られた椎葉街道で再現される。

この間、役場隣りや河川敷の広場に設けられた舞台では、椎葉神楽や民謡などの郷土芸能などが披露されるほか、周りでは屋台が立ち、蕎麦や山菜、猪鍋など椎葉の食文化も堪能できる盛りだくさんの内容となっている。

また、この平家まつりには、全国の平家ゆかりの地や那須家などからも関係者が招待され、源平の恩讐を超えての交流の場となっている。

78 蕗《ふき》の水［1］越え

［語り手］椎葉 クニ子
（不土野・向山日添 大正13年3月11日生）

この昔《むかぁし》、むかぁし、熊本県阿蘇郡に馬見原《まみはら》［2］ちゅう所があって、そこに行く途中に、五勇山（一六六二メートル）ちゅう山がある。わっども《（お前たち）》は知らんけんど、そこに婆さんが一人で住んどったそうな。

そしたら、髭《ひげ》の爺さんが来て、「婆さん。茶を飲ませてくれんかぁ」ちゅうて言うたそうな。そしたら、婆さんが、「はい」ちゅうてから、カナヂョカ［3］を持って出たれど、半刻［4］ぐらいしても帰って来んかったそうな。そしたら、その髭の爺さんが、「婆さん、婆さん。どこに水を汲みに行ったか。えらい暇《ひま》がかかったが？」ちゅうて言うたら、「おれは、下の谷のところに水汲みに行った。ここにゃ水が無いけぇ、下の谷から汲んで飲みおるとわお」ちゅうて言うたら、「それはありがたい」ちゅうてから飲んだけど、今度帰るときには、蕗の葉に水を包んで投げ、「婆さん。この水を蕗の葉に包んでそこに投げたから、これが後には水が出て来るようになるじゃろう」ちゅうて、そして帰った。

後で知ったら、それは山の神様じゃったげなわい。それはもう今でも、駄賃付けをしたり、みんなが飲んで行くちゅうわい。それで、どんな身なりの悪《わり》いかっこうした人が来ても、お茶でも何でも飲ませにゃあいかん、ちゅうて、昔から爺さん・婆さんから話聞いとったぞい。じゃけぇ、わんどももそういうふうにしていかにゃあ、いかんとわい。そればっかり。

（聞き手　境　恒徳）

[1] 蕗の水＝「山の神の投げ水」ともいう。泉の名前。クニ子さんによれば、一軒分しか湧いてこない小さな泉だが、旅人の休憩場、時には駄賃付け集合場所になるところ、という。峠で、これを越すことを「蕗の水越え」という。

[2] 馬見原＝マミハラ。――ハルではない。椎葉村には球磨口・米良口・神門口・馬見原口等々の交易ルートがあった。馬見原口は現上益城《かみましき》郡山都町（旧蘇陽町鞍岡）である。クニ子さんたち大字不土野向山の人々は、向山日添から尾前・霧立越・杉越・波帰（旧鞍岡）・本屋敷（旧鞍岡）を経て馬見原に出ていた。まだ椎葉村が西臼杵郡に属していたころの主要ルートである。

[3] カナヂョカ＝いろり用の鉄のチョカ・鉄瓶

[4] 半刻＝一時間

雲の通い路

本書25話、椎葉ユキノさんの「十五夜のお供え物」もよく似た昔話であるが、昔、村民がまだ内気で閉鎖的、必ずしも旅人を大切にしなかった頃があった。閉鎖的ではいけない。「旅人はねんごろにもてなせ」を教え、今日のように温かい村風・気質を育てた昔話。

79 麦《むぎ》と蕎麦《そば》と唐黍《とうきび》

〔語り手〕甲斐光義
（下福良・上福良　昭和3年7月25日生）

昔《むかぁし》。寒《さみ》い冬の日、麦と蕎麦《そば》と唐黍《とうきび》が旅に出たちゅうたい。いろんな話をしかつごう（しながら）歩《あり》ぃて行きおったら、太《ふて》ぇ川に出会うたげな。そこで、まぁ休んどって、唐黍が、麦に向こうて、

「俺《おら》ぁ年寄りじゃけぇ、俺をわれ（お前）が担うて（背負って）、渡ってくれんか」

と言うたげな。そしたら麦は、何のかんの言うて、一人でさっさと歩《あり》ぃて渡ったげな。すると蕎麦は、

「俺《おり》ゃこんな角《かく》ばった形をしとるから、俺の背中に担《かる》われたら痛かろう。じゃけんど、えぇわい。俺が担うて渡るわい」。

と言うて、向こう岸まで、担うて渡ったげな。そしたら、その冬の最中《さなか》じゃもんじゃから、川の水は冷てぇして、蕎麦は向こう臑《すね》を真っ赤《こ》ぅして、担うて渡ったげな。

　そいで向こう岸に着いて、唐黍が、

「麦の極道者奴《め》ぇ、わりゃ、俺を担いもせず、一人で渡ったズウソウ者奴（極道者め）。これからわれは正月近く、霜の降るころに畑に種を蒔《ま》いて、冬の凍《こご》えとるとこで、わりゃじっとしておれ。そして夏の初めごろにわれを取り上げてやるっ」。

「蕎麦は、われは感心じゃ。おりゃ、こんな体形《からだかたち》しとるから、俺の背中も痛かったけんど、この年寄りを、よう担うて渡ってくれた、おおきに。われは、盆過ぎごろに畑に種を蒔いて、寒うならんうちぃ取り上げてやる[1]」。と蕎麦にお礼を言うたげな。

この唐黍は、作神様[2]じゃったそうな。


（聞き手　境　恒徳）

[1] 盆過ぎごろ云々＝焼畑では、七月下旬から八月上旬に種を蒔き、十月から十一月ごろ刈り入れをする。
[2] 作神様＝農事の守護神、田の神、しばしば祖先神。荒神

雲の通い路

昔話は、子どもたちが最初に祖父母・両親から受ける文学教育である。ようやく言葉が分かりかけた年頃、布団の中で祖母や母に寝かしつけられながら、昔話をして貰い、寝るどころか興味津々、次から次に話をねだった記憶は誰しもあることである。

日本の昔話は、非常に教育的であった。例えば、「桃太郎」を聞けば、男の子は、自分も桃太郎同様に元気者でなくてはならない、と思う。悪しきを挫《くじ》く勇敢さを親は希望していると自覚する。弱い者いじめは男の恥ということもわかる。「カチカチ山」などは、ことに現実的である。お婆さんに危害を加えた狸を兎は決して許さない。薪拾いに誘い出して、背中に大火傷を負わせ、薬と称して唐辛子を塗り付けて苦しめ、最後は泥の船に乗せて溺れさせ、ついには、竿で打ちすえて水に沈めてしまう。

こうして子どもたちは、もしも悪いことをしたときには、世間は決して許さないものだ、ということを教わる。どこかで見られるような、「兎さんは狸さんを快く許してやりました」等々の生温い教え

ではない。悪は徹底的に懲らしめる人間社会の現実を、子供たちは、ムツキのときから叩き込まれるのである。

忠孝も徹底的に教えられる。「忠」と言っても封建君主対象ではない。奉公先、目上の者・ムラを大切にすることである。「孝」はもちろん両親・先祖神を大切にすることである。そして神様は、ちょうどこの「麦と蕎麦と唐黍」のように、いつも我が身のすぐ側におられるのである。そして神様はすぐ側でじっと見ておられる。善《よ》きにつけ、悪《あ》しきにつけ、きっと報いられる。

「麦と蕎麦と唐黍」の話は、現代にもしっかりと通じる話である。こうした昔話を聞かされてきた椎葉の子供たちは幸せである。椎葉村の美俗良風の根底には、こうした昔話があったことを忘れてはならない。

80 慈悲善根の種

［語り手］ 那須英一
（松尾・水越 昭和5年4月1日生）

昔、ある所に一国一城の主というか、大金持ちの殿様がおった。ある日のこと、この殿様は、一の家老を呼んだ。一の家老を呼んでこう言うた。「これ、ここに二千両［1］の小判がある。この小判で、どこぞ行って、二千両の宝を買うて来い」と言う。千両の小判、千両箱をば、二つ渡した。

一の家老は若党を一人連れて、その若党に二千両を担わせて、宝物を探しに出かけた。一カ月も二カ月も経ったが、これこそ、と思う宝物は、なかなか見つからない。それでも殿様の言い付けだから、一の家老は一生懸命宝探しの旅を続けた。だが二千両という大金で買うような宝物は容易なことでは見付からない。ほんとに見付からなかった。仕方がないので一生懸命、どんどんどんどん、遠くの国まで宝物を探して、旅を続けておった。

ところがある国に来てみると、日照りが続いて、大飢饉であったそうな。食う物も無《の》うして、百姓たちが、飢え死にをしておったそうじゃ。子供たちは、なお哀れなことじゃった。そこで一の家老が考えたことにゃ、この二千両の金をば、この百姓たちに分けてやって、飢饉から救うてやったらどんなもんじゃろうか、親代々恩のある殿様の言い付けではあったが、飢えている百姓も助けてやりたい。そう思うて、二千両もの大金を、全部百姓たちにやってしもうたそうじゃ。百姓たちは大変喜うで、その二千両の大金で食べ物を買い求め、飢え死にをすることもなく、日々を過ごすことができるようになったそうな。

そこで一の家老は、若党を連れて、殿様が待つ自分の国に、帰ったそうじゃ。殿様が言うことにゃ、「その二千両で買《こ》うて来た宝物を、早う見せい」。そこで一の家老は殿様に正直に、飢えで苦しんでいた百姓たちのことを話し、預かっていた二千両は、その百姓たちに分け与えてしまったことを話して、言い付けに背いてしまったことを、お詫びしたそうな。

そうしたところが、殿様は大変喜うで、「それは善《え》えことをして来た。人助けをすることは、なかなか善えことじゃ。慈悲善根の種を買うて来た！」そう言うて、殿様は、一の家老を褒めてくれた。

それから三年という歳月が流れた。この慈悲深い殿様と一の家老の国と、隣の国の殿様は、もともと仲が悪かった。仲が悪い段じゃない、本当に大軍を引き連れて、攻め込んで来た。慈悲深い殿様や一の家老には、とても手ごわい相手だったそうな。負けそうになった。

その話が、三年前飢え死にするところを一の家老に助けられた百姓たちの耳に入ったそうじゃ。百姓たちは、「こりゃ三年前に飢え死にするところを助けて貰うた恩返しをせにゃならん。助けてやらにゃいかん」と言うて、遠い所をいとわず、武器を持たないから、鍬や鎌を持って、何千何万という百姓が、続々とやって来たそうじゃ。負け戦を続けていた一の家老と殿様の国を助け、とうとう悪い隣の国を攻め滅ぼしてしまったという。三年経って芽を出した慈悲善根のお話。

（聞き手　吉田扶希子）

［1］二千両＝一両は米一俵分である。三万円くらいであろうか。ただし当時の生活程度からいうと、一両あれば、五人家族が一カ月はゆっくり暮らせる金額だったという。すると一両は三十万円くらい。二千両は六億円相当であろうか。

雲の通い路

元来、「愛」「慈悲」には三つの形があるといわれる。今、聖書的にギリシャ語でいうと、第一にアガペーである。これは神仏の愛・慈悲である。神仏は何の価値もない者にまで愛・慈悲を注がれる。このことを強調するために親鸞は、「善人なおもて往生を遂ぐ。況んや悪人をや」と有名な逆説を遺している。仏の慈悲は、惨めな者、悲しんでいる者、小さい者。はたまた救いようのない悪人に対してまで悲しんで、真っ先に注がれる。したがって善人が救われているのだから、これら弱者たちが、救われていないはずがない、というのである。代償を求めないのもこの神仏の愛・慈悲の特徴である。第二にフレインである。これは親子・夫婦・兄弟・友人に対する人間のごく自然な愛・慈悲。これもまた代償は求めないだろう。第三にはエロースである。これは恋人に対する愛である。相手に対して恋人という価値を見、惜しみなく愛を奪っていく。

さて一の家老は、二千両もの大金を、飢え凍え窮迫する人々に惜しみなく与えてしまった。これは神仏の愛、「慈悲」である。遠い国の、いわば縁なき衆生。代償など期待できない。にもかかわらず、一の家老は後日、意に背いたと咎められることも恐れず、いやむしろ殿様の意志はここにあると確信して、二千両もの大金を投げ与えた。

ところで「善根」である。単に良いことをする、という意味ではない。仏教では仏のお慈悲を希求することである。欣求浄土と同じ意味。「善根力」という言葉もあるように、仏のお慈悲、救いを希求する強い信仰心が必要。その仏のお慈悲を求める強い信心のことである。その善根力と、これに応えてくださるみ仏のお慈悲とが、一つになれば、天地はすべて仏国土、浄土となる。この欣求浄土の信仰こそ「慈悲善根の種」である。それを買ってこい、と殿様は一の家老に命じ、一の家老は飢饉に苦しむ村に欣求浄土の種を蒔いてきた。この二千両の使い方について、殿様は大きく肯定して労をねぎらった。果たせるかな、この殿様と一の家老の仏国土が、隣国の悪魔の国に侵攻されたとき、遠距離ももののともせず、一の家老の慈悲善根の種を蒔いた仏国土の百姓たちが、鍬や鎌を取って降魔のために決起して、たちまちこれを祓えてくれた。これによって四海無事平穏。草木国土悉皆成仏した。題名は「慈悲善根の種」である。この本文解釈で間違いないと思う。

繰り返せば、一の家老は、かねてからの善根力の故に、地獄同然の村に仏の浄土の出現を願ったのである。これに対して仏は、一の家老の欣求浄土の祈念にお応えになって、飢えから村を救われた。そして三年後、この仏のお使いのような殿様と一の家老の国が、悪魔も同然の隣国から攻め込まれてすでに危うかったとき、かつて助けられた村人たちが、鍬や鎌を取って起ち上がった。かくして四海波静かに、平和が実現したのである。まさに草木国土悉皆成仏である。二千両はほんとうに「慈悲善根の種」であった。これは平家の里椎葉村の文化のキーワード。まさしくエリート教育である。

以上の次第は、『平家物語』の第十二巻目に、明石一覚は灌頂の巻を加えて完結としたが、この灌頂の巻は、壇ノ浦の合戦の後、不覚にも生き残った建礼門院が、一夜畜生道に堕ちた平家一門の人びとに「後世よくよく弔い給え」と訴えられて、大原寂光院に隠棲して善根の限りを尽くして浄土を熱禱し、行じて、遂に仏の慈悲により仏果を得たとして全十二巻の総括としているのと、まことによく照応している。

81 鰯《いわし》の頭も信心《しんじん》から

［語り手］那須英一
（松尾・水越 昭和5年4月1日生）

昔、ある所に、ムラいちばんの器量好《よ》しで、賢い娘が住んでおった。お竹ちていう名前じゃった。お父《とう》と、お母《かあ》と、弟と妹と一緒に住んでおったが、貧乏な家じゃったから、お竹が十六になると、お父とお母を助けるために、長者殿《ちょうじゃどん》の屋敷に奉公に出された。

長者殿の屋敷では、たくさんの奉公人がおったが、お竹は慣《な》れるにつれて、一番の働き者で、陰日《かげひ》なたなく働くので、いつのまにか、長者のお気に入りの奉公人になった。

ある時、長者は用事が出来《でけ》て、大阪に行くことになった。それで長者は、お竹に向こうて「大阪に行く用事が出来たから行て来るのじゃが、お竹は何か欲しい物がありはせんか？　土産に買うて来ちゃる」。長者はお竹に向こうて、そう言うた。お竹は「何も欲しい物はないが、一寸八分［1］の観音さまが欲しい」ちて言うて、長者殿に頼んだ。

長者殿は大阪に行て、用事を済まして帰って来たが、お竹の土産のことは忘れておった。お竹は待ち侘《わ》びておったから、長者殿に観音さまのことを尋ねた。長者殿は忘れたとは言えず「後から届く荷物の中にあるから」ちて嘘《うそ》を言うておいて、その足で、台所に行てみたところが、皿の上に鰯の頭があった。それで長者は鰯の頭を紙で包うで、小さな箱に詰めて、お竹を呼んで「これが土産の観音さまじゃ。中を開けて見てはいかん。罰《ばち》が当たるから」ちて言うてお竹に渡した。お竹はそれが鰯の頭とは知らず、自分の部屋の柱の節ほげ〔2〕の中に、観音さまが入っているという小さな箱を詰めて、朝も、昼も、晩も、手を合わせて拝みよった。

長者殿は、お竹にはすまんことをしたわい。今度大阪に行たときにゃあ、忘れず本物の観音さまを買うて来て、鰯の頭と替えとかにゃあならん、と思うて、またまた大阪に行て着いた時ぃの一番に観音さまを買うた。そして急いでムラに帰って来て、お竹の部屋に無断で入り、節ほげの鰯の頭と取り替えようと思うて、鰯の頭を包んだ紙包みを解いてみると、大阪にも売っていないような、尊い黄金の一寸八分の観音さまに替わっちょった。長者殿は驚いた。「観音さまにも、お前にも、もったいないことをしてしもうた。すまぬ。じゃが、それにしても、お前はこの観音さまに、毎日毎日、何と言うて拝んでおったんじゃ？」。

お竹の言うことにゃあ、「まず第一に、今日も元気で仕事ができますように。次に、里に残して来たお父やお母や、弟妹が達者でありますように。三番目に、お竹にもええ運が向いてきますように、ちて、観音さまに念じてきました」ちて言うた。

感心して聞いた長者殿は、「お竹。俺の願いを聞いてくれんか。俺の一人息子の嫁になって、この長者屋敷を守ってくれんか」。長者殿はお竹にそう言うてお願いをした。お竹は「私のような者でよかったら、末永うよろしく頼みます」ちて長者の願いを聞き入れて、里のお父やお母の許しを受けて、長者屋敷の嫁になって、一生幸せに暮らした、ちていうことじゃ。そしてこの観音さまは「お竹観音」ちて尊ばれて、いつまでも長者屋敷に大切に祭られていた、という。鰯の頭も信心から、というお話。

（聞き手　山口　紫）

［1］一寸八分＝守り本尊の儀軌に従った寸法

［2］節ほげ＝もと枝があった跡の穴。木ほげ。仏像・経典は下に置いてはならない。

雲の通い路

椎葉村の昔話は教育的。だいたい実践的でしかも奥が深い。例えば求婚する側の出方・挨拶の仕方。それを受ける娘の側の返事の仕方。また手続きとして、必ず娘の父親の承諾がいることである。この昔話は、そこの呼吸を単純明快に教えている。縁談に限らず、遣う言葉はことごとに正確で、例えば観音さまを「念じる」と言っている。仏教では「祈る」とは決して言わない。『出家とその弟子』で、親鸞が「祈りましょう」と言う件りがあるが、あれは倉田百三一代の失敗といわれている。

さて、仏教では礼拝のことを「加持」という。「加持」に当たって、導師和尚は本堂須弥壇お厨子の御本尊像を前にして〝よろしくお願いします〟と威儀を正す。次に浄土を思念して、御本尊がもし観音様なら浄土にいらっしゃる観音様を、御本尊象にお迎えする。「加持」は事実上ここから始まるのだが、この「加持」とは、まず「加」である。「入我我入」という言葉があるが、導師は浄土からお迎えした観音様の御本尊象の中に、自分自身が飛び込んで、浄土の観音様と一つになる。これを「入我我入」の「入我」すなわち「加」という。この御本尊の中に飛び込んだ導師は、今度はその御本尊と一つになって、座布団上の導師和尚の自身の身体に帰って来る。「我入」即ち「持」である。すべて思念の上のことだが、浄土の観音様と導師とは、本堂須弥壇上のお厨子の中にお祭りしている御本尊を依り代として、不二一体となる。

右の昔話「鰯の頭も信心から」で、主人公お竹は、自分の部屋の柱の節ほげというお厨子に祭った鰯の頭に、浄土の観音様を勧請していたわけで、自然この鰯の頭はほんとうの金の観音様に代わってしまった。自然というよりも、まさしく必然であろう。さなきだに洋の東西を問わず、神仏は信心を厚く寄せれば寄せるほどに霊力を増すという。神道・仏道ではこれを偶像礼拝などとはいわない。こうした仏教上の教えの深奥を「鰯の頭も信心から」と江戸いろはカルタの言葉そのままにサラッと語り流した椎葉村の昔語りは凄いと思う。

お竹の念じる順番も立派だ。まず社会人として「今日も元気で仕事ができますように」。次に家族のことである。「両親・弟妹が達者でありますように」。最後三番めに至って、ようやく「自分にもよい運が向いてくるように」と念ずる。現代ではこうはいかない。最初に触れたことだが、縁談での挨拶の仕方も、聞く子供たちには後々よい躾ともなろう。こうした昔話教育は、確かな生活習慣を子供たちに植え付けていたわけで、その教育の綿密さは身震いがするほどである。こうして祭られるようになったお竹観音は、長者屋敷の邸内祠となることだろうし、たちまち村の鎮守さまにまつられよう。

那須英一さんに密着取材して幾年経ったことだろうか。英一さんに密着していた理由は、母堂が、その祖父から教えられる「昔話」をよく継承しておられて、英一さんにもしっかりと教えておられたこと。そして英一さんから一話ずつ記録させて貰う度に、ことによると、この「昔話」は、母堂の先祖椎葉勝右衛門さんが経営された寺子屋の寺子たちのための、人格教育の大切な教材だったのではあるまいか、と考えるにいたった。だとするとこの昔話は、ご一族だけの子弟教育のためのものではなく、椎葉村一村に及ぶものではあるまいか、と思った。

早い話、求婚する側の姿勢、挨拶の仕方。求婚されたときに受ける挨拶の仕方。当然のことだが、その際、両親の許可を受けることも必要だ、とちゃんと教えている。

幕末の神道家黒住宗忠の教えに「神国の人に生まれ常に信心なきことはあるまじきこと」という訓

戒がある。「神国」とは、神が作られた国の意味である。神の作られた国に、人として生んでいただきながら、その神を信心しないのは、いかがなものか、というのである。そうした人として根本のところを、右の昔話のお竹は、よく心得ている。大阪土産に何が欲しいか、と聞かれ、欲しい物は何もないが「観音さまを」と答え、鰯の頭を与えられながら、終始長者を疑うこともなく、ただ素直、純真。自然に受け入れて「念じた」というから、ひたすら観音さまと一つになっていたわけである。鰯の頭は黄金の観音像に変わった。「何を祈ったか」と問われ「まず元気に日々の仕事が出来るように」という。自分のためではない。主家のため、皆のために役立ちたい、と願うのである。次に親兄弟の幸せを願い、自分の幸せについてはいちばん最後になっての願いである。

椎葉村の美しさは、四季の自然の美しさだけではない。長い間お付き合いさせていただいて、人の心の美しさに何度元気付けられたかわからない。村中、こうした教育を受けてきたから、椎葉村はさながら桃源郷《とうげんきょう》をなしているのだ、と思う。

82 お玉観音のお話

〔語り手〕　那須英一（松尾・水越　昭和5年4月1日生）

昔、ある所に長者屋敷があったそうじゃ。そこにお玉という観音さまを信心する下女がおったそうじゃや。

毎年、歳《とし》の晩《ばん》〔1〕に、年玉〔2〕というて、古い年から新しい年まで、夜通し、囲炉裏《いろり》で樫《かし》の生木《なまき》を焚《た》いて、その火を焚き切らさんようにするとじゃが、ある歳の晩、長者殿《ちょうじゃどん》は、その年玉の火の番を、下女のお玉に言い付けたとじゃった。

忙《せわ》しい一日が過ぎ、夕飯《ようはん》も仕舞《しま》えて、晩になり、皆が寝てしまうと、お玉は一人だけ、囲炉裏の端《はた》に座って、用意してある樫の生木を、ときどき燻《く》べながら、日ごろ信心する観音さまに、「あぁ、今年も無事でええ年じゃったが。観音さま、来年も、どうぞええ年で、長者殿もこの屋敷中の者も、皆《みいんな》、幸せで暮らせるよう、お頼み申します」ちて念じながら、囲炉裏の火の番をしておった。

ところが、夜中ごろになると、お玉は、急に眠気がさしてきて、寝込《ねこ》うでしもうた。そうして、ふと、目が覚めてみると、囲炉裏に焚《た》いておった火が、消えて仕舞《しも》うちょった。お玉はこれは大事《でえじ》なことじゃと、ドジ〔3〕の戸を開けて、外に出て、東の方の、正月の夜が明ける東の方を向いて、日ごろ信心する観音さまに、お願いをした。お玉は、「観音さま、お玉は、大事な年玉の火を、焚《た》き切らしてしまいました。どうぞ、お玉を助けて賜《たも》うれ」ちて、手を合わせて、目を瞑《つむ》って、じっと観音さまを念じたとじゃ。

――目を開けて見ると、東の方から火を灯《とぼ》した者が、長者屋敷に向こうて来よった。お玉は喜うで、あの火を貰《もろ》うて、囲炉裏の火を焚き継《つ》がにゃあいかん、そう思うておるうちぃ、松明《たいまつ》を灯した者がやって来た。それは、白装束の男で、二人で何か担《かろ》うちょった。お玉は、「その火を一つ賜うれ」。そのようにお願いをした。白装束の男は、「この火は、お前に進《あ》げるが、その代わりに、この棺桶《かんおけ》を――棺桶じゃった――、この棺桶を、そこのドジに置かしてくれぃ。朝、夜の明けないうちに、取りに来っから」ちて言うて、白装束の男たちは、長者屋敷から立ち去った。

お玉は、貰うた火で、囲炉裏の火を焚き継いで、棺桶を取りに来るのを、ずっと待っちょった。じゃが、なかなかその棺桶を取りにゃ来んかった。そうこうする暇《ひま》に、東の方が明らみ、お日さまが昇って、夜が明けてしもうた。ドジに朝日がさしてきた。そん時ぃ、長者殿が起きて来た。「お玉、あのドジにあるのは何ンか！」。お玉は、昨夜《ゆうべ》あったことを、隠さず長者殿に話して、囲炉裏の火を焚き切らしてしもうて、その上、棺桶を担うた白装束の男の火などをば貰うて、囲炉裏の火を焚き継いだことを、お詫びをした。

じゃが、その時、新年の朝日の光が棺桶にあたった。すると、その棺桶から後光がさした。驚いた長者殿が、その棺桶の蓋《ふた》を取ってみると、その中には大判・小判がいっぱい入っておった。

長者殿はお玉に、「これは、お前に、観音さまが、授けてくれたもんじゃ。もうお前は、今日から、下女奉公しなくてもいい。この大判・小判を持って、里《さと》に戻って、親孝行をしなさい」ちて言うた。じゃが、正直者のお玉は、「この大判・小判は、私に授けられたものではない。長者屋敷に授けられたものじゃから、長者殿が、取ってください」。お玉と長者殿と押問答し始めた。じゃが、お玉の気持ちが強く、長者殿が、受け取ることになってしもうた。

長者殿はお玉に、「何がいちばん欲しいか」ちて聞いた。お玉は「観音さまを祭る、観音堂が欲しい」ちて言うた。それで長者殿は、屋敷の東門の脇《わき》に、りっぱな観音堂を建立《こんりゅう》してくれた。長者殿はお玉に向こうて、「観音堂は出来《でけ》たが、観音さまを造らにゃいかん。どのくらいの大きさの観音さまが欲しいか?」。長者殿はそう言いながら、お玉を、観音堂に連れて来た。お玉は、観音堂に来て、「長者殿、これくらいの観音さまが欲しい」、そう言うて、お玉が観音さまを祭る須弥壇《しゅみだん》の上に立った。ところが、不思議なことに、お玉の身体のところから後光がさして、黄金の観音さまになってしもうたとじゃ。

長者殿は喜うで、「これは、長者屋敷の守り本尊じゃ」。そう言うて、末長《なご》うお玉観音と名付けて、長者屋敷はもとより、村の人、皆で祭り続けた、というお話。

（聞き手　藤井由季）

［1］歳の晩＝大晦日の夜。椎葉では、昔から年の晩から正月の元日、三日もしくは七日まで、囲炉裏で生木を焚き続けて、毎晩、絶やさぬように火を焚き続け、前年がよい年であったなら、この期間がすむと、ドジの隅にその燃えさしを祭って、今年もよい年であるように願うという。
［2］年玉＝年玉の話は20話「八兵衛の年玉迎え」（一〇六頁）にもみえる。
［3］ドジ＝土間で、竈《かまど》・炊事場があり、勝手口にもなっている。

雲の通い路

比叡山に有名な「消えずの法灯」がある。伝教大師以来消《た》やしたことがない、という。山形県の立石寺、広島県厳島の弥山にも消えずの法灯がある。家庭でも『万葉集』の昔から、家々の竈の火は決して絶やしてはならないもので、絶やせば主婦は大恥を掻《か》かねばならなかった。まして、年玉においてをやである。年神さまは迎えの火である。また、竈は火の神・家の神のいますところであった。囲炉裏にまつわる古風な風習が椎葉に遺っているのは嬉しい。

英一さんの「お玉観音のお話」は「大歳の客」のアレンジ。仏道を歩む者は、皆、菩薩《ぼさつ》。お玉のように観音さまを純粋に信じて、不足・不満なくよく働き、自己を忘れて他人のためその幸せを念じ、責任感強く、失敗があれば素直に詫び、欲に走らず、正直に生き、「願い」を尋ねられて、日ごろ信じる「観音さまのお堂が欲しい」と願ったが、その心が浄土に通じて、お堂が建ち、お玉は日ごろ念ずる観音さまと一体になってそのお堂に祭られることになったという。

こんな昔話を、子供のときから教えてもらえる椎葉の家庭教育は、ほんとうに素晴らしいと思う。ことによると、発信源は、英一さんのご先祖の勝右衛門さんの指導する寺子屋だったかもしれないが、もっと長い歴史があるかもしれない。

椎葉あれこれ

十根川集落

十根川神社

十根川集落

十根川集落は、訪れる人の心を清々しくしてくれる。水量豊かな十根川渓谷沿いの山手側に広がり、緑にかこまれた整然とした集落は日本の原風景を思わせる。

約百八十～百五十年前の江戸時代後期の家が残る集落は、「椎葉型」といわれる一列型平面形式の家屋と、それと機能的に隣接する馬屋と倉が一体となってそれぞれの屋敷地を構成している。その屋敷地を構築する、曲線の反りが特徴的な石垣造りや石段が各所に用いられ景観を立体的にしている。さらに、緑豊かな樹木林が周りを囲み、険しい山々の谷あいに家屋や石垣、樹木が重なり合って、美しい山村風景を今に残している。平成十年には、山村集落としては九州初となる「伝統的建造物群保存地区」に選定された。宮崎県内では、日向市美々津の町並み、日南市飫肥の城下町に次ぐ選定である。

同集落には平家追討の命を受けた那須大八郎が最初に陣屋を設けたという平家伝説が残されており、その大八郎が手植えをしたと伝えられる推定樹齢八百年以上の国指定天然記念物「八村スギ」がある。幹周り一九メートル（目通り幹周り一三・三メートル）、樹高五四・四メートル、枝下の地面の全周は九九メートルもある巨木である。国指定無形民俗文化財「十根川神楽」や臼太鼓踊りなどの郷土芸能も数多く伝承されていて、山村独特の歴史文化に彩られた貴重な集落である。

83　今日蒔《ま》いて今日すぐなる胡瓜《きゅうり》の種

［語り手］那須英一（松尾・水越　昭和5年4月1日生）

昔、ある城下町のはずれに、おゆきという、年のころは十七、八の色白の、器量好《きりょうよ》しの娘がおったそうじゃ。城下町のことじゃから、たびたびお城から、お殿様が馬に乗って、その城下町を廻《まわ》っておったそうじゃ。

ある時、そのお殿様は、ふとしたことからおゆきを見初《そ》めて、一目惚《ぼ》れをしてしもうた。そして、何しろ、お殿様のことじゃから、すぐに腰元として召し抱《かか》えてしもうた。それでおゆきは、お城の御殿の奥座敷で、お殿様の身の回りのお世話をすることになったそうじゃ。そして半年経《た》ったころに、おゆきはそのお殿様の子供を、腹に宿すことになった。

ところが、正月三日のことじゃった。お殿様は、城内に家来たちを招いて、酒盛りをすることになった。そこでおゆきも、接待役として、その酒盛りに出ることになった。ところが、お殿様にお酌《しゃく》をするとき、過《あやま》って、屁《へ》をひってしもうた。お殿様はたいへん機嫌が悪くなって、怒ってしもうた。

「この無礼者め。今日限り、腰元は辞《や》めて、出てしまえ!」。そう言うて、お城から、おゆきを追い出してしもうた。追い出されたおゆきは、城下はずれの我が家に戻《もど》って、やがて玉のような男の子を産み落とした。そして、次郎丸と名を付けて、大切に育てておった。

それから、また月日が流れて、七年たったそうじゃ。次郎丸は、隣近所の子供たちと外で遊んで、戦《いくさ》ごっこなんかしておった。他の子供たちより賢く、いつも侍大将の役をしておった。あるとき、次郎丸が、おゆきに言ったそうじゃ。「おっ母《かあ》。俺《おら》の友達のところには、お父《とう》がおるが、次郎丸のお父は、どこにおるんじゃ？」。そう言うて尋ねた。おゆきは、次郎丸がかわいそうになって、「こりゃ、ほんとのことを言わにゃいかんわい」と思うて、「お城のお殿様の腰元として召し抱えられて、お殿様の子供を宿して、正月の三日の城内の酒盛りで、過《あやま》って屁をひってしもうた。お殿様はたいへん怒って、おっ母は、追い出されてしもうたとじゃ。次郎丸のお父は、お城のお殿様じゃ」。

次郎丸の言うことにゃ、「そりゃ俺が、お殿様に言って、お詫びをして来る」。そう言って、持ち合わせの小遣《こづか》いで、胡瓜の種を買うて来て、その種を持って、お城に行った。そして、お城の周りを、「今日蒔《ま》いて、今日すぐなる胡瓜の種は要《い》らんかぁ！」と、売り声を上げながら走って廻りよった。

その次郎丸の声が、お殿様の耳に入った。お殿様は門番に、「外の方が何か騒がしいが、何ごとじゃ？」。門番の言うことにゃ、「年のころ七、八歳の子どもが、『今日蒔いて、今日すぐなる胡瓜の種は要らんかぁ』、そう言うて走って廻りよる」。お殿様は、「その子どもを呼べ」と言うたそうじゃ。門番は、次郎丸に、「お殿様がお呼びじゃ」。そう言うて、次郎丸を、城内に連れて行た。

お殿様が、次郎丸をよく見ると、あまりにも自分によく似ておることに気が付いた。「名は何と申す？」。「俺《おら》は次郎丸と申します」。「その胡瓜の種は、ほんとうに今日蒔いて今日すぐなる胡瓜の種か？」。「お殿様が蒔いたら、今日蒔いて今日すぐなります」。「偽《いつわ》りはないか！」。次郎丸の言うことにゃ、「ありません。だが一つ、条件がございます。この胡瓜の種は、屁をひらぬ人が蒔かぬとなりません」。するとお殿様は、「人間で、屁をひらぬ者がおるものか」。そこで次郎丸は、「人間は皆、屁をひるものですか？」。「そうじゃ」。

次郎丸の言うことにゃ、「お殿様。今からちょうど七年前、俺のおっ母は、この御殿で腰元に召し抱えられ、正月の三日の日に、城内でお酒盛りがあったとき、過って屁をひってしもうた。そのようにおっ母に聞かされた。お殿様、お腹立ちかもしれませんが、どうかおっ母の、屁をひったことを、堪《こら》えてください」。そう言うて、畳みに頭を擦《す》り付けて、詫《わ》びた。お殿様は涙を流しながら、次郎丸を抱きかかえ、「わしが悪かった。許してくれぇ」。次郎丸は、喜んで走って我が家に帰って、そうして、「おっ母、俺がお殿様にお詫びをして来た。明日は、お城から駕籠《かご》を仕立てて、迎えに来るそうじゃ」。

そうして、明くる日になって、お城から駕籠が迎えに来た。おゆきは、お殿様の奥方として、次郎丸はお殿様の子どもとして迎えられたという。「今日蒔いて今日すぐなる胡瓜の種」のお話と申す、かっちり。

（聞き手　林由季子・小久保聖見・池田紀美子・小山奈津子）

雲の通い路

この昔話には典型話がある。子供の売り声が「金のなる茄子の種は要らんかぁ」というのが典型話。人気のある昔話で、南シナ海・東シナ海等々南方にも色濃く残っているという。日本でも全国的に散っているが、海岸部に多い昔話なのに、山国の椎葉にも伝わっていた。椎葉が昔から外界としっかり繋がっていた証拠である。

またこの昔話は、子供が殿様をへこませることで、聞き手を笑わせて終わる節が多いのだが、英一さんの昔話では、子供は、人間は誰でも屁をひるものだ、とお殿様に認めさせながら、堪えることなく晴れの席で放屁した母親の無礼を、きちっと礼儀正しく詫びている。現代人には理解しにくいことかもしれないが、これが礼儀というもの。殿様を嗤《わら》い者にしないで、詫びるべきところは、きちっと詫びるべきだ。そうすれば、相手も素直になって聞き、自分も悪いと気が付けば、素直に詫びるものだ、と教えるところが尊い。

人間関係は親子の間といえどもなりゆきまかせではダメ。想いを尽くし心を尽くしての、人間と人間の関係である。それが人情というもの。もののあわれというものだと思う。椎葉村が桃源郷をなすゆえんである。

84 屁ひりのじょう

［語り手］椎葉頼参
（大河内・小崎竹の枝尾　大正13年2月5日生）

爺《じい》ちゃんと婆《ばあ》ちゃんとおって、秋で、大根引きせんならん時期で、雨ばっかり続《つじ》ぃて日和《ひより》が悪かったもんじゃから、しもおり［1］ができだったとじゃが、久しぶりぃ天気になったもんじゃから、爺ちゃんが、「婆ちゃん。今日でも行て、大根引きしてみらずぅじゃねぇか」ち言うたら、婆さんが、「そんじゃあ爺さん。大根引ぃてみらずぅ」ちゅうことで、爺ちゃんと婆ちゃんが、二人、大根畑に行ったとたい。そして大根畑に行て、

「うーん。こらようでけとる。大根を、引かずうじゃねぇか」ち言うて、見とったところにぃ、今度《こんだ》ぁ、若《わき》ゃあ娘がやって来た。「婆さまも来たなお」ち言うてやって来た。ところが娘の顔色が、えりゃあ悪ぃかったとわい。爺ちゃんと婆ちゃんが、

「お前ゃ、顔色がえりゃあ悪ぃが、どうしたとかい」ち言うたら、

「んーん。もう俺ゃ屁がしっとうして、しっとうして、もてんとわい《（我慢できないよ）》」じゃったと。

「屁をひれば、いいっちゃねぇかい」ちて、今度ぁ言うた、爺ちゃんと婆ちゃんが。

「いや。俺《おら》が屁をひったら、もう爺ちゃん、婆ちゃんは、ここへんにはおられんとよ。吹き飛ばきゃあてしまうよ」ち、若《わき》ゃあ娘《むすめ》が言《い》うた。爺ちゃん婆ちゃんは、

「吹っ飛んでしもうてもいいわい。屁をひれ」ち言うた。
「そんなら、ひってもええどうかい《よいだろうか》」ち今度ぁ言うたら、その娘が着物の裾をひっぴゃあで《はぐって》、ブー、ブーッと屁をひり出ゃあた。そしたところが、音も太ぇかったが、ザー、ザーちいう大風が吹ぃて、吹き廻ぇえた。爺ちゃんと婆ちゃんは、吹きひっ飛びかけて、大根にかが付いた《かじりついた》と。したら、ようでけた大根が引《ひ》ん抜けた。

娘が、ブーブー。ザーザー。ブーブー。ザーザー。ちゅうて、屁をひり始めた。爺ちゃんと婆ちゃんとは、吹っ飛ぶから、大根にかがっ付く。その度ぃ大根が引ん抜ける。

ブー　ブーッ。ザー　ザーッ。爺ちゃん婆ちゃんが、また大根にかがっ付く。また引ん抜く。

ブー　ブーッ。ザーッ　ザーッ。ブーブーッ。ザーッ　ザーッ。ち、娘は、腹具合ぇがようなるまめで屁をひったりゃあ、もう一町一反ぐれぇの大根を、いっぺんに一時間か三十分のうちに引っこいで、もう引き並べてしもうたとわい。

屁をひったおかげで大根引きがでけた、ちいう話じゃげなわい。

（聞き手　市浦亜希）

［1］しもおり＝仕事の段取り

85　お医者と軽業師と祈禱師

［語り手］那須英一
（松尾・水越　昭和5年4月1日生）

お医者と軽業師と祈禱師とがおって、三人とも死んでしもうて、あの世に行きよった。して、閻魔《えんま》さまの所に行たところが、閻魔さまが、「お前は何を娑婆《しゃば》〔1〕でしょったか」「俺《おり》ゃ、医者をした」。「医者はあんまりええことはしちゃおらん。薬でも何でも高う売りつけて、患者いじめちょるから、お前は地獄じゃあ」。で、お医者は地獄行きになる。

次《つぎ》ぃ軽業師も、「お前は人に軽業なんかして見せてから、高々と木戸銭《きどせん》を取っていじめちょるから、お前も地獄じゃあ」。

ほうすっと、今度は、残るもう一人の祈禱師。「お前も、何かかんか、いかさまばっかりして、娑婆であんまりいいことしちゃおらん。お前も地獄じゃ」。

で、三人とも地獄に堕《お》とされて行た。

三人が地獄に行ったところが、さぁ赤鬼やら青鬼やら、おってから、「まず、こらぁ、最初は、剣の山の上から、追い下《くだ》いてみょう」と。

鬼の相談を聞いた三人は、相談した。「こら、軽業師。どうしたならええか」。

「こら、俺が後《あと》を付いて来い」と、軽業師が、「アレワガサイサイ、コレワガサイ、アレワガサイサイ　コレワガサイ[2]」ちゅうて、剣の山の上から、どんどんどんどんと、下った。それの真似してから、お医者も、祈禱師もどんどんどんどん……。

剣の山は、三人とも無事に麓《ふもと》まで下った。鬼の餌《えさ》にはならんかった。

「よし。こりゃあもう、剣の山じゃもう駄目《だめ》じゃ。よし、そんなら今度ぁ……煮えたぎる湯の中に入れて、茹《ゆ》で殺さにゃあ」と、今度はたぎる湯の中に入りょうとした。そのときに、また三人は相談して、「こら、祈禱師。どうしたならええか」。

で、祈禱師が、釜の前で湯伏せの祈禱したところが、煮えたぎる湯が、たちまち水になって、たぎらん。

鬼の奴は、「ううぅん、こりゃあ駄目じゃ。よし、もうこれは、生で頭から咬《か》まにゃあ」。それを聞いた三人は、相談して、「頭から咬むちゅうが、こりゃ　どうしたらええか」。ところが、今度はお医者が、傷薬のあるだけ全部、みんなの頭に塗ってしもうた。そしたら、鬼の、こう見たところ咬めそうにない。

閉口した鬼どもは、三人を閻魔さまのもとさ、もういっぺん帰した。で、閻魔さまは、「この奴は、もう煮ても焼いても食われんから」。ちゅうて、三人とも今度は極楽の方に行た、と申す、かっちり。

（聞き手　古賀淳子）

［1］娑婆＝娑婆世界とも。人間世界
［2］アレワガサイサイ　コレワガサイ＝「簡単、簡単」と身軽く剣の山を下るときの軽業師のはやし声

雲の通い路

椎葉村は村民性として、皆さん明朗闊達である。それというのも、伝承された民話に笑い話が多いからである。「お医者と軽業師と祈禱師」にしても、登場する三人は、三人ながらワルなのだが、そのワルたちが、たった今閻魔さまの法廷で咎《とが》められたばかりの仕事でもって、互いに協力し、閻魔さまや赤鬼・青鬼たちを閉口させ、まんまと極楽に転送してもらう。「アレワガサイサイ　コレワガサイ」と、得意げな軽業師が子ども達の笑いを誘う。

ただ、ここで補足しなくてはならないのは、「祈禱師」である。「祈禱師」は、「験者」と呼ばれて村内での地位は非常に高く、「物識り」として尊敬されている。右笑話中に「祈禱師」が登場するのは、日頃尊敬されていて権威者である「験者」に対する冷やかしである。なお結末句の「と申す、かっちり」は九州東海岸型である。

86　伊左衛門《いざえもん》と常左衛門《つねざえもん》

〔語り手〕甲斐光義
（下福良・上福良　昭和3年7月25日生）

昔、伊左衛門と常左衛門という、えらいひょうくれ者〔1〕がおった。盆をする米欲しさに、矢部〔2〕に米を買いに行ったげなが、他所者《よそもん》ではあるし、なかなか売ってくれん。買い出さんかった。どこを廻っても売らん。宿も見つけ出さだったそうじゃ。

そのうちぃ車台降り《しゃでいぶ》〔3〕の夕立《ようだち》が来たそうな。それで、ある家《うち》の軒下に雨宿りをしとったら、中から病人が、「ウーン　ウーン」と唸《うな》るのが聞こえてきた。二人は「こん家には病人がおるそうな。俺たちが一つ祈禱《きね》ったら、この病人ぐらいは、すぐに治《なえ》えてくれるがなぁ」と、家の人に聞こゆるごと、高話しておった。そしたらその家の人が聞き付けて、「あらっ、あんたたちは、そんげに祈禱《きとう》ができるとですか。家には、もう長《なげ》ぇこと、どんな験者《げんじゃ》どん〔4〕や、医者どんに頼んでみても、よう治らん病人が寝とうから、みてくれんどうかい」。

頼まれた二人は、思わずニヤッとしたが、しぶしぶ引き受けたふりをして、「よっしゃ、よっしゃ」と、入《ふえ》った。見ると、若《わけ》え女《おなご》が、「ウーン　ウーン」と唸って、寝とった。そこで二人は、病人の枕元で、験者どんみてぇに祭壇を作り、そして、米を皿に盛り、幣《へい》を切って神榊《かみさかき》にくくりつけて、用意をした。

さて、用意をして、おおげさに「エヘン」と咳払《せきばら》いをしながら、もっともらしく目をつぶった。実は、この二人はひょおくれ者じゃ、何も祈禱師なんかじゃない。まず、さぁ、どうしたものか、と行儀を正して、薄目を開けて、家の中の物をゆうっくり見渡していくうちぃ、大工か樵《きこり》の家らしく、錐《きり》やら、手斧《ちょうな》やら、槌《つち》やら、なんやかやと、あったそうじゃ。そこで二人は、これを経文にして、声高らかに唱え始めた。

「キリキリと申し奉るは、棚にはチョウナの権現。ツチ《（天井）》には三間長竿。イモガラボクト[5]――」とすうっと言うて、そこにある物を皆言うてしもうた。もう何も言う物も無《の》うなってしもうた。そしたら二人顔と顔とを見合わせて、「伊左衛門は常左衛門を見る」。「常左衛門は伊左衛門を見る」と言うて、時を稼《かせ》いでおったら、そうこうしておるうちぃ、病人がフーッと息を吹き返し、正気にかえって、治った。

家の者は、「これまで医者どんにもかけたし、験者どんに祈禱《きね》ってもろうたが、治らなかった。あんたたちゃあ、えらい！」と、とてもほめた。こうして伊左衛門と常左衛門とは、それまで買い付けもしなかった米を、無料《ただ》で、二人とも、一担《ひとかろ》いやっと担《から》うほど貰うて帰ったそうじゃ。それればっかり。

（聞き手　境　恒徳）

［1］ひょうくれ者＝とぼけ者、剽軽《ひょうきん》者
［2］矢部＝熊本県上益城郡山都町。九州南部山地と阿蘇外輪山の間に位置し、旧矢部町を抜く日向街道は、

熊本城下から高森を経由して日向・豊後・豊前を結ぶ。椎葉村民にとっては熊本県側との大切な交流地

［3］車台降り＝車軸を流すような大雨

［4］験者どん＝廻壇をして祓え・祈禱・占いをする宗教家。臼太鼓のときなど事前に各戸から人形を集めて川流しをするなど、ムラの祭祀にも関与した。本来修験道の行者だが、現在は組織が崩れ原型をとどめない。「物識り」とも呼ばれて人々の相談にも与《あずか》り信頼も厚かった。神社を預かる「宮守り」とは違う。もちろん乞食行の「勧進」とも違う。資産家が多い。

［5］イモガラボクト＝乾燥した里芋の茎

雲の通い路

笑話。分類すれば狡猾者話になるが、語り手も言う通り、実は「ひょうくれ者」である。とぼけ者。剽軽者。悪意はまったくない。この二人が、お盆の準備に米を買いに行った先は、椎葉村の北側の旧矢部町である。有名な通潤橋を築造するくらいの資力のある町で、九州の大廊下。町民たちは、二人を田舎者と馬鹿にして、米も売ってくれなければ、宿も貸さない。しかし、愉快なことには、こんなこと屁とも思わぬ元気者である。負けてはいない。まんまと修験者に化けて、鼻を明かしてくるのである。「キリキリと申し奉るは、棚にはチョウナの権現……」。何とも邪気のない昔話である。暗さを感じさせないところがよい。

87 壁掻《かべか》き堪《たま》らんさんの目薬

［語り手］那須英一
（松尾・水越　昭和5年4月1日生）

昔ある所に、博打《ばくち》ばっかり張って、仕事も何もせん道楽息子がおったそうな。親は、「もう、お前もええ年になったから、どっかよそに行て、口渡世《くちどせい》をせい」。そう言って勘当《かんどう》したそうじゃ。

そこで道楽息子は、「俺は砕《くだ》き胡椒《ごしょう》が好きじゃから、砕き胡椒をいっぱい作って行かな」。そう言うて、真っ赤に熟《う》れた胡椒を採って来て、挽《ひ》き臼で挽いて、砕き胡椒を作った。道楽息子はそれを持って家を出て、峠を越えて行きよった。峠に来たら、そこで一憩《ひとよこ》いして行こう、と思うて、峠に腰を下ろして、憩うちょった。

そこに今度ぁ一方から、柳行李《やなぎごうり》を担《かろ》うた爺さんが、登ってきた。「爺さん。お前どこに行くの?」。道楽息子がそう言うた。爺さんは、「俺ゃ、隣の村に目養生《めようじょう》に行くところじゃ」と言うた。すると道楽息子が、「そりゃ爺さん、俺がいい目薬を持っちょう。それを点《つ》けてやろう」と言うと、爺さんは喜うで、仰向けに寝て、目をいっぱい張り開《あ》けた。そこで道楽息子は、持ってきた砕き胡椒をそん目の中に摑《つか》み込《こ》うだ。爺さんは砕き胡椒を点けてもろうたもんじゃから、痛うして痛うして、堪らず、峠をこけ回った。

その暇に道楽息子は、爺さんの担うて来た柳行李をおっ盗《と》った。そして、「今日は、どっかええ所に泊まらにゃいかん、これはええ物《もん》がだいぶんは入《い》っちょうばい。銭も余計《よけい》入っちょるばい」。そう言いながら峠を下《お》りて、村に着いた。すると、門構えの立派な屋敷があったそうじゃ。道楽息子は、「今日はここに宿を借《か》らないかん」と、宿を借ったそうじゃ。

その屋敷の人たちは、道楽息子の担うて来た柳行李を見て驚いた。「こりゃあこの屋敷の爺さんが、目養生に行くのに、今朝担うて行った、柳行李じゃがあ」と。それで道楽息子を逃げないように、いちばん奥の部屋に泊まらせた。そうこうしていると、爺さんが帰ってきた。「早う門を開けぇ」。「今日は爺さん、ちいっと早ええじゃねえか?」、「早ぇも何も、今日は峠で、妙な奴に行き会《お》うたわい。俺が目養生に行く、ちゅうて言うたりゃ。『そりゃあ爺さん、俺がええ目薬を持っちょるから、点けてやろう』ちゅうて言うもんじゃから、点けてもろうたところが、そりゃあ砕き胡椒じゃったわ。堪らんから、こけ回っちょったところが、その暇に柳行李も何も、引っ掛《から》われた」。「そりゃ爺さん、その奴は、ここに泊まっちょる。持ってきた柳行李が、爺さんの柳行李じゃ、と思うて、いちばん奥の部屋に寝せてあるわ」。「そんなら早う門を塞《せ》けぇ」。そうして門を塞《ふさ》いだ。

道楽息子は、「こりゃあ大事《でぇじ》な所に泊まったわい」と、畳《たたみ》を上げて敷《し》きの板をこじ開けて、床《ゆか》の下に出て、這《ほ》うて出た。ところが門を塞いであるから、外に出るところがねぇ。見廻ってみたところ、門の中に一本、孟宗竹《もうそうだけ》が立っちょった。そんで、孟宗竹のてっぺんに登っておった。

宿の者は「こりゃあ、今までここに寝せちょったが……。こりゃあ、畳を上げて、敷きの板をこじ開けて、逃げたもんじゃ。門を塞いであるから、外には出られんはずじゃから、捜《さが》してみる！」。ところが、どこを捜してみてもおらんかった。「こりゃあ、どっちに行ったもんか知らんわ」。「その孟宗竹を見てみよ」。「この孟宗竹のてっぺんに登っちょるわい。早う皆で揺振《ゆすぶ》りくやせ」。そう言うて、皆んなで寄って集《たか》って、孟宗竹を揺振りくやぁた。

　ところが運のええことに、道楽息子は門の外に落てた。それから一生懸命逃げて行きよる。そのうち、何様かを祭ってある堂があった。「今日はここで泊まらにゃ、手に合わんばい」。そう言うて、道楽息子は堂に泊まっちょった。そこへ提灯灯《ちょうちんとぼ》しがやって来た。道楽息子は、「人が来るが、こりゃ追っ手かもしれん」。そう思うて、堂の天井に上って隠れちょった。

　ところが、そりゃ、追っ手ではのうして、皆、博打坊《ばくちぼう》じゃ。そのうち、皆が銭を出して博打打ちを始めた。そこにさっきの目腐《めくさ》れ爺さんが、やって来た。「今日は爺さん、遅いじゃねえか」。爺さんの言うことには、「遅いも何も、今日は目養生に行きよったりゃ、砕き胡椒を入《い》っ込《こ》まれたわ。そうして、柳行李も何も引っ掴われて、戻って来てみたりゃ、その奴が屋敷《うち》に泊まっちょった。それから、門を塞いで捕まえにゃいかん、と思うていたところが、孟宗竹のてっぺんに登っちょった。皆で寄って集って揺振りくやしたところが、門より外に落てたわ。そうしてどっちかに逃げた」。そう言いながら、爺さんも博打打ちにかかって、始めたそうな。

　道楽息子は、もともと博打打ちのことじゃから、博打が打ちとうして、なさん。天井から身を乗り出して、博打を打つところを、見ちょった。そのうち、遠くの方から稲妻がして、夕立《ようだち》が来始めた。そしてそれが、どんどん近くの方に鳴り始めた。そうするうちに、ちょうどその堂の横の木に、雷が落てた。

道楽息子は引っ魂消《たまが》って、博打を打っちょる所に落てくえた。博打打ちよった者が、「こりゃ雷さんが落てたわ」。そう言って、銭も何も失《う》して、逃げ戻ったそうじゃ。道楽息子はその銭を掻き集めて、家に帰って、勘当を許してもらい、それからは親孝行した、と申すかっちり。

（聞き手　吉田扶希子）

雲の通い路

結末句が「と申すかっちり」であるから、椎葉出来の昔話かと思われる。狡猾者話だが、何しろ明るい。回転のよい爆笑を誘う展開が堪らない。道楽息子はワルに違いないが、最後、家に帰って勘当を許してもらい親孝行したことでカンベンしてやっていただきたい。

88　長者殿《ちょうじゃどん》と掏《す》り

［語り手］　那須英一
（松尾・水越　昭和5年4月1日生）

昔、ある所に三人の兄弟がおった。三人は、「他所《よそ》に行て、いっぱい励《はぎ》よう（出稼ぎして）て来《こ》ないかん」ちゆうて、村を出、三方道のところで別れた。「三年たったなら、ここでまた行き逢《お》うて、いっしょに村に戻らにゃいかん」。そう言うて別れた。

三年たった。昔別れた三方道のところで、約束の通り、兄弟三人行き逢うて、村にいっしょに帰った。長男と次男とは一生懸命励ょうで、いっぱいお金を貯《た》めて帰って来ちょった。ところが三男坊は、何にも励ょうで来《こ》んかった。

「お前は一つも働いて励ょうで来んが、三年の間、いったい何をしちょったか?」

そう親は尋《たず》ねた。ところが三男坊は、何も答えんかった。「ほんとに何をしちょったか?」。また、親が言いよったところ、小さな声で、「掏り」ち言う。

この三男坊の伯父《おじ》になる人に、長者殿がおったが、それを聞いて、「そりゃお前。掏りを習《なろ》うて来たのなら、今夜うちに来て、俺が千両箱を枕にすけて寝ちょるから、盗んでみよ」と言った。「造作《ぞうさ》もないこっちゃ」。そう一番弟は言うた。

それから長者殿は、村の若い者たちを集めて、いっぱいご馳走し、番をさせた。門には番犬を繋《つな》いじょった。また戸口にイチリゴロ〔1〕を下《さ》げちょった。それから婆さんには、「犬が吠え始めたら、これで火を熾《おこ》さないかんばい」と火熾し竹を渡した。それで婆さんは、火熾し竹を枕にすけて寝た。また、若者たちには六尺棒を持たせ、「三男坊が入って来たなら、これで打《う》っ叩《たた》け」。そう言うて寝かせておった。

　夜中ころ、三男坊は握り飯を持って、長者殿の屋敷に来た。そして門にいた番犬に、握り飯を食わせ、スーッと通った。それから戸口にあるイチリゴロを剪《つ》み切って、じっと《（そっと）》すえた。そうしてトサクリ〔2〕に小便をして、障子をスーッと音のせんように開けた。それから中に入ったところが、芋《いも》〔3〕がいっぱい煮《に》ちゃった。三男坊は、その芋の皮を剝《む》いて、実のところを若者たちの尻に一つずつ挟《はそ》うだ。それから長者殿の耳のす〔4〕にお茶をちびっと入《い》っ込《こ》うだ。すると、長者殿が「ヘッ」ちゅうて、頭を引き上げた。その暇《ひま》に三男坊は横にあった三味線と千両箱とをすり替えた。そうして、今度は婆さんの耳のすに、お茶をちびっと入っ込んだ。婆さんが「ヘッ」ちゅうて頭を引き上げた。その暇に婆さんが枕にすけちょった火熾し竹と、横にあった尺八とをすり替えた。

　そうして、千両箱を盗って出るとき、今度はイチリゴロを力いっぱい打っ叩いた。長者殿は、「そりゃ来たぞ。皆、油断するな。婆さん、早よ火を焚かんな」。ところが婆さんは、尺八を火熾し竹と思うて、ピーシャラ、ピーシャラ吹き始めた。そして「爺さん。千両箱は大丈夫か?」ち、言う。長者殿は千両箱の代わりに三味線を夢中で抱えて、ピンコ、シャンコ弾き始めた。そうして「こりゃ、若者。早よ起きんか！」と怒鳴った。ところが若者たちは、茹《ゆ》で芋の実を尻に挟められておったから、尻に手を当て、情けない顔をして、「昨夜、あんまりご馳走になったもんだから、ちょっとばかり、ちびっちょるごたぁ」。そう言うて起きらんかったそうじゃ。

こうして三男坊は、長者殿が枕にすけておいた千両箱を、まんまと盗み取った、というお話。

（聞き手　吉田扶希子）

［1］イチリゴロ＝一里四方に鳴り響く非常用の鳴り物
［2］トサクリ＝敷居の溝
［3］芋＝里芋
［4］耳のす＝耳の穴

89 工面《くめん》

［語り手］那須英一（松尾・水越　昭和5年4月1日生）

昔、ある村に貧乏な親子が住んでおった。大晦日《おおみそか》の日のことじゃった。家の外は殊《こと》の外《ほか》寒かった。お母《かあ》は「明日は元日、初春なのに、今日はこの寒さ。ここに九文《く》ばかりあるが、これを持って町に行て、店を廻って、肌身《はだみ》につけて温《ぬく》もるような品物が目に入ったなら、すぐに買《こ》うて来い」ちて言うて、少し馬鹿な息子に、その大事な、九文を渡した。それで息子は、言われた通りに九文持って、町に出掛けて行た。

息子が町に行てみると、大晦日の町は、大勢の人で賑《にぎ》おうちょる。それに見とれていた息子は、いつの間にか、お母の「目に入ったなら、すぐに買うて来い」と言いつけられた品物のことをば、どんな品物だったか、忘れて仕舞《しも》うた。

それで、一生懸命思い出そうとしてみよったりゃあ、「そうじゃ。お母が買うて来い、ちて言いよったのは、『目のついた品物』じゃった！」。

それから息子は、「目のついた品物」「目のついた品物」「目のついた品物」と独《ひと》り言《ごと》を言いながら店を見て回って行きよった。が、なかなか「目のついた物」は一つも見つからない。

しばらく行くと玩具屋《おもちゃや》があった。そこには鬼の面が下がっちょった。息子は「そうじゃ。これには、目のついておるわい」ちて、店の者に値段を聞いてみたりゃあ、「その面は、一つが一文じゃあ」ちて言うた。そこで息子は、九文出して、鬼の面を、九つ買うた。そして急いで我が村に帰って来た。息子は家に入るなり、「お母、なかなか目のついた品物が無《の》うして……。やっと玩具屋で見つけたわい」ちて言うて、九つの面を差し出した。

お母は、「この馬鹿息子！　誰が鬼の面を買うて来い、ちて言うたか。お母はそういうこと、言うてはおらんぞ。『肌身に着けて、温もりになるような物が、目に入ったならば、それを買うて来い』ちて言うた。鬼の面を肌身につけて、温もりになるか？　馬鹿息子め。もうこの家には置かん。出て行け！」ちて言うて、追い出されてしもうた。

追い出された息子は、鬼の面を九つ持って、家を出て行きよった。

村外《はず》れの大けな岩のある所に来た。馬鹿息子は、今晩はここで野宿せにゃあいかんわい。そう思うて、暗くならないうちに焚《た》き物《もの》を集めて来て、大けな岩の前で、焚き火をして温もうじょった。

そこに、反物《たんもの》をいっぱい担《かろ》うだ商人《あきんど》がやって来た。商人の言うことにゃ、「ええ火が燃えよるが、俺も温もらせんか」。

気のええ息子は、「ええどころじゃあねぇ。俺も一人じゃあ寂しかったわい」。

喜うだ商人は、担うでおった、大けな風呂敷包みを解いて、その中から丹前《たんぜん》[1]やら何やら肌身に着けたら温もりそうな品物を取りだし、それを着て大けな岩の前に寝転《ねころ》んだ。そうしてしばらくすると、気持ちよさそうに大きな鼾《いびき》をかき始めた。

この日は大晦日じゃったから、夜の寒さも格別で、ジンジン肌身に染《し》みてくる。息子は、そうじゃ。今日、町の玩具屋で買うて来た鬼の面があった。あれでもええ、ちょったぁ温もりになるかも知れん。そう思うて、九つの鬼の面を身体中に着けて、火に温もうじょった。

そこに商人が目を覚まして、ひっ魂消《たまが》った。商人の目の前に、九つの顔のある鬼が座っちょった。商人の言うことにゃ、「こりゃあ大事《でぇじ》じゃ。命《いのち》は芋種《いもだね》、唐芋種《からいもだね》じゃ」ちて、風呂敷包みも何にも持たずに、一目散に逃げて行た。慌《あわ》てた息子は、後の方から「俺は鬼じゃねぇが」ちて、おらび掛けたが[2]、逃げて行てしもうた。そこで息子は「ひょっとすりゃあ、貧乏な俺共《おれども》のような親子に、神様が授けてくれた品物じゃ」。そう考えて商人の残した反物をいっぱい担うて、家に戻って来た。

息子は、今までの事を、お母に言うて、「神様が、俺ども親子に授けてくれたとじゃ。肌身に着けて、温もる品物がいっぱいあるぞ」ちて言うて、親子でええ年を祝うことがでけた、という工面のお話。


（聞き手　宮本真子）


［1］丹前＝厚い綿を入れた袖広風の着物で、着物の上を覆《おお》う。寝具にもする。

［2］おらび掛けたが＝大声をかけたが

雲の通い路

この昔話は「九面」と言いながら実は「工面」の昔話。椎葉では、工夫の末、よいことを思いついた人を「工面がええ人」などと言う。

この昔話、馬鹿息子が、馬鹿だが馬鹿なりに存外親切な男で、偶然のことから母親の言う「肌身につける温もるような品物」を都合よく手に入れてくる話。

山で火を焚いている時、旅商人が「俺も温もらせんか」と横柄に頼むのを、「ええどころじゃない」と好意ある行き届いた応答をする。椎葉は「絆」を大切にするが、この「ええどころじゃない」等はその表れである。

90　カメの尻

［語り手］　那須英一
（松尾・水越　昭和5年4月1日生）

昔、ある所に、馬鹿子《ばかご》とお父《とう》とおっ母《かあ》の親子が、三人暮らしておった。馬鹿子の名前は、カメじゃった。そのカメは、罠掛《わなか》けが好きで、毎日、裏の山に罠掛けに行きよった。そうして、いつ罠を見に行っても、獲物が掛かっておったが、いじらしい子供で、「今日の獲物は、お父に似ちょったから」。そう言って獲物をば、逃ぎゃあてやった。その次の日も、「今日の獲物は、おっ母に似ちょったから」と、また逃ぎゃあてやった。それでお父は、「お父に似ちょっても、おっ母に似ちょっても、許さずに、捕って来い」ち言うて叱《しか》った。

それからカメは、山に行て、罠の側に隠れて、見張っちょった。そこに、また逃がしはせんかと、心配したおっ母がやって来て、「どっかこの辺に、うちのカメが罠を掛けちょるはずじゃが」ちて言うて、歩き廻りよったが、誤って、カメの罠に掛かってしもうた。カメは走って出て来て、お父の言う通りに、おっ母を打ち殺《こ》れえてしもうた。そしてそのおっ母を担《かた》いで戻って来た。お父はびっくりして、「そりゃあカメ、おっ母じゃがぁ！」。カメの言うことにゃ「お父が『お父に似ちょっても、おっ母に似ちょっても、打ち殺れぇて、持って来い』ち言うから、おっ母に似ちょったけんど、打ち殺れぇて、持って来た」。

お父は、あきれてしもうたが、「そりゃあ、もう、しょうもねぇから、坊《ぼん》さんをば雇《やと》うて来て、葬式をやらにゃあいかんわい。行て、坊さんを雇うて来い」。するとカメは「坊さんは、どういう所《とこ》におるとか？」ち聞いた。お父は「暗い所に、黒い衣《ころも》を着ておるわい」ちて教えた。

それでカメは、出て行きよったけんどもが、焼け藪《やぶ》[1]の焼けた木の上に、烏《からす》の止まっちょった。それでカメは「坊さん、坊さん。おっ母が死んだから、葬式しに来て賜うれ」ちて烏に言うたそうじゃ。烏は「コカァ」ちて鳴いた。カメは「いんや、子じゃあねぇ。おっ母でござる」ちて言うが、なんべん言うても、烏は、「コカァ、コカァ」ちて言うもんじゃから、カメは「子じゃあねぇ。親でござる」ちてまた言うたりゃあ、今度は「カァ、カァ」ちて鳴いた。

それでカメは家に戻って、お父に、「焼け藪の木の上に、坊さんが止まっちょったから、『坊さん、坊さん。おっ母が死んだから、葬式に来て賜うれ』ちて頼んだりゃあ『コカァ』ち言うていうから、『子じゃねぇ、親でござる』そう言うていうたりゃあ、『カァ、カァ』言うて舞うて行ったわい」。お父は「そりゃあカメ、烏じゃわい。坊さんは、暗い家の中に、黒い衣を着ておるからな。さ、もういっぺん行て、雇うて来い」。

そこでカメはまた、坊さんを雇いに行きよった。行きよったりゃあ、今度は牛小屋があった。そこは、生暗《なまぐら》い所じゃった。黒い大けな牛が寝ちょった。それでカメは「坊さん、坊さん、おっ母が死んだから、葬式に来て賜うれ」ちて言うたりゃあ、牛は「メエェ」ちて言うた。「姪《めぇ》じゃねぇ。親でござる」。カメがなんべん言うても、牛は「メエェ、メエェ」言いよった。そこで、声を高うして頼んでみた。「坊さん。姪じゃあねぇ。親じゃ。おっ母が死んだから、葬式に来て賜うれ」。びっくりした牛は、ムクッと起き上がって、角を振りかざして、向かって来た。それでカメは逃げて、家に戻った。そして「お父。坊さんの所に行て雇うてみたが、坊さんは『メエ、メエェ』言うて角振りかざして、向かって来たから、逃げて来た」。お父は「そりゃあ、カメ、牛じゃわい」。

そこでお父は、今度は自分が行くことにした。そして「カメ、今度は俺が行て雇うて来るから、お前は留守しておれ。それで、ここに坊さんに食わする麦雑炊《むぎぞうしい》をば炊《た》きよるから、これを見ちょうれ」ちて言うた。そこでカメは焚物《たきもの》を焼《く》べて、麦雑炊を炊きよった。ところがそのうちぃ、麦雑炊の鍋が、たぎり始めた。その炊き始めた鍋は「クタクタ、クタクタ」ちて言い始めた。びっくりしたカメは「嘘《うそ》じゃ。俺は、食わん！」。

カメは「食わん」、鍋は「クタ、クタ」。カメは「食わん」、鍋は「クタ、クタ」と囃《はや》したてる。怒ったカメは、囲炉裏《いろり》の灰を掴《つこ》うで、麦雑炊の鍋の中に投げ込うだ。すると麦雑炊の鍋は、前よりも早口で「クタクタ、クタクタ」言い始めた。カメは腹を立てて、鍋を抱《かか》えて庭の藁《わらう》打ち石に、麦雑炊の鍋をば、投げ付けた。鍋は「クワーン」ちて言うち、真っ二つに割れてしもうた。

カメは「今ごろ『クワーン』ち言うて、どうなるものか」。そう言うておったところに、お父が、坊さんをば雇うて戻って来た。そして、割れた麦雑炊の鍋を見て怒《おこ》り、「どうして鍋を打ち割ったとか！」ちて尋ねた。カメの言うことにゃあ、「俺が食いもせんてぇ麦雑炊が『クタ、クタ』言うて腹が立ったから、囲炉裏の灰を摑んで、投げ込うだりゃあ、今度は早口で『クタクタ、クタクタ』言うもんじゃから、腹が立って、庭の藁打ち石に、投げつけたりゃあ、ようやっと麦雑炊は『クワーン』ち言うたとばい」ちて答えた。

お父は、溜《た》め息をばついて、「もうこりゃ打ち割って、どうにもならんから、家のツチ[2]にいカンツクリ[3]作ってあるから、それをば降《お》れえて、坊さんにご馳走せにゃ手に合わんわい」。そう言うて、家のツチに上がった。そして家のツチに吊《つる》してあるドブロクの瓶《かめ》の綱をゆるうして、降ろし始めた。そしてお父は、カメに、「これ、カメ。瓶の尻を抱《かか》えよ」ちて言うと、カメは、自分の尻をば抱えて、そして「抱えた。抱えた」。お父が、「これカメ。瓶の尻を抱えたか？」。するとカメが「抱えた。抱えた」。それでお父は瓶を吊した縄をいっぺんにゆるうしてしもうて、ドブロクの瓶はドジ[4]に落ちて、打ち割ってしもうた。馬鹿子のカメのお話。

（聞き手　山中時子）

［1］焼け藪＝焼き畑耕作地の焼け跡
［2］ツチ＝天井
［3］カンツクリ＝どぶろく
［4］ドジ＝土間

91 生兵法は大怪我のもと

［語り手］那須英一
（松尾・水越　昭和5年4月1日生）

ま田舎《いなか》のことじゃった。親父《おやじ》が息子に、「お前もええ年［1］になったから、江戸見物にでも行て来い」。そう言うて、江戸見物にやった。

その息子、江戸に行きよったところが、高い所で仕事をしよる者がおる。「上洛《じょうらく》［2］じゃ、上洛じゃ」。そう言うて仕事をしおった。それで息子は、「ははぁ、高い所を、上洛というわい」。それで持っていた帳面に付けた。『高い所は、上洛』。

そうして行きよったところが、今度は谷底の方で仕事をしよる。「下洛《げらく》［3］じゃ。下洛じゃ」。そう言うて、仕事をしよった。「ははぁ、低い所を、下洛というわい」。また帳面に付けた。『低い所は、下洛』。

そうしてまた行きよった。今度は、大けな石に綱をつけて「エンヤラヤー　エンヤラヤー」。そう言うて、石を引っ張りよった。「ははぁ、大けな石のことをエンヤラヤーというわい」。また帳面に付けた。『大けな石は、エンヤラー』。

そうしてまた行きよった。ところが今度は、物貰《ものもら》いが来て、「昨夜《よんべ》の残りをください」と言うと、家の者はトウジンボシ［4］の頭を出してくれた。「ははぁ、頭のことは、昨夜の残りというわい」。また帳面に付けた。『頭のことは、昨夜の残り』。

そしてまた行きよった。ところが今度は若い女が来て、「猩々緋《しょうじょうひ》[5]の油単《ゆたん》[6]をください」と言うと、店の者は、真っ赤な反物《たんもの》を奥から出して来て、若い女に渡した。「ははぁ、赤い物は、猩々緋の油単というわい」。また帳面に付けた。『赤い物は、猩々緋の油単』。

また行きよった。今度は道で大けな牝《うなめ》の牛[7]が、死んじょった。人だかりがして、「牝の牛が死んじょるわい」と言いよった。「ははぁ、死んだものは、牝の牛というわい」。また帳面に付けた。『死んだものは、牝の牛』。

こうして江戸見物が終わって、息子は家に戻った。喜んだ親父は、「江戸見物に行って、だれた《（疲れただ》ろう《ろう）》。柿の熟《じゅく》しを取って、食わするわい」。そう言うて、庭の柿の木のトッペンに上がった。ところが、枯れ枝を引き折って、落てくずれ[8]、はねくずれた[9]。

それで息子はすぐに、江戸に行って覚えた言葉を使《つこ》うて、お医者さんの所に手紙を書いた。「うちの親父が上洛に登り、下洛にはねくずれ、エンヤラヤーに落てくずれ、昨夜の残りを打ち割って、猩々緋の油単を打ち出した。早く来んと、牝の牛のごとくなるらん」。

そういうような手紙を書いて、医者のところに言伝《ことづ》けたけれども、医者は判断がつかんもんじゃから、来なかった。そうして親父は死んでしもうた、というお話。

（聞き手　大部志保）

［1］ええ年＝ここでは成人になる頃を言う。
［2］上洛＝ほんとうは京上りのこと
［3］下洛＝ほんとうは比叡山から京に下ること
［4］トウジンボシ＝イワシの乾物
［5］猩々緋＝黒みがかった濃い赤
［6］油単＝油びきの敷物
［7］牝の牛＝女牛
［8］落てくずれ＝落ちて倒れた。
［9］はねくずれ＝落てくずれ、と同じ意味

92 馬鹿にもの教えをするもんじゃあねえ

［語り手］ 那須英一（松尾・水越 昭和5年4月1日生）

昔ある所に、東と西にお寺が二つ並んで建っておったそうじゃ。東のお寺の小僧と西のお寺の小僧は、毎日毎日、裏の山に行っちゃあ、薪を採って来るのが仕事じゃった。

ある日のこと、東のお寺の小僧の言うことにゃあ、「俺は東のお寺に奉公に来てから、たった一度も温《ぬく》い飯を貰《もろ》うて食《く》たことがねぇ。毎日毎日、冷や飯ばっかり貰うて食とるとじゃが」。すると、西のお寺の小僧も「俺も西のお寺に奉公に来てから、たった一度も温い飯を貰うて食たことがねぇ。何かいい考えがねぇものかな」と言うた。

そして、それから毎日そういう話ばっかりしよった。ところがじゃ、二人の小僧では、東のお寺の小僧の方が頭がちっと良かった。町に行《い》て、荒神面［1］とシュロ簑［2］を買《こ》うて来た。それから、夜中ごろになって、荒神面を被《かぶ》って、シュロ簑を着て、東のお寺の門を叩きよった。ところが、和尚さんが「どこのど奴か？　今頃寺の門を叩くとは！」ち言うて、えらい剣幕で出て来た。東のお寺の小僧は、「俺はこの寺の裏山の荒神じゃ。お前は小僧に、毎日毎日冷や飯ばっかり食わせよるが。明日から、小僧にも温い飯を食わせんと、取り殺すぞ」ち言うた。すると和尚は恐れ入って、「明日から小僧にも温い飯を食わすから、どうぞ命だけは助けてたもうれ」と掌を合わせて謝った。そうして、その明くる日から、東のお寺の小僧は毎日毎日温い飯を貰うて食うごとなった。

さて、この小僧たち、毎日の日課のことじゃから、その日も裏山の薪採りに行た。そして、東のお寺の小僧が「俺ゃあもう、今朝から温い飯を貰うて食うごとなったばい」ち言うた。西の寺の小僧が言うことにゃあ、「そりゃあ嘘じゃろう」。すると「嘘か本当か、明日の朝飯を食う時ぃ来て見ろ」ち言うた。そこで、明けの日の朝、西のお寺の小僧が、東のお寺に行てみた。ところが、東のお寺の小僧は、和尚さんと向き合いになって、温い飯を食うておった。

そうして、また、その次の日も、二人で薪採りに行た。東のお寺の小僧が、「今度、また俺が町から荒神面とシュロ簑を買うて来て、それを貸すから、晩の夜中ごろに、荒神面を被って、シュロ簑を着て、お寺の門を叩いてみろ。そうすりゃあ、和尚さんが『どこのどの奴か？ 今ごろお寺の門を叩く奴は』。そう言うて出て来るから、『俺はこの寺の裏山の荒神ぞ。お前は温い飯ばっかり食って、小僧にゃあ、冷や飯ばっかり食わせよるが。明日からは、小僧にも温い飯を食わせんと、取り殺すぞ』。そういうふうに言わにゃあ」。

それから、西のお寺の小僧は、東のお寺の小僧から借《か》ってきた荒神面を被り、シュロ簑を着て門を叩きよった。すると和尚が出てきて、えらい剣幕で「どこのど奴か？ 今ごろお寺の門を叩く奴ぁ！」そう言うて出て来た。小僧は、その剣幕にひっ魂消《たまが》って、東のお寺の小僧から習《なろ》うたことは、みんな忘れてしもうた。そして、「俺はここの小僧じゃが」。そう言うてしもうた。そして、和尚さんからさんざん叱られた。

ところが、それだけでは済まなかった。もうそのことが隣の東のお寺にもすぐ聞こえて、東のお寺の小僧さんも叱られて、また、元通りの冷や飯を食うことになったそうじゃ。気の小さい、馬鹿にもの教えをするもんじゃあねぇ、というお話。

（聞き手　大部志保）

［1］荒神面＝荒神は本来自然神。水源であれば水神、山の聖地であれば山の神。森林の樹木であれば木の神だが、これを飛び地であれ屋敷地であれ、人々が鎮守・氏神と観ずればその家の守護神・産業の神となる。神楽などでは、主神になる。遠来の常世神として神楽次第のクライマックスで村人一同を祝福し、来年の豊作を予祝して帰る。荒神面はその神楽面

［2］シュロ簑＝シュロの皮で作った簑。簑は、宝尽くしの一つに隠れ簑が数えられるように、神聖な呪具。学名は棕櫚

雲の通い路

気の弱い馬鹿には、うかつに重大事を教えるものではない、という処世の心得を笑話にして教えた話だが、毒のないところがよい。

93 太《ふて》ぇことばかり言う爺の話

［語り手］那須袈人
（大河内・雨木　昭和5年12月28日生）

太《ふて》ぇことばかり言う爺がおったったちゅうわい。

その爺が、長野［1］に来たったちゅうが、そのときゃあ、あまりぃ面白《おもしれ》ぇことも言わじぃ戻《もど》ったった、ちていう。

「今日は、あの爺が順番《じゅんべん》な［2］こてぇ、黙って戻ったはい」

ところがそげぇ言うとが、木戸《きど》［3］下《お》りおった爺に聞こえたふうで、途中から帰《かや》って来て言うたった、ちていうが。

「俺がユウゴウ（南瓜）を植えておいたが、それを這《は》わするところがねぇが、向こうのおばね（稜線）をば貸《きゃ》ぁてくれんかお」ちて言うたったげな。

（聞き手　林　文香）

［1］長野＝大字大河内字雨木
［2］順番な＝まじめな・普通の。
［3］木戸＝屋敷から道路に下がる段々

雲の通い路

椎葉村の昔話の素晴らしさの一つは描写力にある。今回の「太ぇことばかり言う爺の話」も、そのよい例である。この爺は、南瓜の棚をこしらえるのに、向こうの山の稜線まで貸せ、と大法螺を吹くのである。まったくの法螺だが、きわめて爽快な初夏の山の景色で、言葉の切れ味は抜群。まったく絶妙。こんな山深い村に、よくもまぁこんなにセンスの良い人々がいたものだ、と一驚する。

これは、古雅な椎葉方言の手柄ばかりではない。山岳にかた掛けたような深山幽谷の村ながら昔から修験者の往来、駄賃つけや林業でもって外界との接触も多い。従って知的レベルも高く、村民あげて文章表現の達者ばかりだったのである。だがしかし、話はあっさりとしていて、どこかの民話の「鴨捕り権兵衛」のように、百羽もの鴨を捕ったら、その鴨たちに逆に空高く連れて行かれて、ついに琵琶湖に落とされた等とはくすぐらない。村民性として、淡泊なのだろうか。

94　麦の俵盗人《ぬすっと》坊《ぼう》の話

［語り手］椎　葉　トラケサ
（大河内・臼杵俣　明治35年10月19日生）

昔《むかぁし》あった麦の俵盗人坊の話をして聞かするわい。

昔、百姓の家《え》の倉に、毎晩《めえばん》のように盗人坊が入《ふえ》りおったげなわい。そうして麦・唐きび・稗《ひえ》・小豆《あずき》やらの、俵の物を担《かた》げて逃げおったちゅうなぁ。そこで百姓屋の男が、夕方《くらみえ》からその倉の中の空《やえ》いた古かまげ［1］の中ぇまっ裸で入って、その家の者にくびって（しばって）もらい、麦の俵に化けておったげなわい。

そけぇいっつものごと、二人《ふたあり》の盗人わろう（野郎）が来て、その裸坊の入っているかまげをば、穀物じゃと思うて、それにさす［2］を通して、二人で中いねぇ［3］に担げて走り出したげな。

そうして一時《いっとき》走るなかで、後ろの方を担げておる盗人坊は、かまげの破れから、穀物ではのうして、裸坊ちゅうことが分かり、前を担げて走っている男ぇ、「こらあ人ぞ」と言うたげな。じゃが、前の男《おとか》ぁ、「人ぞ、人ぞ」を、「四斗ぞ、四斗ぞ」と思い込み、「二斗分け、二斗分け」と言うて走りかつごう（続ける）。

後ろの男ぁ、前の男ぇ分からしゅうと思うて、「裸ぞ、裸ぞ」と言うたちゅうわい。じゃが、前の男は、「裸ぞ、裸ぞ」を、「裸麦」のことかと思うて、「しょう油麦［4］、しょう油麦」と言うて担げて走ったったちゅうわい。終わり。

（聞き手　椎葉壮市）

［1］古かまげ＝古かます
［2］さす＝本来は通すこと。この場合は担げ棒
［3］中いねぇ＝担げ棒の真ん中
［4］しょう油麦＝しょう油は裸麦で醸造した。

雲の通い路

子供に昔話をせがまれた時には、例えば、冒頭のように「昔あった麦の俵盗人坊の話をして聞かするわい」と言ったふうに話し始める。

平成八年三月、初めて昔話調査のため臼杵俣に入り、最長老の椎葉トラケサさんをお訪ねした。さて、学生たちが、昔話を聞かせてください、とお願いしたのだが、昔風なトラケサさんは恥ずかしがって終始無口だった。ところが後日、トラケサさんから子息壮市氏代筆の手紙がきて、「いつぞやは遠路ご苦労様でした。あの時参考になる話もできず、心残りでしたが、同封の昔話は後になって思いついた話です。父、弁千代から聞いた話ですが……」とあって、清書されたこの昔話が添えられていた。調査学生が帰った後、トラケサさんはご自身の幼時か、ご子息壮市氏の幼時かを思い出されて、今はもう六十歳前になられた壮市氏に、今年九十歳のトラケサさんが何十年ぶりかで昔話をお話しになったのだという。本文は、その時、壮市氏が書き取られたもの。壮市氏は懐かしがられることしきりであった。学生たちも心温まる椎葉の思い出話として、よく話題にする。

95　天狗と博打坊《ばくちぼう》

［語り手］　那須英一
（松尾・水越　昭和5年4月1日生）

昔ある所に、小高ぇ山《だけ》があってその上に、大けな松の木が一本立っちょった。その松のとっぺんにゃあ、天狗が住みついておった。ところが、その麓の山里の村から博打坊が、その天狗の腰に着《つ》けちょる打出の小槌が欲しゅうして、「ひとつ、あの天狗を騙《だま》して、あの打出の小槌を取ってやらにゃあいかん。なにかええ考えはねぇものかのう」と、毎日毎日、その事ばっかり考えておった。

その博打坊に、ある日のこと、ええ考えが浮かんだ。博打坊は、さっそく莫蓙《ござ》を山に持って行て、その松の木の根元に敷いた。そして、賽子《さいころ》を取り出して、その莫蓙の上で、「江戸 江戸 江戸、京都 京都 京都」と言うて、賽子をこかしよった。天狗は上の方からジーッと見ておったが、降りて来た。そして、「お前は、何しよっとか?」と聞いた。

博打坊は、「こりゃあ、天狗殿。こりゃあ、賽子という奴じゃが、これにゃあ美しい町の景色が、賽子の目の数二十一箇所も見ゆるとじゃが。ちょうど今まで出よったちゃけんど、昼下がりになったもんじゃから、見えんごとなった。この賽子を、朝から昼までの間に『江戸 江戸 江戸、京都 京都 京都』と、そう言うて振ったなら、江戸と京都の町が、いっぺんに見ゆるとじゃ。

もう今日は時刻が過ぎたから、もう見えん。次は明日の朝から昼までの間でなけらにゃあ見えん」。すると天狗は魂消《たまが》って、「こりゃあ、えらい珍しいもんじゃねぇか。俺の持っちょる軍配と、替えんか」ち言うた。博打坊は「すげぇのう、天狗殿。お前のその腰に着けちょる打出の小槌となら替えてもええけんど」ち言うた。

天狗は騙されたとも知らんで、喜うで腰に着けちょる打出の小槌と、博打坊の賽子を替えた。用心深ぇ博打坊は、その時、「天狗殿、お前はこの世の中で何がいちばんおぜぇ[1]か?」ち聞いた。すると、天狗の言うことにゃあ、「俺ゃあ、この世で、砂糖饅頭を包むあのサルカケイゲ[2]がいちばんおぜぇ」ち答えた。そこで博打坊は、「俺ゃあ、あの町のどこそこの店棚にある砂糖饅頭んおぜぇか?」ち聞いた。すると天狗は、博打坊に向かって、「したならお前は何がいちばんおぜぇか?」ち聞いた。そこで博打坊は、「俺ゃあ、あの町のどこそこの店棚にある砂糖饅頭が、実はいちばんおぜぇわ」ち答えた。

そう言うて、二人は別れたとじゃが、博打坊はさっそく山に行て、一生懸命サルカケイゲを切って、トゲも葉っぱも何でもかんでも、いっぱい集めた。そうして、家のぐるりに小積《こづ》うだ。そうして明くる日のこと、博打坊は、サルカケイゲで囲まれた家の中に入って、天狗の来るとを待ち構えちょった。

一方、天狗の方はというと、朝から昼まで、賽子を茣蓙の上で、「江戸 江戸 江戸、京都 京都 京都」ち一生懸命振り続けとった。ところが何度してみたけんども、江戸の景色も京都の景色も見えんかった。天狗は腹を立てて、店という店、十里四方の、店の棚にある砂糖饅頭を集めて来て、サルカケイゲの家の中に隠れちょうる博打坊目掛けて、投げつけた。博打坊は、天狗の投げつけちょうる間は、頭に手をあてて「おぜぇ！　おぜぇ！」と泣きわめく真似をして、小さな声で「あーあ、おぜぇぞ。うまい、うまい」と喜うで砂糖饅頭を腹一杯食うた、というお話。

（聞き手　吉田扶希子・藤井由季・村岡良美）

［1］おぜぇ＝怖い。恐ろしい。
［2］サルカケイゲ＝サルトリイバラ。学名三帰来《サンキライ》。サルガキとも。鋭い茨のツルに、丸いきれいな葉をつけ、その葉は端午の節供の蒸し饅頭を包むのに使う。魔除けの意味だろうか。椎葉では端午の節供の蒸し饅頭には、ホウノ木やアカメガシワの葉を用いることがあった。もちろんアクマキも作った。サルガキの呼称は、赤い甘酸っぱい実をつけるためである。また、子どもたちはこの葉を咬んで、歯型の美しさを競う風があった。

雲の通い路

熊本県の場合、『彦一話』の典型話の一つとなっている。魔除けのサルトリイバラが怖いという天狗に、博打坊がサルトリイバラの葉で包んだ砂糖饅頭がいちばん恐ろしいと騙すところが、何ともおかしい。

96 セツブン

［語り手］那 須 英 一
（松尾・水越　昭和5年4月1日生）

昔、ある若者が、節分の晩に、「福は外、鬼は内」、そう言うて豆を撒きよった。ところが大けな鬼が来て、「俺の宿をしてくるる者はお前だけじゃ」。そう言うて来た。若者は、鬼が、あんまり太過《ふと》ぎるけぇ、「まっと細《こ》もうなれ」ち言うた。

それで鬼は、隣の部屋でこけ回りよった。そうしてダイダイぐらいになって、「これでええか？」」。けんど若者は、「まっと細うなれ。太過ぎる。キンカンぐらいになれ」。鬼は、キンカンぐらいになった。なったが、見たところ美味《うま》そうじゃから、若者は、一口ぃ引っ食《く》うだ。したところが、腹のせき始めて［1］痛いのなんの。話にならだった。

それから、占い師［2］に占のうて貰《もろ》うた。ところが占い師の言うことにゃ「お前の腹は、腹の中に鬼の宿をしておるから、来年の節分までは治らん。来年の節分には屁になって、『セツブン！』ちゅうて尻から出るわ」。一年中、腹からせかれたちゅうお話。

（聞き手　今泉明子）

［1］せき始めて＝痛くなり始めて
［2］占い師＝英一さんは験者だという。

雲の通い路

本書23話「福は外　鬼は内」（一一九頁）のまぜっ返しの笑い話。折から節分、鬼やらいの最中。ある若者が追われて来た鬼に宿を貸すことになった。「窮鳥懐に入れば、猟師もこれを捕らず」と言うのに、大きすぎるからとチェックインさせない。好人物の鬼は、受付カウンター裏の小部屋で、頑張って橙になってはみたが、「まだ大きい」とクレームが付いて、今度は金柑になったのだが、余りに美味しそうに化身したので、つい若者は鬼の金柑を食べてしまった。怒った鬼は、翌年まで滞在して、若者のお腹の中で暴れ廻ったあげく、ようやく翌年の春分前夜、やっとセツブンと放屁になってチェックアウトしてくれた。『新約聖書』にも説いているではないか、「旅は懇《ねんご》ろにもてなせ」と。

97 お多福の宿

［語り手］那須英一（松尾・水越　昭和5年4月1日生）

昔、ある所に臆病《おくびょう》な小間物売り〔1〕がおったそうじゃ。毎日、小間物を担《かろ》うて、売りに出掛けておったそうじゃ。ある日、晩方《ばんがた》になって、日が沈んでしもうた。

「こりゃぁ、どっか宿を借りにゃあいかん」。あたりは、大けな、大けな、木立の中じゃった。向こうに明かりが見えた。「あぁ、あの家に行て、宿を借ろう」。小間物売りは、その家の前に来た。大けな屋敷じゃった。ドジ〔2〕の障子の破れから、中を覗《のぞ》いてみた。驚いたことに、中には大けな大けなお多福〔3〕が囲炉裏の横座《よこざ》〔4〕に座っちょった。

「こりゃあ、大変な所に来てしもうたもんじゃ。化け物屋敷に相違ない。じゃが、他に家はないもんじゃから」ち思うて、「今晩は」ちて声を掛けてみた。中から「ハーイ」ちいう、大けな大けなお多福の、優しい声した返事があって、出て来て、障子を開けてくれたが、なんと、小奇麗なお上《かみ》さんじゃった。小間物売りは、「旅の者じゃが、行き暮れて困っちょる。今晩、泊めて賜《たも》うれ」ちて頼《たの》うだ。お上さんは、快く引き受けてくれて、小間物売りを座敷に通した。

「お多福が襲いかかるときゃ、逃げにゃいかんが」。小間物売りはそういう思いでいっぱいじゃった。

そこに旦那が戻って来た。臆病な小間物売りは、畏《かしこ》まって、今晩、お上さんのお許しをいただいて、お世話になることを、旦那に申し上げた。お上さんはドジで夕飯《ようめし》の支度をしておった。支度が出来て、お上さんは、お膳の上に夕飯をのせて、小間物売りのところに持って来た。「召し上がってください」。小間物売りは、「町外《はず》れの店で、晩飯を食べて来たから」ちて言うて、出して貰《もろ》うたお膳に、箸をつけなかった。お上さんが、寝所《ねどこ》の準備をして、「お休みなさい」、そう言うて案内してくれた。小間物売りは、小間物の荷物の中から鋏《はさみ》を取り出し、頭許《あたまもと》に直し[5]、たった一目《ひとめ》も眠らなかった。「もしお多福が襲いかかるときは、この鋏で切ろう」、そう思うて、寝ておった。じゃが、朝まで何ということもなかった。

お上さんは、朝早くから、朝飯の準備をして、小間物売りのところにも、お膳を持って来た。じゃが、小間物売りは「腹が空《す》かんから」ちて言うて、朝飯も食わんかった。ところが、旦那が怒り始めた。「昨夜《ゆうべ》の晩飯も食わん。今朝の朝飯も食わん。どういうわけか！」。そう言うて、怒り始めた。

小間物売りは、恐れ畏まって、旦那に申し上げ始めた。

「この屋敷は、人間の棲《す》み家《か》ではない、と思います。旦那さん、聞いてください。昨夜、宿を借ろうと思うて、失礼でしたが、障子の破れから、中を覗いてみました。ところが、今、旦那さんの座っておる所に、口髭《くちひげ》を生やした、大けな大けなお多福が、囲炉裏の火に当たっちょった。私が『今晩は』ちて声を掛けると、そのお多福が、今のお上さんになってしもうた」

すると、お上さんが笑い始めた。「まぁだ旦那さんの帰りには時間が早いから、囲炉裏のどんどん燃える火に、私が尻をあぶっちょった」ちて言うて、お上さんは笑《わろ》うた。

臆病者の目には、お上さんの尻が、お多福に見えた、という、臆病者の小間物売りのお話。

朝、夜が明けてから外を見ると、大けな木の生い茂った森の中ち思うたが、なんと三椏《みつまた》ばかしの三椏畑じゃった。というお話。

（聞き手　山中耕作）

［1］小間物売り＝化粧品・化粧道具。小刀などを商う商売。この場合小間物の行商人
［2］ドジ＝土間。炊事場で竈《かまど》もある。出入り口になっている。畳あるいは板敷きの方には囲炉裏もある。
［3］お多福＝丸顔で、額が高く、頬《ほほ》が以上に腫れ上がり、鼻の低い女
［4］横座＝囲炉裏で戸主の座る場所
［5］直し＝きちっと置いて。

雲の通い路

（※この「お多福の宿」は、筆者の山中が英一さんに聞き書きして、『広報しいば』平成二十年三月号に掲載したものです。そのとき、次のような解説を添えました。そのまま再掲します。）

今回の昔話は「臆病を去れ」という教えですが、どこかおかしみを誘う、英一さんには珍しい大人向きの昔話です。私事にわたって恐縮ですが、私はただ今七十四歳です。そして年相応にたくさん病気を抱えていまして、六年前の心臓のバイパス手術以来、毎年二〜三度、入退院を繰り返しています。でも『椎葉の民話』は間断なく七年半も続きました。ちっとも辛くありませんでした。決してお上手を言っているのではありません。病院の廊下の公衆電話でもって、英一さんに昔話を教え

てもらい、それを病室の自分のベッドで清書したことも、何度あったかしれません。「安静になさい！」と主任さんが怒るのですが、血圧はじめもろもろのデータは全て良好なのです。「変な人ぉ」と言って看護師さんたちもお医者さんも諦《あきら》め顔です。仕舞いには見舞いに来た学生たちまで「先生は好きやけん」と笑います。

ところが、今月はさすがにちょっと苦しかったのですが、またも電話で英一さんに、今月号の「お多福の宿」を教えて貰いました。そうしましたら、途中、だんだん陽気になり、呼吸が楽になるのです。その時になって初めて気が付いたのですが、英一さんが、とてもゆっくり、常よりいっそう優しく穏やかに話されるのです。当世の流行語で言えば、明らかに「癒《いや》し系昔話」でした。改めて気付いてみると、これまでの電話取材すべてがそうでした。

英一さんは、相手が子供ならその子供たちにも、私と同じように、敏感に様子を嗅《か》ぎ取って、その子どもたちに話しておられたのでしょう。だが、よくよく考えてみると英一さんに限りません。この百回に及ぶ『椎葉の民話』すべてが、「癒し系」そのものでした。でなければ、七年半も、病気の総合商社のような私に、こんな作業が続けられる訳がありません。椎葉の民話のすばらしさの一つは、この「癒し系」にあります。これは、この椎葉の民話で育った椎葉村民の気風にも通じます。椎葉の大変な宝物です。

98 ノルかソルか

［語り手］那須英一
（松尾・水越　昭和5年4月1日生）

昔、ある所に、一軒のお寺があった。そこの小僧はいつも嘘を言うて、和尚さんを困らせておった。和尚さんの言うことにゃ「お前も、よく嘘をつく奴じゃが。たまには、伸《の》るか反《そ》るかの［1］嘘を吐《つ》いてみよ」。

小僧は「そんなら今後は、伸るか反るかの嘘を考えておきます」。そう言いながら、和尚さんのお供をして檀家《だんか》回りをしてお勤《つと》めをしておった。

和尚さんが「今日は、川向こうの檀家に行て、お勤めをせにゃあいかん」ちて、小僧を連れて川向こうの檀家に出掛けて行きよった。

河原には、丸太橋が架《か》かっておって、その上を渡って行かにゃあならざらんかった。川岸まで来たとき、小僧が「和尚さん。大切なものを忘れて来た。一走りに帰って、忘れ物を持って来るから、この石に座って、待っておってくれ。」小僧は走ってお寺の方に帰って行た。

お寺に帰った小僧は、和尚さんの奥様に、「奥様、大変なことになりました。川の丸大橋を渡りよったりゃあ、和尚さんが滑《すべ》り落てて、流れて行てしもうた。和尚さんの亡骸《なきがら》を、お勤めをして、送らにゃいかん。私が頭を剃《そ》ってやるから」。そう言うて、剃刀《かみそり》を準備して、奥様の頭を剃りよった。

和尚さんはそれとも知らず待っておったが、余《あま》りにも小僧が遅いので、「忘れ物を持って来んが、また何か嘘をついて俺を騙《だま》したに違いない」。そう言うて、急いでお寺に帰ってみたところが、小僧が奥様の頭をもう半分も剃っちょった。

「小僧！　何をしょっとかぁ」

小僧の言うことにゃあ、「和尚さんが『たまには、伸るか反るかの嘘を言え』。そう言うたから、和尚さんの奥様に乗るわけにはいかんから、剃りよった」。和尚さんは、「一本やられたわい」と小僧を叱ることもなかったという、『ノルかソルか』というお話。


（聞き手　山中時子）

［1］伸るか反るか＝勝つか負けるか、乾坤一擲《けんこんいってき》の。

99　ハナのお江戸

［語り手］那須英一
（松尾・水越　昭和5年4月1日生）

昔、ある所に、百姓の若い夫婦がおったそうな。「もう盆も来るから、隣の村に行て一励《ひとはげ》み［1］して来るわい」。若い婿《むこ》さんはそう言うて、峠を越えて行きよった。

八合めほど来たところで、扇子《せんす》が落ちよった。「こりゃあ立派な扇子じゃ」。婿さんはそれを拾うて、やがて峠に登りついた。「ここで一汗《ひとあせ》入れにゃあいかん」。婿さんは拾うた扇子で、パッパッパと扇いだ。すると不思議なことに、婿さんの鼻が三尺［2］ばかし伸《の》んだ。婿さんは驚いた。「こりゃあ困ったもんじゃ。これじゃ、励みにもいけんが」。

それから婿さんは、扇子を裏返しにして、またパッパッパと扇いでみた。すると不思議なことに、長く伸んでおった鼻が、元のようになった。「こりゃあええ物《もん》を拾うたわい」。婿さんはその扇子を懐《ふところ》に、峠を越えて行た。

越えて行て隣村に来たところが、ちょうど長者屋敷の脇で、ふと覗《のぞ》いて見ると、長者の娘が庭木に水を遣《や》りよるところじゃった。そこで婿さんは懐から扇子を出して、陰《かげ》の方から娘の方へ、パッパッパと扇いでみた。すると、長者の娘の鼻が、三尺ほども伸びた。

それから婿さんは、しばらく時をおいてから、長者屋敷の門まで行て、門番に「何か大騒ぎの様子じゃが、何事かあったとか？」ちて聞いた。門番の言うことにゃ、「何と何と、お嬢さんの鼻が、どうしたことか三尺ほど伸んで、お嬢さんは泣くばかり。長者殿《ちょうじゃどん》もえらい心配をしておるところじゃ」。

そこで婿さんは、「そりゃあ気の毒なことじゃが、俺《おり》ゃあ日本一の易者じゃが、俺が易を立てたらば、一人娘の鼻が治るかもしれん」。

門番は急いで中に入って行って、「長者殿、長者殿。表に日本一の易者という男が来て『お嬢さんの鼻をば、治してやろう』そう言うが、一応、通してみましょうか？」ちて言うた。長者は喜うで「その日本一の易者を連れて来い！」。

門番は出て来て、男を長者のところに通した。長者は婿さんに「一人娘の鼻が、三尺ほども伸んだが、元通りにしてくれるか？」ちて聞くと、婿さんは「俺が易を立てたなら、元通りになるかもしれん。お嬢さんを二階に上げて、目隠しして、座らせておき、易を立ててみろう。そうして、俺の手が鳴ったなら、二階に上がって来てみよ」。そう言うておいて、婿さんは二階に上がって行た。

婿さんは二階に上がると、目隠しをした娘の鼻をば握って、「ノウマクサンバンダラ　ノウマクサンマンダラ」と厳《おごそ》かに唱えて、扇子を裏返しにして、パッパッパと扇《あお》いだ。すると三尺ほど伸んでおった鼻が、元通りになった。婿さんは、手を叩いた。長者夫婦はじめ、皆、我先にと二階に上がった。娘の鼻はめでたく元通りになっていた。

長者は喜うで、銭やら土産やらいっぱい婿さんにくれた。婿さんはそれを持って、我が家に戻った。ところが、嫁御《よめご》が心配して、「どこからそういう物を、盗人《ぬすっと》して来たか」と泣き始めた。「泣くことがあるか。こりゃあ長者殿から褒美《ほうび》に貰《もろ》うたとじゃ。これでええ盆がでくるぞ」。じゃが嫁御は、なかなか本当に聞かざった。そこで婿さんは「それほど俺を疑うなら、こんどはお前の鼻をば長めてやろう」。そう言うて扇子を広げて、ドン ドン ドン ドン扇いだ。嫁御の鼻は、ドン ドン ドン ドン伸んで、野を越え、山を越え、江戸まで届いた。

江戸の者は、「こりゃあ人間の鼻のごともあるが」ちて言うて、鼻の先を握って騒いでおった。ところが、嫁御は「俺《おら》の鼻を触る奴がおる。ああ擽《くすぐ》ったい、擽ったい。我慢でけん。こらえて賜《たも》うれぇ。疑った俺が悪かったぁー」。

婿さんは、「わかったなら、またもとのようにしてやろう」ちて、扇子を裏返しにして、ドン ドン ドン ドン扇いだ。ところが、鼻に摑《つか》まっちょった江戸の者が三人も引き寄せられてしもうた。その時から『ハナのお江戸』と言うようになった、というお話。

（聞き手　山中時子）

［1］一励み＝一働き
［2］三尺＝約一メートル

椎葉あれこれ

柳田國男・吉川英治と椎葉

柳田國男（円内）と旧中瀬邸に立つ「民俗学発祥之地」の碑

吉川英治（円内）と女神像公園内に立つ「日向椎葉湖」の碑

椎葉にゆかりの深い人物といえば、柳田國男と吉川英治の二人がいる。明治四十二年、柳田國男は、椎葉の狩猟の伝承や習俗をまとめて『後狩詞記』を著した。これが日本での民俗学の最初の出版であった。

柳田國男が椎葉を訪れたのは明治四十一年七月十三日から一週間。法制局参事官として九州視察旅行の途次であった。当時の中瀬淳村長と村内を巡り、焼畑農業や狩猟習俗などを調査した。ここで収集された資料の一つ「狩の巻」が伝聞資料とともに『後狩詞記』としてまとめられたのである。同書は、狩猟民俗の資料としてはもちろん、近代山村の生活誌としても貴重な出版である。

柳田國男は六日間、椎葉の民家に宿泊して椎葉各地を視察したが、その宿泊先となった中瀬淳邸は現在も残されている。その庭先には、「日本民俗学発祥の地」の石碑が建立されている。

また、「宮本武蔵」「三国志」などで知られる国民的作家、吉川英治は、椎葉に直接足を踏み入れることはなかったものの、椎葉との関わりは深い。昭和二十五年から週刊朝日に連載された「新・平家物語」では、最終巻「吉野雛の巻」で、那須大八郎が平家追討の命で椎葉に来たことを書いている。その縁で鶴富屋敷の敷地の一角には、吉川英治自筆の民謡ひえつき節の歌碑が、さらに、昭和三十年に完成した上椎葉ダムを「日向椎葉湖」と命名。そのダム湖を見下ろす女神像公園内には、「日向椎葉湖」の自筆の石碑が建立されている。

むすび

一、椎葉村との出会い

発端――動機・目的

既に四半世紀も前のことになるが、私ども西南学院大学民俗学（古典文学）研究会は、高良大社架蔵の国指定の重文・覚一本『平家物語』の復刻作業に専念していた。流麗な青蓮院流で綴られた『平家物語』の古写本は、若い学生たちの研究意欲をいやが上にも駆り立てること十分であった。かねてから石上堅博士のお勧めもあり、かつは私どもとしても、この典麗な『平家物語』の影響史を少しでも知りたくなり、たまたま当時西南学院大学の非常勤講師であった永松敦氏が、椎葉民俗芸能博物館の開館準備に熱心に努力しておられたことを幸いに、同氏にお願いした。そのご斡旋で、椎葉村教育委員会にご支援いただいて平家の里、椎葉村の伝説・昔話を収集・整理、及ばぬとも分析研究を試みて、その成果を、やがて完成するであろう同博物館に保存していただくことにした。

このことは西南学院大学博物館学芸課程としても、まことにふさわしい野外実習の機会でもあり、合同参加して、まことに有り難く感謝しつつ平成八年春、予備調査に上がった。

地勢——別天地だった

午後、福岡を学生の運転する軽自動車で出発して、当時まだ国見トンネルが開通していなかったので、那須大八郎も越えたという伝説の国見峠を越えた。この峠道は西南戦争の時、西郷隆盛が熊本城の包囲作戦を放棄して、故郷の鹿児島に転進した直行コースである。この時、西郷は、五ヶ瀬町鞍岡経由でこの国見峠を越えて椎葉村を抜けて鹿児島を目指した。人吉に至ったものの政府軍に阻まれて、いったん大きく迂回して宮崎経由で延岡に出、再び五ヶ瀬町鞍岡から椎葉村を経て二度目にしてようやく帰郷に成功するのだが、このコースは、知る人ぞ知る隠れ九州横断道だったようで、険阻を嫌わねば最短のコースだったらしい。

確かに険阻。哀れ軽自動車は、三メートルあえぎ登って二メートルずり下がる感じで、なるほど大八郎が馬は無理だと踏んで、鞍を置き捨てて徒歩で椎葉村に向かったということも、本当にもっともなことだと愚痴りながらの山道であった。しかし、やっと峠に着くと、ここは別世界。夜空いっぱい、降らんばかりの星が満天にきらめいていた。手を伸ばせば摑めそうに思える。あまりの美しさに溜め息まじりで休憩した後、さて夜の仲塔渓谷の下り坂を錐揉み状態でガラガラと転げ落ち、テンと着地したところが椎葉村だった。

鶴富屋敷に泊めてもらい、その翌朝気が付くと、ここ椎葉村は俗塵を払ったまさしく別天地だった。宮崎県の北西に当たる九州の屋根。昔、神武天皇が東征のために船出した耳川の遥か上流にあたる水源で、紺碧の椎葉ダムが二つ。そのダムを囲んで一六〇〇メートル級の山々がグルリと連なる山岳の小盆地である。東西二七キロメートル、南北三三キロメートル。広さ五三七・三五平方キロメートル、香川県と近似した広さ。そこに世帯数約一二〇〇世帯。人口約二七〇〇人という。

村風――活きているユイの精神

ご挨拶に伺った教育委員会の応対は、終始礼儀正しく接客態度は見事なものだった。「かていり（ユイ・相互扶助）」、助け合い精神が村是だという村の紹介が印象に残った。

永松氏のご案内で集落の区長、主なお年寄りたちのお宅に、調査のお願いに上がる。驚いたことに、前もって連絡がいっていたお宅では、男性は背広にネクタイ、女性もさっぱりとした他所行き姿。ビロードのワンピースで豪華な花飾りの方もいた。たいていのお宅は、玄関の土間が応接間になっていた。日の当たりがよいせいか、明るい。柱は光っており、漆喰壁はあくまでも白く、塵一つない整頓された清潔な土間であった。

吹き抜ける山風が涼しい。丁重なお接待には恐縮した。出されたお茶椀に、乾いた喉は堪らず、つい手を出す。そのお茶の美味しかったこと。「ちょっと待ちなさい」と言われて、何かと思っていると、焼いた欠き餅をバリバリと茶碗に砕き入れて、「さあどうぞ」。醍醐味とはこのことだった。ホッとしながら、ハッと気付く自分の行儀悪さ。こそばゆい。「なるほど、もう手遅れかも知れないが、今、調査してもらわねば、村の伝説も失われる」と、協力することを快諾してくださる。

発ち難いが、次のお宅に急ぐ。とはいっても、高山地帯のこととて、尾根道伝いの、日当たりのよい、少しでも田畑が確保できそうな場所を求めて家が建てられている。だが、生活用水の便までは選べないのであろうか、どのお宅も遠方のどこかしかるべき湧き水から、黒いホースで水を引いてフネキに溜めていた。

細い奥山道を、峰に沿い、谷を伝い、ダム湖畔に落ちる半島をグルッと廻って行く。「隣だと言ったら、そこまでは八丁。そこだと言ったら、ほぼ一里は離れている」と笑われた。迷いながらようやく先方に辿り着く。不意のことにも拘わらず、「よいところに来た」と言われてご馳走になったのは、焼畑で取れた小豆汁粉だった。これもまた醍醐味。「銀座で店を構えても、千客万来でしょうねぇ」。お上手の挨拶ではない。また、お上手ごとがまかり通るような村民気質でもない。

もっと驚いたのには、いずれも村役場同様に応対が懇ろなことであった。まるで歌舞伎の舞台に出る緑台にでも座る雰囲気である。衣・食・住はよく人柄を表している。一軒一軒離れているが、「かていり」と言われるだけ、古風だが村全体の人的まとまりは非常によい、隣人を大切にする美しい村である。それが最初の印象であった。

二、調査からまとめへ

夜なべミーティング

それからというもの実数三十八名の院生・学生が、前後八回の本調査と何回もの補足調査を重ねることとなった。院生・学生は、民俗学（古典文学）研究会所属で、国際文化学部学生・院生と博物館学学芸員課程履修の学生とで構成されていた。調査は、集落毎にお年寄りに公民館に集まってもらう方法は、もはやこの山岳地帯、とても困難だったから、各家庭ごと戸別訪問することになった。

思いがけないことであったが、本調査に入ってこの方、学生たちの野外実習は、まるで就職面接の準備教育になった。高等家庭教育というか、まったくの超エリート教育だった。まるで大手株式会社の社長室並の礼儀方法。とにかくハイレベルなお作法。たいへんな野外実習になった。伝承内容も古風。抜群だったし、背景にある風習は、平成の今、柳田國男・関敬吾両氏の『日本民俗学入門』中の質問マニュアルがフルに活用できた。どの項目を聞いても白けることは決してなかった。

もともと西南学院の学生は純で生真面目な者が多い。宿に帰ってからの晩ご飯の後のミーティングでは、始めから興奮していた。司会はキャンプパパの中島忠雄氏であったが、あのベテランにして、顔色を変えた。学生たちは一様に「椎葉のお年寄りは凄い。円熟そのもの。年を重ねることは素晴らしいことだ」と真剣に訴える。

「何か違う」。「雰囲気が、私の少ない経験の中でも、まったく違うわ。門戸もちゃんと開かれている。『そればっかり』と話し終わって、ニッコリされると、『ああこのお婆さんには人間性がある』と感動したけれど、『いや私にもある』と思ってうれしく思った」という女子学生もいた。「村外のことにも決して疎くはない」と言い出す学生までいる。「その根底には、ことによるとこの村にユイを重んずる気風があるのではないか。『聖書』じゃないが「旅人を懇ろにもてなしている。この村では『かていり』と言っているが、助け合い思想のこの村にして、この豊かさだ。一人一人しっかりしておられるけれど、結束も凄い。それにしても、何故?」。

かつて椎葉村によく似た山島の調査経験のあるOBが、「あの山島調査でやりにくい、困ったことは、木戸・寄留・田舎・町その他さまざまな差別であったことです。だが、この村では、皆平等です。生活はどこも質素だけど、どの村と比較してみても、そりゃあ配給制度になるまで米が食べられなかった村かも知れないけれど、教育レベルが平均して高い。それも非常に高い。不思議だ」と言う。私も不思議だったが、後に、ある『地名辞書』に「全村郷士が非常に多い」とあって、納得した。山岳郷士ながら、『平家物語』の「扇の的」さながらの尚武の家風を引き継いでいたのである。鶴富姫の淑徳も輝くばかりに引き継がれていた。そして、それがそのまま時間を超えて、極めて良い状態で崩れないまま暮らしの中に活きて残っていたのである。

「俺たち、桃源郷に迷い込んだ下役人かも知れないねぇ」。皆、嬉しそうに笑った。「いいえ。桃源郷から帰った人が、もう一度行こうとしても、どうしても再び桃源郷に行けなかったけれど、さっきも誰かが言ったように、ここは、門戸が絶えず開いていますし。「ほんとにそうだ。確かにここは、何時でも心の門戸が開いている。外界の変動もよく知っているみたい」。「駄賃付けは、決して惨めな仕事ではなかった。むしろ誇るべき、外界との接触の職種だった。単なる現金収入の手段ばかりじゃなかった」。

学生たちは議論して倦むことを知らなかった。午前二時。気の早い一番鶏が鳴いた。「あ、鶏が鳴いた。いつもの西南大名物のミーティングだよ。もう寝よう。明日、お年寄りのところに疲れた顔出すんじゃないよ」と中島先生が笑った。そしてそんな学生たちをいとおしげに見渡しながら、「ハイ。これでお仕舞い」。強制的に幕を降ろした。

古風な方言との闘い

ほんとうに困ったのは方言だった。初めは誰も気が付かなかったことだが、山岳集落の故か、下福良・大河内・不土野・松尾の四大字の言葉が、それぞれに違っていた。そればかりか、明治・大正・昭和の三代、誕生時代ごとにそれぞれにかなりの違いがあった。伝えられるような京言葉では決してなかったが、明らかに古い中央筋の言語・発音の吹き溜まりであった。

とにかく悪いのは私だった。事前の指導で、「①テープレコーダーを活用しよう。②話者との目をそらすな。③相槌はしっかり打て。④必ず大学ノートでしっかりメモを取れ。⑤そのとき、メモは左ページだけを使え。⑥途中、質問したいことがあっても、話し手の話の腰を折ったらいけない。だから、⑦質問があったら、話が終わってから質問して、空いているノートの右ページにお年寄りの答えを書け。左ページの不明箇所の直ぐ右にだ。」……ところが、学生たちは、話し手の語り口や仕草に魅了されてしまって、メモを取ることをほんとうに忘れてしまった。幼児のように楽しんでしまったのである。

帰宅後、院生たちも学生たちも、メモ無しで、あの難解な椎葉方言の翻字と格闘しなければならなかった。記憶を辿って、無理に無理を重ねて、ひたすらお年寄りたちへのお礼心一つで翻字。やっと二一一話を原稿に仕上げた。直ちに私は教育長の甲斐眞后氏に届けたのだが、甲斐氏は、何ともいえぬ顔をして、「これでは受け取れません」と小さい声で言われた。院生も学生も知らず知らずに椎葉弁を博多弁に翻訳していたのである。一語違えば、後、全部思い違いしてしまう。

以後、学生・院生の真剣な補足調査が始まった。村役場も黙っておられなかった。励ますため、『広報しいば』で、毎月一話ずつ発表してはどうか、と勧められた。院生・学生たちは頑張り、教育委員会も支援の手を強められた。黒来正典氏以下、歴代教育課長、『広報しいば』の歴代編集者、お年寄りたちが、欲も得もなく支援してくださった。方言については、甲斐眞后・山中重光・松岡正社・那須力男・椎葉浪子の諸氏が、しっかり協力・点検してくださった。いちいち芳名はあげないが、その他ほんとうに村をあげて多数の方々のご支援があった。

地域をつないで・時間をつないで

ＯＢの三宅好久・林幸次の二君は輸送・補足調査、井上芳子・天野千振の二嬢は、本書編集に努力してくださった。中島忠雄・長谷川清之両氏の指導・援助も忘れ難い。

西南学院大学当局も、私の個人研究・教育活動の範囲ギリギリ、それも著しく『平家物語』・椎葉研究に片寄ることになったが、笑顔はあっても小言《こごと》は言われなかった。研究室の市外電話は使いほうだい。研究所事務室の教授用コピー機も、学生たちが大きな顔で使用し、他用しない教授会議室まで学生たちが作業場にしたが、皆さん面白がりはしても、一切苦情は言われなかった。

『平家物語』と平家の里、椎葉村の魅力は、もともと地味ながら学問指向の強い西南学院の学風とあいまって、全学のご理解をいただいていたのである。幸いにして並行して行っていた高良大社架蔵重文・覚一本『平家物語』も無事上梓。学界・マスコミ・国会図書館はじめ大方の好評の得た。記念の高良大社主催・久留米市教育委員会その他多数の地教委の後援の『琵琶の音でたどる平家物語の世界』も大盛会だった。椎葉村からも遠路を押して大勢で会場の久留米市の石橋文化センターまで駆けつけていただいた。

こうして『広報しいば』誌の「椎葉村の民話」も、椎葉村の官・民と本学との三者一体の苦労で、ようやく文字化することを得、当初翻字の半分の九十九話を纏めることができた。那須英一さんに片寄った感はあるが、これは英一さんが全国的にも横綱クラスの伝承者で、記憶されている一話一話の型もしっかりしている上に、何度聞いても一言一句間違うことがなく、椎葉方言ながら、常に言語明瞭・明確・明晰であったため、電話でさえも確認が容易にできることから、収集話数が圧倒的に多かったことにもよるが、今ひとつの理由は英一さんの伝承系統が実に明確だったことである。

その伝承源は、幕末、村で寺子屋の師匠をしていた元延岡藩士那須勝右衛門先生から曾孫の英一さんまで、家伝のように代々に亙ってしっかり英一さんに伝わっていた形跡が見受けられることによる。残念ながら今、これが延岡の昔話、これが椎葉村古来、と区別して提示できないのは、私の指導不足の故だが、このうちの相当数はまぎれもない近世の寺子屋教育資料のはずである。延岡藩はまれに見る学問のお家柄。椎葉村は那須家の与一の扇の的にみる尚武・那須大八郎にみる仁慈という武士道の誉れ高い家柄、さらには平家の姫鶴富の貞淑と、これら三家の風が混然と一つになった村が椎葉村である。

三、椎葉村の昔話——本書の構成について——

昔話と伝説との違いは、国語の授業と歴史の授業の違いという。だが、昔話にも伝説にも決まった型はあるものの、両方とも多分に宗教的で区別しにくい。そこで本書では敢えてその区別は問わず、椎葉村らしい特徴を模索するつもりで分類・整理、配列を試みた。

整理作業を続けていくと、椎葉村の昔話・伝説は、極めてその内容が高々度、高尚、かつは感性豊か。読んでいて気持ちがよい。文章は正確無比、何よりも美しい。キビキビした話の運びは、練達の極みで、昔話・伝説としては、全国的にも横綱クラスとみた。一人の天才作の昔話集ではなくて、名も無い山村の人たちが口伝えているところがまことに尊い。

もともと昔話は、子供たちのつれづれを慰めるためのものという。もちろんその機能はもっているが、その子供たちに父母・祖父母が与える人生最初の情操教育である。情操教育とは、創造力・批判的心情の陶冶、積極的・自主的な態度、豊かな感受性と自己表現能力を養うことと聞いている。今、椎葉村に伝承されてきた昔話の一話一話、吟味してみるとき、非常に円満な形でもって用意提供されていることを知った。

冒頭7話は、「平家の里　椎葉村」に、この昔話・伝説を運び込んだ人々、それは「屋島狸」「盲僧」「験者」だったが、彼らの紹介と、彼らが溜まり場にしていた椎葉村の『境』・『峠』あるいはその『聖地』・『拝所』について記録してみた。

次に配置したのは娯楽性の強いはずのいわゆるお伽噺の類であるが、質・量ともに意外に乏しかった。年中行事の話は、大晦日と正月とに集中。年神迎えの気持ちがよい。民俗学的にも面白かった。河童の話は土地柄か多彩。「仏説水神経」は我が学生ながらお手柄だった。このお経で注目したいのは、平家の里の河童伝説と天神信仰とがセットになっていることであるが、顕著な一例として隣村熊本県八代市泉町五家荘の五庄屋がある。葉木・久連子・椎原の三庄屋は平家落人左中将清経の子孫。仁田尾と樅木の二庄屋は菅原道真の子孫である。

この地方の昔話・伝説は、研究してみても奥が深い。山の妖怪の山姥は、文化人類学的には大地母神かと思われるが、五家荘の隣集落で同じ泉町柿迫の那須家の山姥伝説では、実は屋島の合戦における扇の的の小舟に立ったあの美女「玉虫」だと伝えていて、看過し難いものがある。椎葉村の河童・妖怪についてもさらに詳しく調査してみたいものである。動物昔話が少なかったのは、私の指導不足の故かと反省している。

50話以下の世間話は、非常に教育的で驚かされた。向上心教育は熾烈だったと言ってよい。しばしば「よい渡世」をいう。村外に出て、一働きしてみたい、長者になりたい。婿養子でもよいから。庄屋になりたいという。江戸・大坂は手近なようだ。これは椎葉村が天領で、江戸時代に瀬戸内海の材木問屋渡と交渉があって、材木の届け先の江戸・大坂についても熟知していたためではあるまいか。遠いはずの海にしても印象強く身近な所のように語られる。天領だったためかもしれない。長者話がとても多い。ただ、狡猾な手段の話はあるが、何故か憎めない。長者には努力と工夫とによるようだ。19話「天地乾坤の杖」は人生手前持ちを強調する。何かことある時には、神仏により頼むことを勧めて、必ず加護は受けられるものだと説く。話の運びには親切心が溢れており、感心した。祈るときも、いつもまず主家・仕事の無事、親・兄弟のことを祈り、最後が自分だったりするのにはいじらしさを感じる。神仏に頼みながらも、断じて行うこと。事に当たっては、怯まず、断じて行えば、鬼神も避けよう、という。気後れすることがあってはならない、と厳しく教えるのにも親切心を感じた。全体に「努力」を勧めて止まない。

66話「性判の鏡」は、壁に耳あり、障子に目あり、徳利に口あり、を教えたもの。本書全体の話から推して、自分の良心の目が一番怖いことを教えているかのようでもある。67話「誰にも言うな、ここだけの話」・68話「長者の娘も求婚うてみにゃ分からん」は、渡世の手段。すべては工夫と努力次第だということ。

やってはいけない、禁厭の話も存外に多い。求婚を受けるときの挨拶、人との応接の際の挨拶の仕方もきちんと教えていて親切だと思った。親の恩を忘れないことも大切な教えだが、78話「蕗の水越え」は旅人は懇ろに持てなすこと。79話「麦と蕎麦と唐黍」は、自ら負い目を持ちながらも他人を助ける蕎麦の健気を誉めた話。

ここにきて本当に驚いたのは80・81・82話の三話だった。80話「慈悲善根の種」の主題は、断じて「情けは人の為ならず」ではない。「慈悲」が仏の意味でであることは当然のことであるが、「善根」

の意味は「善い行い」の意味では決してない『仏教辞典』による限り「欣求浄土の信仰」の意味である。すると「慈悲・善根の種」の主題は、『仏の国の実現』である。『仏国土の実現』のためには、私たちは自らの持つすべてを、喜捨しなくてはならない。釈迦はその前世において、飢えた獣のために、自らその身体を投げ与えている。主題に従えば、殿様の国の有り余った遊んでいるお金ではない。主題に従えば、殿様の国の持てるすべてである。問題の「金二千両」は、殿様の国の有り余った遊んでいるお金ではない。主題に従えば、殿様の国の持てるすべてである。一の家老は、『仏国土』を贖うために、殿様の国のすべてを飢えた村人に捧げて、飢餓の村を救いとどのつまりは自らも救われて、悪は滅び『仏国土』が具現したのである。「慈悲善根の種」の話は、一見他愛もない「情けは人の為ならず」が主題のようではあるが、とんでもない。題名を鑑みるとき、非常に高々度の教育内容を孕んでいた。

81話「鰯の頭も信心から」は真に仏に帰依する信仰心を、優しい言葉で導こうとしている。だいたいお竹は良くできた娘だが、素直な心で仏を念じ、長者の嘘にさえ真理を顕現した。長者は正直に立ち返り、主人公のお竹はその長者に乞われて長者の家の嫁に迎えられる。ここでは、『素直な信仰心』を育てるもののようである。82話「お玉観音のお話」は『大歳の客』が原話だが、欲を捨て、正直で明るく暮らせば、浄土が具現するということのようである。

最後に配列したが、笑い話が非常に多かった。山で男たちが笑いあう話。験者を冷やかす話も興味深かったが、笑いは神代の昔からである。昨平成二十八年、椎葉村とともに『世界農業遺産』に指定された宮崎県高千穂町の有名な「高千穂夜神楽」、もちろん我が椎葉村の「椎葉神楽」はその古風をよく伝えたまことに見事な神楽だが、あの『岩戸神楽』は『古事記』天の岩戸の章本文でも、岩戸を前に私たちの先祖、つまり八百万の神々は「あはれ　あな面白。あな楽し」と笑い、そのどよめきに魅かれて、天照大神が岩戸から輝き出る。「笑う門には、福来る」というが、椎葉村はまさしく神州日向の天空の里山。桃源郷である。

この地の昔話は、椎葉村の古老たちが、後世の人々に遺す貴重な資産の一つである。まことに比類なき貴重な財産だが、本書報告は、氷山の一角にすぎない。さらなる掘り起こしを皆様方にお願いする次第である。

四、神かけてお祈りいたします

私事で甚だ申し訳ないが、この十数年来、私は自己管理の劣悪さから、厳しい闘病生活を強いられてしまった。定年二年前、六十八歳の時だった。まず心臓のバイパス手術だった。それでも高良大社の覚一本『平家物語』はようやく上梓したが、その後のお披露目のための『琵琶の音でたどる平家物語の世界』の開催準備。東京・名古屋と演奏者の組織立てのためには、やはり私が走り回らなければならなかった。その上、退職前には誰にもあることだが山積した残務の処理。不調を押してする雑用は、身にこたえた。

とうとう腎不全が高じて透析を導入するはめになった。並行して作業していた『平家の里　椎葉村の昔語り』の椎葉村には、村と自宅とが隔絶していることもあり、作業は一向に進まず。病気だけは進んで、とうとう壊疽のために右足切断。生死の境をさ迷った。そんな中、家内に先立たれた。惨めさが身にいっそうこたえる。共通の友人は「お前の犠牲になったのだ」とお悔みを言った。少なくとも看病からの疲労は明らかだった。子供たちが私を責めないのも可哀想だった。

時間が経過していく速さに焦燥感も極まった時も時、椎葉村の今年平成二十九年、九十四歳になるはずのSさんからご丁寧なお見舞い状をいただいた。過分なお包みに添えられたお手紙は、人生の先輩らしい温かい労りに終始していたが、その末尾は、何と「一日も早く全快なされますよう神かけてお祈りいたします」と結ばれていた。心底、感動に身が震えた。これが、誠・真心の籠った言葉でなくて何であろう。

「神かけて」とは「神明の御蔭を頂戴できるように、誓って、きっと」の意味である。歌舞伎その他古典芸能・文学でよく見聞き、読みはするものの、今、私が、こうした言葉をかけていただくとは夢にも思わぬことだった。病床から畏友堀内正文氏に電話したところ、すぐに「『盟三五大切（カミカケテサンゴタイセツ）』だ！」とびっくり。そういえば四代目鶴屋南北作の世話物である。生命にかけても裏切らぬ恋が主題だが、このところの「盟」の訓は「カミカケテ」である。『盟』は犠牲を捧げて神を祭り、終わってその犠牲の血を皿に受けて互いに啜り合い、違背なきことを誓うことである。

全快を祈ってくださるSさんの祈りは、神さまに聞かれないはずはない、と確信した。そして、あぁSさんは、私を隣人の一人と思っていてくださる、という喜びだった。泣けてきた。私は性来暗愚。ほんとうに暗い。その上頑な・一徹・不器用。教員の癖に人付き合いも下手くそ。そんな私にこんなにも有り難い気持ちを吐露してくれた人はあまりいなかった。嬉しかった。

そんな中で気付いたことは、椎葉村村是の「かていり」であった。共存共栄、助け合い精神は村外の私にまで及んでいた、ということだった。また涙が出た。そうこうしておられぬ。まだ調査中のことではあるし、私は教育長の甲斐眞后氏に報告した。しかし、甲斐氏は、格別のことでもない、と驚く様子もなく、「Sさんは『験者』だからねぇ」と明かしてくださった。やっぱり。椎葉村は、まぎれもない本物の験者が今に息づいている村なのだ。

「お玉観音のお話」の娘さんも、「慈悲善根の種」の一の家老と殿様も、昔話も現実とぶっ続きになっているし、鶴富姫が貞烈の限りを尽くし、そのために今に至るまで源平の子孫は、恩讐を超えて融和して睦まじい。英一さんご先祖の寺子屋の教育と二本柱となって修験者文化は大きくこの村に貢献していたのである。

以前、高野山に登拝したとき、ある高僧から『歓喜』と書かれたお扇子を頂戴したことがある。その時、「仏さまと出会い、自ずからにして頂戴している仏性に気付く『歓喜』に出会うといいね」というお言葉があったが、今私は、椎葉村で神仏に出会った。Sさんに拝ませてもらった。喜びの念が込み上げてきた。そしてこの村には、神仏の陽気が満々しているからこそ、椎葉村の村民性は明るく、したがって「笑話」の伝承もまた多かったのであろう。

五、終わりに

本調査報告書は、私の怠慢の故に『上巻 昔ばなしの部』のみの、『下巻 伝説の部』を遺した、まことに申し訳ない出版となってしまった。心から我が不覚をお詫びする次第である。今、この『上巻 昔ばなしの部』について申せば、これはまさしく椎葉村当局・椎葉村民・西南学院大学が三者あげてよく協力して得られたその成果である。思わぬ手間と時間をかけてしまった割には僅か九十九話に過ぎなかった。だがしかし、そこで得られた昔話は、私たちが山師から聞いた尾根の荒れ地で見付けられた鉱脈露出地帯のようであった。まるで一話一話、その鉱脈露出部に転がる貴石そのものであった。それはまさしく我が国固有の民俗文化の大鉱脈と活きて繋がっているかのようであった。そのことは、次の『下巻 伝説の部』で、丁寧に報告したい。最後に次の二つのお願いをしたい。

一つは、是非この収集・整理・保管作業を続けていただきたいことである。

二つめは、手を加えず、徒に合理化することなく、正確に伝承していっていただきたいことである。

かつて私は、稲田浩二氏から、鹿児島県の高島のことを聞いたことがある。それは昔話をする始めに、話し手は聞く子供たちに対して、「とんと昔。有ったことか、無かったことかは知らぬども、とんと昔のことなれば、無かったことも有ったこととして聞かねばならない。ええか」と念を押し、子供たちから「おう」というしっかりとした返事があって、初めて語り出す、ということであった。昔話・伝説は、先祖以来、大切にしてきた経緯があり、そこで初めて文化的資産価値を生ずる。事実虚偽の伝承のために判断に迷ったことがある。資産運用の要件として、ご先祖のお話である。どうか敬意をもって、信じ正しく子孫に伝承していただきたい。

本『平家の里 椎葉村の昔語り 上巻 昔ばなしの部』編集の筆を擱くに当たって西南学院大学のこの事業に参加した院生・学生諸君に対して、心から慰労の謝辞を申し上げる。大変でした。ご苦労さまでした。

平成二十九年七月

編集代表 山中 耕作 識

平家の里　椎葉村の昔語り
上巻　昔ばなしの部

二〇一七年十月十一日初版印刷
二〇一七年十一月十三日初版発行

監修　椎葉村の昔語り記録委員会
代表　甲斐眞后
編集　西南学院大学民俗学研究会
山中耕作©
井上芳子　天野千振

発行者　川口敦己
発行所　鉱脈社
〒八八〇―八五五一
宮崎市田代町二六三番地
電話　〇九八五―二五―一七五八
郵便振替　〇二〇七〇―七―二三六七

印刷　有限会社 鉱脈社
製本　日宝綜合製本株式会社